李镇西与新教育丛书

叩问教育

李镇西 著

四川人民出版社

图书在版编目（CIP）数据

叩问教育 / 李镇西著. —成都 ：四川人民出版社，2022.2

ISBN 978－7－220－12422－8

Ⅰ.①叩… Ⅱ.①李… Ⅲ.①教育－文集 Ⅳ.①G40－53

中国版本图书馆 CIP 数据核字（2021）第 212420 号

KOUWEN JIAOYU

叩问教育

李镇西　著

出 版 人	黄立新
策划统筹	蔡林君
责任编辑	戴黎莎
版式设计	戴雨虹
封面设计	张　科
责任印制	周　奇
出版发行	四川人民出版社（成都槐树街 2 号）
网　　址	http://www. scpph. com
E-mail	scrmcbs@sina. com
新浪微博	@四川人民出版社
微信公众号	四川人民出版社
发行部业务电话	（028）86259624　86259453
防盗版举报电话	（028）86259624
照　　排	四川胜翔数码印务设计有限公司
印　　刷	成都勤德印务有限公司
成品尺寸	170mm×240mm
印　　张	19.25
字　　数	280 千
版　　次	2022 年 2 月第 1 版
印　　次	2022 年 2 月第 1 次印刷
书　　号	ISBN 978－7－220－12422－8
定　　价	69.00 元

目录

沉思与力行

感悟与智慧

评论与呼吁

激浊与扬清

CHENSI YU LIXING

沉思与力行

学生学习是“劳动”吗？

——关于“劳动教育”的思考与实践（一）

2020 年 3 月，中共中央、国务院发布的《关于全面加强新时代大中小学劳动教育的意见》吹响了新时代劳动教育的号角。一时间，“劳动教育”成了各学校的一个热门话题。

“劳动教育”是一个老话题，不过中共中央重提“劳动教育”，显然有特定的现实意义。虽然“劳动教育”并不新鲜，但要给学生讲清楚，并进行有效的实践，还真不容易。劳动教育的概念、劳动教育的意义、劳动教育的实践途径，班主任老师如何行之有效地对学生进行劳动教育……这些都值得思考，也值得探索。

作为一个资深教育工作者，我最近也对此进行了一些思考，并用了十多天的时间，认真地为一线教师写了一组文章“劳动教育，可以这样给学生讲”。我的用意，就是给老师们提供一个讲稿，老师们可以根据这个讲稿，结合自己的实际，对学生进行劳动教育。

写的时候，有一个具体的问题把我难住了：我的读者对象是老师，还是学生？也就是说，这一系列文章是为老师们提供的教育素材，还是直接可以给学生们看的演讲稿？这涉及我在行文时的口吻：是对老师讲，还是对孩子说？

我试着用对孩子们说话的口吻写了第一篇，结果发现有些别扭，因为有的话应该是对老师说的。这二者真不好统一。所以，从写第二篇开始，我决定还是直接写给老师们看吧！老师们可以根据文章内容自己进行再加工，然后给孩子们讲。

这一组文章有五篇，分别谈劳动的概念与意义、家务劳动、学校劳动（学校义务）、社会劳动（社会实践）、要尊重和热爱劳动人民。除第一篇文章相对枯燥一些外，其他文章都具有可读性，因为都是我尝试过的具体做法和案例。

一

给学生们讲清楚“劳动”二字，并不是一件容易的事。这里面涉及一些比较抽象的概念，但只有让学生明白了“劳动”的含义、特点及其意义，才能让他们真正理解劳动，才有助于他们的劳动实践。

为此，我尝试着给老师们设计了这篇针对孩子们的演讲，希望对老师们有所帮助——

三年级的小明（化名）和妈妈发生了争论。小明抱怨作业太多、学习太累。妈妈说：“妈妈每天早出晚归，劳动一天也很累啊！”小明说：“我的学习也是劳动啊！”

我估计小明的话会引起许多同学的共鸣：“是呀，我们每天也很辛苦啊！上课、写作业，有时候深夜都在学习，不比爸爸妈妈轻松，这难道不是劳动吗？”

有的老师认为，孩子们的学习应该属于脑力劳动。

这涉及对劳动这个概念的理解。当然，说到“概念”，可能同学们理解起来要吃力一些，但我尽量通俗地解释。

根据《现代汉语词典》的解释，劳动，是指人类创造物质或精神财富的活动。

按我的理解，劳动至少应该有三个特征：

第一，它是人有意识、有目的的实践行为。不是所有行为都是劳动，也就是说，劳动必须是劳动者能够预见或者期待其行为的结果。劳动肯定要“动”，但“动”不等于“劳动”。婴儿一出生就会动，也付出体力，但显然不是劳动。动物也要动，不然为啥叫“动物”，但无论动物怎样“动”，都不是劳动，因为没有目的性。可能有同学会说："鸟儿筑巢呢？不也有目的吗？算不算劳动呢？"鸟儿筑巢、蜜蜂采蜜等，都是一种生物本能，不能算真正意义上的劳动。

第二，这种实践行为的过程应该伴随着体力或脑力的付出，或者是体力和脑力的同时付出。劳动会让人感到疲倦，正是因为消耗了体力或脑力。

第三，这种有体力或脑力付出的实践行为，应该有改变客观现实（环境和世界）的结果。它能够创造物质或精神的财富，能够推动人类文明的进步。工人、农民、学者、科学家、艺术家……他们的劳动创造了财富，为我们提供了物质和精神的享受。大到科学家的艰辛改变了人类的生活，小到环卫工人的勤劳提供了更美好的环境。注意，这里的"大"与"小"，是就劳动成果的影响而言，不涉及劳动者的尊严。

也许劳动还有其他特征，但我能够想到的，主要就是这三点。

有同学会说："我们的学习不也是有意识、有目的的行为吗？而且也有结果。""我们的学习不也付出体力和脑力吗？那肯定就是劳动了。"

但我刚才说的劳动的三个特征是不能分割的，也就是说，只有同时具备了这三个特点，才能称之为"劳动"。

由此看来，同学们的学习虽然也是有意识、有目的的行为，而且也伴随着体力和脑力的付出，但它只是对前人知识的吸收和掌握，只是为将来做准备，并没有创造物质或精神财富。

20世纪五六十年代，有一首《上学歌》非常流行。歌词是——

太阳当空照，花儿对我笑。

小鸟说早早早，你为什么背上小书包？

我去上学校，天天不迟到。

爱学习爱劳动，长大要为人民立功劳。

你看，在"爱学习爱劳动"中，将"学习"与"劳动"并列，可见同学们的学习是不在劳动之列的。

二

前面说了，劳动的结果应该是创造财富。用什么创造呢？汗水或智慧，汗水和智慧。我这里写的两个短语，一个是“或”，一个是“和”，虽然只有一字之差，但这却是有不同含义的。

有的劳动主要是付出汗水，我们称作“体力劳动”。这个好理解，不用我多解释。有的劳动主要是付出智慧，我们称作“脑力劳动”。

脑力劳动，主要是指科学家、艺术家、作家、企业家、政治家、教师、医生、律师以及各类学者……的研究、探索、发明、管理、实践，等等。之所以叫“脑力劳动”，是因为它是以脑力消耗、贡献智慧为主的劳动。其特征在于劳动者在创造性实践中付出的是智力、科学文化知识和生产技能，故亦称“智力劳动”。爱因斯坦、居里夫人、贝多芬、莫扎特、泰戈尔、邓稼先、陈景润、袁隆平、钟南山、鲁迅、老舍、徐悲鸿、谷建芬……以及无数普通的智慧贡献者，都是伟大的劳动者。

为什么刚才又用了“汗水和智慧”这样的表述呢？这是因为尽管有“体力劳动”和“脑力劳动”之分，但这二者在实践中往往是交叉重叠的，不可能绝对分离。农民伯伯在田里种庄稼，难道仅仅是洒汗水吗？他得琢磨怎么才能把地里的庄稼种得更好；一个环卫工阿姨，她在劳动的过程中也要考虑如何才能把地扫得更干净；科学家在从事研究时同样会付出沉重的体力——居里夫人在一个破屋子里从沥青铀矿渣里提炼镭，难道仅仅是动脑筋吗？

中国著名教育大家陶行知先生，曾经给孩子们写过一首儿歌：

人生两个宝，双手与大脑。
用脑不用手，快要被打倒。
用手不用脑，饭也吃不饱。
手脑都会用，才算是开天辟地的“大好佬”。

在这里，陶先生其实就说清楚了“劳动”分为两类：用双手劳动和用大脑劳动。这就是我们常说的“体力劳动”和“脑力劳动”，两类劳动缺一不可。既要用“手”（体力），也要用“脑”（智慧），如此“手脑都会用”，才能“开天辟地”。

当然，通常情况下，我们用“什么为主”的标准来大体区分“体力劳动”和“脑力劳动”。

但是，一般情况下，我们在单独说“劳动”这个词的时候，往往特指“体力劳动”。这并不是轻视脑力劳动，纯粹就是一种约定俗成的语言习惯。汉语里有许多词，都不能望文生义，因为每一个词都有特定的或侧重的含义。比如一说到“锻炼”，我们肯定是想到体育运动：不能老坐在家里学习，还得去锻炼一会儿！其实，“锻炼”还有“锻造或冶炼”的本意，也有“去基层实践、磨炼”的意思，但通常情况下，“锻炼”一词主要是指体育运动。

同样的道理，只要我们单独说“劳动”这个词，就是指体力劳动。比如以前我们常常看到有机关干部参加劳动的新闻，这里的劳动显然指的是下乡或下工厂参加体力劳动，但这并不意味着这些机关干部平时上班就没有进行脑力劳动；再比如我们说“他劳动去了”，这里显然也是特指干体力活儿。

三

同学们，你们知道劳动的伟大意义吗？说到这里，大家肯定会想到“劳动创造财富”。是的，这话完全正确。其实，我要说，从某种意义上说，劳动创造的财富还包括人类本身。或者说，人类是劳动创造的最大财富！我的意思是说，人类本身也是劳动的产物，因为没有劳动就没有人类。

当然，我得声明，这并不是我的原创观点，我只是同意这个见解。那这是谁的观点呢？是恩格斯的。在《自然辩证法》中，恩格斯有一句著名的话：“劳动创造了人本身。”

孤立地读这句话，同学们似乎不好理解。没关系，我好好给大家掰一掰这句话的意思。

恩格斯完整的原话是："从某种意义上，我们不得不说，劳动创造了人本身。"在这里，"某种意义"指的是人类进化的角度。人类最初也是爬行动物，后来在漫长的演变过程中，出于生存的需要被迫用上肢获取食物，渐渐直立行走，慢慢进化成后来主宰地球的高级动物。后来，人类在劳动中越来越适应大自然，并且学会了使用工具，能够按自己的想法去改变大自然，这就将人类与其他动物在本质上区别开来。所以说，劳动是人与其他动物的本质区别。正是劳动，促进并最终实现了古猿的上下肢分工，最后锻炼了人手，发达了人脑，学会了用火，改造了口腔与牙齿，创造了语言。因此，恩格斯说："从某种意义上，我们不得不说，劳动创造了人本身。"

尽管人类已经诞生，但是劳动创造人类的使命并没有结束。

因为所谓"劳动创造了人本身"还有一层意思，就是人类诞生之后，劳动能够让我们更聪明、更富有智慧。这个意思就很好理解了。通过劳动，我们的思维更敏捷，我们的视野更开阔，我们的认知更深刻，我们的情感更充沛，我们的智慧更丰富……可以说，每一次劳动所带来的科技进步，都是人类向前发展的标志。仅以近现代为例：通过劳动，我们发明了电报、电话、收音机，这优化了人类的听觉；通过劳动，我们发明了电影、电视机，这延长了人类的视觉；通过劳动，我们发明了汽车、飞机、宇宙飞船、人造卫星……这拓展了人类的视野，丰富了人类的想象力，刺激了人类的探求欲，增强了人类的肢体功能……

苏霍姆林斯基说："几十年的学校工作使我确信，劳动在智力发展中起着特别重要的作用。儿童的智慧出在他的手指头上。"陶行知先生说得更形象："行动是老子，知识是儿子，创造是孙子。"在这里，"行动"（实践）、"知识"（求知）、"创造"（发明）都是劳动。这两位伟大的教育家，说的都是一个道理：劳动促进了人的智慧与创造。

特别需要说明的是，虽然从严格意义上说，学习不属于劳动，但它具有劳动的某些特点。比如同样要付出体力与脑力，而且在学习过程中，也体现出勤奋刻苦、坚韧不拔的品质，并蕴含着创造的萌芽。这些从意义和价值观上说，与爸爸妈妈的劳动是同样可贵的。所以有学者将学生的学习，称作“类劳动”。这种“类劳动”是为将来从事创造财富的劳动做准备的。

写到这里，我突然想到每一个少先队员都能脱口而出的誓言——时刻准备着！

同学们，如果我们理解了劳动的本质，是不是对这句誓言就有了更丰富的理解呢？

2020 年 5 月 8 日

家务劳动的幸福，就在爸爸妈妈的感动中

——关于“劳动教育”的思考与实践（二）

一

在上次关于“什么是劳动”的演讲中，我明确谈到“学生的学习不是劳动”，可能会让有些同学产生疑问：“如果我们每天的学习都不算劳动，那我们就没有劳动了吗?”

作为老师，可以这样给学生进行引导——不是。对同学们来说，所谓“劳动”其实就在你们的生活中。

对这一点，有的老师可能没有意识到，因为昨天文章推出后，有老师说，现在学生负担够重了，如果再加上“劳动教育”，岂不是把学生累死？在他们看来，所谓“劳动教育”就是运动式的折腾，就是增加劳动课时……这完全是错误的理解。

尽管同学们每天大部分时间都在学校里，但是他们的生活空间除了学校，还有家庭和社会。所以他们的劳动也大致对应着这三个空间分为三大类：学校义务、家务劳动、社会实践。

这里提供一个我的案例，也许还可以帮助老师们对学生进行引导——

1998 年春天的一个周末，我带着我教的初一学生徒步郊游。那天来回走了二十多公里。一周以后，我在班上做了个调查：郊游回家后自己洗衣服的同学，请举手。

结果只有四个同学举手。

我先问其他同学："那你们的衣服是谁洗的呢？"

他们回答说："妈妈。"

我又问："为什么不自己洗衣服呢？"

他们的答案是："太累了。"

我反问："难道上了一天的班，妈妈回家后不累吗？"

我又问那四个同学："为什么要自己洗衣服？"

这四个同学的回答分别是："我能做。""平时我的衣服都是自己洗的。""自己的事应该自己做。""习惯了。"

我表扬了那四个同学，然后对全班同学说："自己的事自己做，这就是最平凡的劳动；养成劳动的习惯，这就是最可贵的品质。"

给学生讲了这个案例，很自然地就得出结论：洗衣服，就是最常见的家务劳动。虽然家务劳动不只是洗衣服。

然后，很自然地引出"家务劳动"的话题——家务劳动，既包括同学们生活上的自理行为，也包括家庭日常生活中必须做的一些无报酬的事，比如洗衣、做饭、洗碗、打扫房间、照看孩子、购买日用品、照顾老人或病人等。

在这里，应该强调劳动的"日常性"。

二

经常看到这样的新闻，有的父母为了培养孩子的"劳动习惯"和"吃苦精神"，就把孩子送到乡下等条件艰苦的地方去待一段时间。但我一直认为，爸爸妈妈培养孩子的劳动素养，或者说所谓"磨砺锻炼"，并不一定要在假期把孩子送到乡下去"吃苦"。对于这种偶尔为之的事，孩子们会觉得新鲜、好玩儿，就像做有趣的游戏一样。而且这有时间限制，孩子们迟早要回城里的。

作为教育者（教师和家长），应该告诉孩子，真正的劳动就是每天坚持做好自己应该做的家务事：从早晨醒来开始，自己叠被子、整理房间；自己做早点，也给爸爸妈妈做早点；晚饭后洗全家人的碗；主动去买家里需要的东西或取快递；洗澡后主动清理卫生间；周末自己洗衣服，打扫家里的卫生……这一切融于日常生活的劳动，远比参加夏令营去训练基地游戏式的“劳动”，然后回来写一篇《劳动最光荣》的作文，要有意义得多！

坚持每天早晨不睡懒觉、按时起床，然后给爸爸妈妈做早点，比去乡下“劳动锻炼”一个月，对有的同学来说，可能更艰难，更不容易做到。

的确有这样的同学，在学校参加“学雷锋做好事”的活动很积极，但在家里连自己的袜子和内裤都是让妈妈洗的，吃完饭后一抹嘴就走，从来没有想过洗碗。这样的同学，就算在学校获得了“劳动小标兵”的奖状，也不能算是真正的劳动者。

三

如何让学生养成做家务事的习惯？这里，我给老师们介绍一下我的做法。

我当班主任的时候，每接一届新生，第一天见面就会告诉学生：“从今天起，每天早晨自己收拾房间，每天晚饭后洗全家人的碗，先把这两件事做好。”一般来说，学生们都表示愿意。但他们的父母未必都支持，因为我知道，实际上现在真正支持孩子做家务事的家长并不多，好多父母都认为：“只要学习成绩好，做不做家务事都无所谓！”这样的观点是主流。

所以我除了以各种方式引导家长外，还有一个最直接也最有效的办法，就是让学生和他们的爸爸妈妈共同参加家长会。然后我在家长会上做调查：“请平时在家坚持每天收拾自己房间、每天晚饭后洗碗的同学举手！”

第一次调查，举手的人不多，但我依然大力表扬，而且连家长一起表扬：“这些同学做得好！这和你们爸爸妈妈的支持分不开，这样的爸爸妈妈才是真正爱自己的孩子！”众目睽睽之下，即使我没有批评任何同学和家长，那些平时没有做家务的同学，也都是不好意思的。

只要有这么一次，半学期后再开家长会，再做这样的调查，举手的人就越来越多。支持孩子做家务的风气一旦形成主流，那么基本上所有同学都能养成做家务的习惯了。

我们要告诉孩子——

同学们做家务，最大的意义就是自立能力的自我培养。陶行知的一首儿歌是这样的："滴自己的汗，吃自己的饭。自己的事，自己干。靠人，靠天，靠祖上，都不算好汉。"要想将来自立，就从今天叠自己的被子、打扫自己的房间、洗自己的衣物……做起。这就是古人所说："一屋不扫，何以扫天下?"

同学们从小做家务，也是对爸爸妈妈最直接的孝敬。孝敬父母，既不是在父亲节、母亲节或爸爸妈妈生日的时候，送上一份礼物，也不是将来长大后挣钱为爸爸妈妈买别墅，而是现在、此刻就报答爸爸妈妈的爱。每天分担爸爸妈妈的家务事，就是对爸爸妈妈最好的孝敬!

四

我还有一个做法比较有效，这里也推荐给老师们——

我曾经给我班家长布置过一道作文题《我为我的孩子而感到……》，省略号里的词语由家长根据自己对孩子家务劳动的真实情况填写，如"幸福""骄傲""欣慰""难过""遗憾""伤心"……家长的作文交上来后，我在有学生一起参加的家长会上选一些作文来读。凡是因孩子而感到"幸福""骄傲""欣慰"的作文，我都请作者的孩子来读，让孩子亲口读出爸爸妈妈对自己的赞赏，这对做家务劳动的孩子来说是最高的奖励。而因孩子感到"难过""遗憾""伤心"的作文，则在征得家长同意的前提下由我来读，并且隐去作者和孩子的姓名。但即使如此，孩子内心感受到的批评也是格外严厉的。

记得那次，李翱同学站起来读她妈妈写的文章《我为我的孩子而感到幸福》，其中有这样一段：

记得李翱读小学三年级的那年春天，我生病了，病情较重，一直呕吐、头昏，不能起床。中午，她放学回家，我躺在床上正担心无法给她做饭，她吃什么呢！她却立刻放下书包，拿起扫帚把床前我吐的脏物打扫干净，接着又打水给我洗脸，拿药给我吃……当她把一碗泡好的方便面放在我的床头柜时，我看到她脸上的疲倦，她坐在我身边问道："妈妈，以往我生病，您照顾我时累不累？"我没有直接回答，反问她说："你今天觉得如何呢？"她说，虽然很累，但是心里也很愉快。从这件小事中，我感到欣慰和幸福，因为女儿懂得关心妈妈，她从照顾我的劳动行为中，理解了平时妈妈对她的爱！

当李翱同学在读妈妈这篇文章的时候，我看到她的妈妈在不停地擦拭着眼泪。这样的情景，令每一个在场的人感动。

五

当然，有时候对父母的爱，并不一定要在父母生日或生病的时候才能表达，一些小事也能表达出儿女对父母的爱。也是在那次家长会上，彭莹妈妈的作文是这样写的：

一次，我因工作太忙，中午没有按时回家煮饭。午后一点半到家时，孩子已经上学去了，桌上留着一张纸条，上面写道："妈妈，饭在锅里，我上学去了。彭莹。"看完纸条后我立即到厨房，打开锅盖一看，里面是一碗热气腾腾的蛋炒饭。顿时，我的眼泪夺眶而出，感觉我是世界上最幸福的母亲！

当这些点点滴滴的事，被爸爸妈妈记录下来，又在全班展示的时候，其他同学受到的震撼是不言而喻的。

这样的文字，是不是更能触动学生的心灵，进而让他们想到自己的行为呢？

最后，老师可以对学生说："劳动就在你的生活中，就在你的家庭里。而家务劳动带来的成就和幸福就在你爸爸妈妈的感动中。"

2020 年 5 月 12 日

学校应该为孩子们提供自愿劳动的机会

——关于“劳动教育”的思考与实践（三）

一

我上次谈到，对学生来说，他们的劳动主要分三类：家务劳动、学校义务和社会实践。

今天，我着重谈“学校义务”。

学校义务，也是劳动教育的一个重要内容。我这里用“学校义务”这个短语，就是想突出这么一个意思：学生在学校的有关劳动，都是学生“情愿”“应该”甚至“必须”付出的行为，是每一个学生必须承担的“义务”。

学生在学校的劳动范围还是比较广的：清洁教室卫生、打扫实验室、校园卫生的保洁、固定的劳动周活动、临时性的搬运工作以及其他“额外”劳动。

这些劳动又分为两大类——

第一类：人人有责、轮流承担的劳动义务。比如以学号轮流值日，轮到某个同学时，他必须认真擦黑板、整理讲桌，等等；又比如清洁教室卫生，一般是以小组为单位轮流打扫教室；再比如，好多学校都设有劳动周，由全校各个班轮流完成学校有关的服务性劳动。这类人人有责、轮流承担的劳动，进入学校或班级的制度和纪律，保证每一个学生都有机会履行自己的劳动义务。

第二类：自觉、自愿的劳动。这类劳动不在规定之内，但源于良心、出自责任，是学生自愿、自觉承担的公益行为。这些劳动往往是一些临时性或突发性的服务。比如开学第一天学生去图书室把教材搬运到教室，这件事不需要人人都去做，只需少数同学承担。那谁去呢？老师当然可以指定，但最好是由学生自愿去。又比如窗台上的花儿需要浇水了，谁来浇呢？当然也可以像值日生一样轮流安排，但我建议最好还是让学生自愿浇花。再比如突发紧急情况甚至自然灾害，学校或班级总有一些事情，需要同学们挺身而出——小到教室里的饮水机突然倒了，水漫教室，需要有同学自觉清扫收拾；大到发生地震，被损害的校舍需要有同学自发抢险（当然，一般情况下，我们并不提倡这样做，但情况紧急的时候，在保证自身安全的前提下，也可以让学生力所能及地参与）。

这些劳动，虽然是自觉、自愿，但依然是一种义务，因为每一个人都享受着别人的服务，都是“欠债人”，应该以某种服务予以“偿还”。正如爱因斯坦所说：“我每天上百次地提醒自己，我的精神生活和物质生活都依靠别人（包括生者和死者）的劳动，我必须尽力以同样的分量来报偿我所领受了的和至今还在领受的东西。”

一般来说，学校比较注重第一类制度化的劳动，觉得这样比较公平。我完全赞成学校常规的轮流劳动制度。但我要补充一点，学校应该将校园清洁卫生的打扫和保持也交给学生完成。过去，学生打扫卫生，除了本班教室，还要负责打扫公共区域（简称“公区”），但不知从什么时候起，校园公区交给了物管保洁人员打扫。这非常不妥。让学生参与打扫并保持校园卫生，这是极有意义的劳动实践。我强烈要求学校恢复过去的做法——让学生打扫公区。

当然，我更希望各学校能够重视第二类自愿性的劳动。我之所以用“更希望”的表述来强调，是因为第一类劳动大家都很重视，不需要强调，而第二类劳动的意义还没有被更多的教育者意识到。

二

关于自愿性劳动的意义，我不想空谈道理，我打算讲讲我教育经历中的实际案例，希望能够对年轻教师有所启发。

每次新生报名结束后，孩子们集中在教室里听我讲有关要求时，我都会用一句话作为一份“见面礼”赠送给孩子们，这句话是：让人们因我的存在而感到幸福。

如何让孩子们真正理解这句话并转化为行动呢？

开学第一天，学校广播通知领新教材，本来我可以指定几位学生去领，但是我却让愿意为集体出力的学生主动举手。尽管只有一部分学生举手，但这已经足够。当这几位学生汗流满面抱着各科教材回到教室时，我说：“同学们，难道我们不是因为有了他们而感到幸福吗？”

这时，教室里自发地响起了掌声，这就是最好的教育。

同样是开学第一天，下午放学时，需要安排学生打扫教室卫生。我同样不指定学生，而是问全班同学：“谁愿意第一次为新集体扫地呀？”有了上次领教材的示范作用，这次几乎全班学生都举起了手。

我情不自禁地说：“我给你们的一句话，是我送给你们的见面礼；今天许多同学主动为新集体第一次尽力，是同学们自己送给自己的见面礼！”

最后，我和几位最先举手的学生一起把教室打扫得干干净净。

在第二天交来的日记（我给学生布置的一种练笔形式）里，不少学生都感叹：“我为我们班有这么多热爱班集体的同学而自豪！”“我庆幸我被分到一个充满温暖的班集体！”“我们班一定会成为最棒的班集体！”

自觉、自愿的劳动，最能树立和培养孩子们发自内心为他人服务的劳动观念。所以我特别主张，班主任要善于在班集体中给学生创造自觉自愿劳动的机会。

在班级内有意识地设置一部分属于大家的共同财物，交给学生自己管理与使用，这是培养学生集体主义情操和劳动观念的一种行之有效的方式。这些财物是由师生共同创造（以集体筹集、捐献等方式）、共同管理、共同享用的，因而它既属于集体共有，又属于集体中的每一个成员，但谁也无权像支配私人财产一样来支配集体财物。这些集体财物可以是保温桶、小书柜、窗台花盆、班级报纸，等等。

对班集体的日常教育而言，班上长期拥有的这些集体财物，无疑为班主任提供了大量“随机教育”的机会：每天坚持往保温桶里灌开水，当开水不多时先让别人喝；尽可能多地捐赠图书，爱惜小书柜里的图书；按时给窗台上花盆里的花浇水……这些看起来微不足道的小事无一不反映出学生的集体主义情操和为他人服务的意识。在这个过程中，不仅强化了学生“我是班集体的主人”这一意识，也培养了他们主动劳动的品质。

三

20 世纪 80 年代我教初一时，我班学生自愿捐款买了一个开水保温桶。教室里多了一个保温桶，表面上看是解决了学生喝水的问题，但在我看来，它将时时刻刻发挥出劳动教育的作用，且有助于培养学生的集体主义精神。

保温桶刚买回来的时候，考虑到学生年龄太小，我便每天为他们挑开水，并往保温桶里灌。我整整挑了一年，到了初二，我决定把这个任务交给学生自己做。本来我可以按学号排序让学生轮流做，也可以安排班干部来做这件事情，但我认为，班级中应该有一些事情由学生自愿去做，这有利于培养学生自愿为他人奉献、为集体尽责的精神。于是，我在班会上强调，每天往保温桶里灌开水的事应由同学们自愿去做。

我一点儿都不担心保温桶会空空如也，因为我相信，肯定有不少学生会心甘情愿把挑开水灌保温桶当作为集体出力的机会。事实也证明了这一点：每天总有一些同学早早来到学校，到开水房去挑水，并把保温桶灌满。有时为了争着去挑水，学生之间还争吵呢！

于是，我常常借保温桶里的水教育大家，我们因为有了默默无闻为集体服务的同学而感到了幸福，学生们也从一杯杯的热开水中体会到了班集体的温暖。

由自愿挑开水灌满保温桶而产生的“保温桶效应”，时时刻刻在无声中感染着班里的每一位学生。

但是，是不是每一个学生都曾为班集体挑过水呢？凭着对学生的了解，我估计不是，肯定也会有学生不劳而获、坐享其成。这样，一部分人的无私在客观上便纵容了另一部分人的自私。那么，怎么解决这个问题呢？

我仍然不动声色地发挥着“保温桶效应”——

在一次班会课上，我对学生说：“请喝过保温桶里的水的同学举手！”自然是全班同学都举起了手。

然后我又接着说：“请曾经为保温桶灌过水的同学举手！”这次便只有大部分同学举手了。

“那么，这就说明还有一些同学从来没有为保温桶灌过水，却又享受着别人提供的服务喽？”我就这么淡淡地问了一声，却让少数学生低下了头。

“请同学们记住卢梭的一句话——任何一个不做事的公民都是贼。”我没有更多的批评，但这两次举手和我引用的卢梭名言，都使那一部分没有灌过水的学生惭愧，并受到教育。

从此以后，为班上挑水的人越来越多了。有时学校伙房没开水了，学生们还争着自己掏钱到街上的茶馆提开水。更有意思的是，还有一些学生常常从家里带来菊花晶、果珍之类的饮料冲在保温桶里让大伙儿喝。

我称作“学校义务”的校园劳动其实不只上面谈到的这些，还有一些实践，比如有的学校开辟了校园菜地教学生种菜，还有一些学校社团的手工制作和实验，都是很有价值的劳动。

关于劳动，苏霍姆林斯基这段话至今还有生命力——“劳动要成为一种巨大的教育力量，就是必须成为我们的学生精神生活的需要：能给他们带来团结友爱的快乐；能促进钻研精神和求知欲的发展；能在克服困难之后，产生激动人心的快乐；能在周围世界里不断发现新的美好事物，能唤起初步的公民义务感——人类生活必不可缺的物质财富的创造者的感情。”

2020年5月12日

在社会实践中培养公民

——关于“劳动教育”的思考与实践（四）

“社会实践”也是学生不可缺少的一类劳动。

我曾想过用“社会活动”来表述，但仔细一想，“社会活动”不一定是劳动，比如单纯的参观访问、单纯的校际联谊、单纯的踏青郊游……都是社会活动，但不能说是劳动。

其实，严格说起来，“社会实践”的表述也不一定准确，但我这里所说的作为学生劳动的“社会实践”，主要是指志愿者服务、社会调查、校外实习、勤工俭学以及去艰苦地区体验生活的行为，等等。这些都属于社会劳动的内容。

关于社会劳动对于学生成长的意义——培养了某种情感、锻炼了某种能力、弘扬了某种精神，等等，因为不言而喻、众所周知，所以我不再赘述。

但我想强调三点——

一

学生的社会实践（劳动），应该是常态的、自然的，不应该仅仅是季节性的，甚至只和某些节日挂钩。我之所以提出这个观点，是因为现在许多让孩子们走出校园的社会实践，往往都是季节性、节日性的，比如植树节去植树、学雷锋日去扫马路、重阳节去敬老院慰问、助残日去福利院献爱心，等等。我不反对将学生的社会实践与一些节日和纪念日相联系，而是说这些行为不应该仅仅是某个固定日子的点缀。我们应该将社会实践贯穿于日常生活中，变成一种常态化的良好行为习惯。

1997 年 3 月 28 日，我带着我所教的两个班一百多个孩子，在成都市区的锦江畔种下了一片一百多米长的银杏树林。我和孩子们一起挖坑、栽树、培土、浇水……一棵棵小树苗就这样种在了锦江边。但我们的行动不仅仅是那一天的植树，还包括后来时不时去江边给小树浇水，去护树。总之，江边的银杏树成了孩子们心中的一份牵挂。

有一天，孩子们又来到江边看银杏树的生长情况，却发现有几棵长在路边的小树被人为地损坏了：有的枝条被折断，有的叶子被摘掉，还有个别小树被连根拔起……同学们非常气愤，于是他们拿起笔，写下关于保护小树的《呼吁书》，并投寄报社，后来《成都商报》发表了孩子们的《呼吁书》。在这个过程中，孩子们所感受到的就是劳动创造价值与劳动培养责任感——为城市创造一片绿地，为保护环境尽一份责任。

二十多年过去了，当年幼小的银杏树苗如今已经长成茂密的银杏树林，春天郁郁葱葱，秋天金黄耀眼，成了成都市区最美丽的风景线之一。2019 年，“满城尽带黄金甲”的时节，我路过这片银杏林，心里无比自豪。我拍了几张照片发在微信朋友圈里，当年和我一起种树的孩子们“欢呼”起来，纷纷给我留言——他们已经是爸爸妈妈了。他们说：“李老师，我常常带着我的孩子到这里散步，并告诉孩子，这是妈妈当年和李老师一起种的树!”“李老师，我一想到小时候曾经为这座城市种下一片美丽的风景，就特别自豪。”

种树，对这两个班的孩子来说，不仅仅是 1997 年 3 月 28 日那一天发生的事情，也是伴随了他们整个少年时代的一段美好回忆。这段美好回忆不但影响了他们所在的城市，而且也为他们后来的人生留下了无法磨灭的温馨记忆。

所以苏霍姆林斯基说：“切不可把劳动任务集中在一年的某个季节、月份或星期去进行，只有经常不断地劳动，才能丰富精神生活。只有当孩子从事那种必须经常对它进行思考和操心的长时期的劳动时，劳动活动的创造性质才会在他的面前展现出来。”

二

面向社会的劳动实践，不但应该有体力和智慧的付出——这点和在家、在校的劳动一样，而且还应该有一种社会责任感的体现。换句话说，社会实践应该是一种公民品质的培养与展示。

在这里，所谓“公民品质”意味着责任意识、勇气担当、公益情怀、建设热情、批评精神……是指以一种主人的身份参与社会事务。

陶行知先生在谈到他所倡导的民主教育时，有过非常深刻的论述：“民主教育是教人做主人，做自己的主人，做国家的主人，做世界的主人。”先生一辈子都在践行培养主人的教育。那么今天我们让学生参加社会实践，就是在新时代践行培养社会和国家主人的教育。

似乎陶行知先生预见了今天的教育弊端，他在八十多年前就指出：“大人们异口同声地说儿童是未来的主人翁，这句话是反映着一个传统的态度，表面上看好像是一种期望，其实是一种变形的抹杀，抹杀了儿童的现在的资格。儿童是现在的小主人!”

既然“儿童是现在的小主人”，那么让小主人们走向社会，尽一份小主人的责任，不是理所当然的吗?

为了培养学生的社会责任感，我多次组织我的学生参加各种社会实践。这种“实践”，不是脱离学生课堂学习的空洞的“活动”，而是让学生在社会实践中运用有关知识消除社会上种种不合理现象的尝试。

下面是20世纪80年代，我在乐山一中教初84级1班时，该班学生刘彤写的一篇作文，题目是《捉错别字小记》，作文如下：

1984年4月的一个周末，李老师为了培养我们辨认错别字的能力，就开展了街头调查错别字的活动。我们听到这个消息后，都觉得很新鲜，当然也很乐意参与这项活动。

当天下午，我们便开始行动了。我们分为四个调查小组，每个小组“承包”一条街道。我和卢涛一组，负责调查张公桥和新村一带。

我俩骑着自行车慢慢地在街上转悠，眼睛不停地向两旁看着。看见商店就走了进去，我们先看墙上的服务公约，然后又弯着腰在柜台外仔仔细细地看着商品的每一个标签，看见错别字就匆匆记下来；出门时，还把商店名称也抄下来了。售货员对我们的这种行为大惑不解，用一种诧异的、甚至是恼怒的眼光看着我们。我们刚开始接触这种眼神时，会感觉不自在，看多了，也就习以为常了。有时，因为怕店主不让我们进去，我们就装作买东西的样子，然后悄悄地调查，把发现的错别字记在心里。每当此时，我们都有一种“地下党干革命”的感觉。这不，我们又走进了一家商店。一位售货员神情麻木地问我们：“买啥子？”我们说：“不买啥子，看一下。”售货员说：“不买东西，进来干啥子嘛？怪得很！”我们没有说话，仍然仔细地观察着商店里的每一个字。她讨了个没趣，一个人走到一边坐了下来。我们又找到了几个错别字，心里十分高兴。我们冲着她那张气呼呼的脸笑了笑，出了店门骑上车神气地走了。

在不是很长的一条街上，我们走走停停，两个多小时才完成了调查工作。

第二天，我们全体同学开会，把每个人找到的错别字汇总，竟然有一百多个错别字（还不算重复的）。于是，我们又写了一份调查报告，还把错别字归类并画了一张表，然后油印了几十份。我们把这些调查报告分别送到了教育局、文化局和各个有错别字的商店。

最后，我们手抄了一份调查报告寄给了《乐山报》。报告寄出后，我们天天等着，天天在《乐山报》上搜寻着。过了十几天，一个早晨，我们收到一封厚厚的信。我们看到信封上的寄出地址是报社，高兴得跳了起来，撕开一看，里面是四张同一天的《乐山报》。我们在报上飞快地找着我们的调查报告。“找到了！在这儿！”我们兴奋地叫了起来。看着报纸上印着我们的名字，心里甜丝丝的。这篇调查报告虽然不长，但它凝聚着我们的劳动，表现了我们对正确使用国家通用语言文字的社会责任感。

的确，比起单纯地让学生把容易错的字抄十几遍，让学生在社会活动中掌握语文知识并实践语文能力，更有意义。

20 世纪 90 年代，我调到成都玉林中学后，又在班上组织了街头错别字调查活动。我发现，随着经济的发展，社会用字量急剧增多，但有关人员的文化素质却没有相应地提高，因此比起九年前，街头的错别字越来越多了。1995 年 12 月，我班同学经过广泛调查写成的《成都街头错别字调查报告》被醒目地刊登在《成都商报》第一版，编辑还为这篇文章改了个标题，并以黑体字标出改后的标题《娃娃们在呼喊：蓉城街头错字知多少?》。

后来，渐渐形成的对国家语言文字使用的敏锐感使学生们发现，语言污染现象远远不只在街头，也出现在公开出版的报纸、刊物和书籍上，还有电台、电视台的播音员、主持人也经常把一些常见字的字音读错。于是，我的学生又开始了对这些领域的调查。他们有的连续一个月跟踪阅读某一份报纸，有的长期坚持收听或收看某电台、电视台的某一栏目，并对其中的语言错误进行记录，然后写成文章直接寄给有关媒体。

有学生在作文中写道："虽然街头错别字调查花了我们整整一下午的时间，回到学校累得腿都几乎迈不动了，但最后看到几条街的错别字因我们的努力而消失了，心里还是很有成就感的。"

三

学生的社会实践，应该是一种真实生活的体验，而不是游戏性质的"模拟"。当然，我也不是绝对反对让学生体验某种虚拟的未来生活场景，但我更主张孩子的社会实践就在他们本身的生活中进行，这样他们才能感受到自己的劳动给社会创造着实实在在的价值。

在乐山一中教 84 级 1 班时，我利用每天中午的休息时间，为学生朗读《红岩》。到了第二年的 11 月 13 日，我便读完了《红岩》，可是学生们还沉浸在渣滓洞、白公馆那悲壮的场面之中。

当时，我对表情凝重的学生们说：“明天 11 月 14 日是星期天，同学们将度过愉快的一天。可是大家是否知道，三十三年前的 11 月 14 日，江姐正含笑走向刑场？再过两周的 11 月 27 日，是‘中美合作所’最后大屠杀的日子！……为了纪念这些先烈，重庆歌乐山烈士陵园正在筹建‘烈士群雕’。”

刚刚听完《红岩》，还沉浸在感动中的孩子们纷纷建议——

“我们为建造‘烈士群雕’捐点款吧！”

“对，向先烈表达一点我们的心意！”

学生们七嘴八舌地议论开了，说出了我本来准备提出的建议，我非常高兴地说：“同学们自愿捐款当然很好，可钱从哪儿来呢？回家向爸爸、妈妈要吗？”

“不，我们利用星期天去拾废品卖！”学生提议道。

“好！”我同意了大家的要求，并补充说，“当然，可以清理家里的废品——如废书、旧报、牙膏皮等去卖。总之大家要注意，所交的钱必须是卖废品所得，绝不能因此向家里要钱。只有通过自己劳动得来的钱，才最能表达真诚的心意！”

那一段时间，全班每个同学都行动起来了，同学们利用课余时间和星期天，三三两两结伴去拾废品。两个星期过去了，同学们陆续交来了自己的捐款。我一一清点着由一分、两分、一毛、两毛汇集而成的捐款，心中无比欣慰。

凝集着学生们对先烈真诚敬仰之情的捐款寄出去了。在填写汇款单时，我在寄款人姓名一栏里写的是：献给先烈的五十三颗爱心和童心。

这个班初三毕业时，我和部分学生结伴到重庆旅游，特意去歌乐山烈士陵园凭吊先烈。看着已经落成的“烈士群雕”，我和同学们都很激动，并在群雕前合影留念。孩子们说：“这座雕像也有我们的一份劳动成果！”

在这里，年轻的我和我的学生感受到了两年前拾废品这项劳动创造的价值。

我班上曾经有一个文学社团，叫“凌云文学社”。有一年暑假，同学们准备组织一次“峨眉山夏令营”。为了减轻家长的经济负担，也为了锻炼能力，我建议大家搞“勤工俭学”活动，自己挣参加夏令营的钱。

可是，干什么呢？孩子们琢磨起“生财之道”来：是去卖冰棍，还是卖大碗茶？是到印刷厂找工作，还是到纸箱厂打工？……

后来，赵刚等同学胆怯地推开了新华书店经理办公室的大门问：“叔叔，我们能不能帮你们干点活儿？”

“这儿没什么可干的。”经理冷冷地答道。

“比如帮着包书……”赵刚还不死心。

“这儿又不是图书馆！”经理不耐烦地说。

像前几次去一些单位找工作一样，他们这次又碰壁了。可他们毫不泄气，又走进了邮政局的办公室问：“阿姨，请问我们能不能帮忙卖点杂志？”

“可以，”那位阿姨十分和气地说，“不过，需要开个介绍信。”

同学们这次看到了希望，便不愿轻易放过。他们兴冲冲地跑到学校。可是学校放假了，到哪儿找人开介绍信呢？

“找佘市长去！”同学们想起了曾经采访过的佘市长。

彭艳阳果然开来了佘市长的亲笔介绍信。于是邮政局的同志大开绿灯，同意让同学们零售杂志。

大家欣喜若狂：“我们有工作啦！我们能挣钱啦！”

黄昏，在市内几处繁华的地方，同学们分为三个小组设下书摊。他们把各类期刊一一摆好，甚至还把油印的“凌云文学社”社刊《凌云》也亮了出来。然后他们用稚嫩的嗓音吆喝了起来：“卖书啦！卖书啦！”

行人好奇地看着这些娃娃，围了上来。

“你们是学生吧？”有人问。

“是的。我们在搞‘勤工俭学’活动。”同学们自豪地回答。

“不错！真能干！”行人赞叹道。

“这杂志多少钱一本？”有人问。

“请看杂志背面的定价，我们一律按定价出售。”同学们热情而诚恳地回答。

于是，前来买书的人渐渐多了起来。

卖书活动结束后，同学们数着那并不是很多的钱，心中却充满了喜悦。因为大家亲自参加了社会实践，又一次了解、认识了社会，培养了能力，并丰富了创作内容。这些是比金钱更重要的收获啊！

在这里，孩子们不是在教室里用虚拟货币从事“模拟买卖”，而是实实在在地用自己的劳动换取报酬参加夏令营。

不过，我还要说明的是，尽管这种偶尔为之的有偿劳动有特殊的意义，但不宜成为学生劳动的常态。我特别反对连家务劳动都要“有偿”，甚至有的孩子把为同学做作业当成一种“创收”，这显然远离了我们所追求的劳动的意义。

无偿和奉献，应该是学生社会实践的主流。苏霍姆林斯基说：“我们不急于过早地让孩子去参加有报酬的劳动，因为这可能养成自私、贪婪的恶习。一个学生在用自己的劳动挣得第一次工资之前，应该大量经历为社会创造物质财富的无偿劳动的精神体验。”

作为社会实践的劳动，其意义已经不仅仅是劳动本身，而且体现了一种大教育观。将学生的学习与实践结合，将校园与社会结合，让学生在社会的广阔天地中，运用知识、奉献他人、尽责社区，从而为推动国家文明进步贡献自己的力量。

2020 年 5 月 12 日

请尊重和热爱身边的普通劳动者

——关于“劳动教育”的思考和实践（五）

一

今年中国抗疫最艰难的时候，一个叫汪勇的普通小伙子成了英雄。

原因似乎很偶然。大年三十傍晚，当得知武汉金银潭医院的医护人员因为没有公交车而回家不便后，本来只是送快递的汪勇，一下感到自己有了新的责任——接送医护人员。

第二天，他冒着被感染的风险，开车接送了接近三十个医护人员往返金银潭医院，一天下来累得双腿哆嗦个不停。于是他招募了一个志愿者团队，团队有二十多个人跟他一起接送医护人员，中间跑坏了三台车。

得知医护人员吃饭不方便后，他又募集到2.2万元，为上夜班的医护人员提供泡面和水。后来，为了让他们吃上白米饭，他又联系餐馆老板，经多方努力，解决了医院所有医护人员的午餐。

医护人员需要一批防护鞋套，可整个武汉市区都断货了。汪勇在淘宝上找到一个有货的商家，但商家远在距离武汉市区五十五公里的鄂州葛店。因为商家是一名新冠肺炎确诊患者，所以发不了快递。于是汪勇冒着风险连夜开车去取，带回来了两千双防护鞋套。

医护人员需要买拖鞋、指甲钳、充电器甚至秋衣秋裤……这些“琐事”，汪勇和他的伙伴们也帮忙搞定。

他说："我每天不停地做事，没想到自己什么时候停下，只要医护人员呼唤我，我随时都在。"

2020年春天，像钟南山等英雄一样，平时默默无闻的普通劳动者汪勇，也让无数中国人热泪盈眶。

其实，我们的身边，像汪勇这样善良、朴实的劳动者还有很多很多，他们可能是小区的保安、可能是楼下餐馆的服务员、可能是街边修鞋的师傅、可能是校园的保洁工人、可能是学校食堂的师傅……

平时，我们是否对他们有足够的尊重呢？如果他们没有汪勇那样挺身而出的壮举，我们是否还尊重他们？

培养对劳动人民的感情，是劳动教育的重要内容。中共中央、国务院发布的《关于全面加强新时代大中小学劳动教育的意见》中，特别把"尊重劳动，增强对劳动人民的感情"写进了"基本原则"的第一条中。这是有鲜明的现实针对性的。

在这里，劳动人民主要是指从事体力劳动的广大普通的劳动者。当然，这一点没有看不起科学家、艺术家、企业家等脑力劳动者的意思。现在并不是所有脑力劳动者都得到了应有的尊重，尤其是广大科研人员——社会科学的研究者和人文学科的学者，还有普通的医生和教师等，他们的经济待遇与他们所从事的劳动和他们所做出的贡献，还远远不相称。

但就社会地位而言，目前最容易被瞧不起的还是广大普通的体力劳动者。正是基于这样的现实，我们在当下更应强调尊重和热爱侧重于从事普通体力劳动的建筑工人、环卫工人、快递员、送水工、出租车司机、餐厅服务员以及在田野耕耘的农民……

毋庸讳言，我们的教育已经很长时间不讲"要热爱劳动人民"了。相反，我们经常听到有的教育者这样呵斥孩子："你不好好学习，长大了只有去扫马路、蹬三轮！"而"吃得苦中苦，方为人上人"这样充满封建等级、人压迫人的腐朽思想的话语，居然成了一些教育者经常给孩子们灌输的"励志名言"。于是，轻视劳动，鄙视劳动者，不愿付出汗水，憧憬不劳而获……成了一些孩子的价值追求。

所以，中共中央、国务院发布的《关于全面加强新时代大中小学劳动教育的意见》中指出：“近年来一些青少年中出现了不珍惜劳动成果、不想劳动、不会劳动的现象，劳动的独特育人价值在一定程度上被忽视，劳动教育正被淡化、弱化。”这绝不是无的放矢。

培养学生尊重和热爱劳动人民的感情，有很多渠道和方法。在这里，我只强调两点：教师示范与学生体验。

二

所谓“教师示范”，就是作为学生的老师，要以自己对普通劳动者发自内心的热爱之情，去感染学生，点燃他们心中本来就有的善良。最好的教育莫过于感染，培养孩子对劳动人民的感情也是如此。老师自己都不具备的品质，偏要给学生讲，而且还讲得那么声情并茂，这不是真教育，这是虚伪的说教，是反教育。

那么什么是真教育呢？陶行知的解释朴素而深刻：“真教育是心心相印的活动，唯独从心里发出来的，才能打到心的深处。”如果我们教育者心里流淌不出对劳动和劳动者真挚的爱，就不可能让孩子也产生对劳动人民美好的情感。

二十多年前，我在我家附近一个理发店结识了胥师傅。胥师傅的理发店很小、很朴素，却很温馨。胥师傅理发，妻子和女儿做他的助理，帮着洗头，一家三口共同支撑着这个小小的理发店。

因为技艺精湛、收费合理，更因为为人善良，所以胥师傅的店铺虽小，却常常高朋满座。我注意到，几乎每个前来理发的人，都和他很亲热，寒暄之间可以感觉到，俨然和他都成好朋友了。一年四季，除了春节休息三天，其他时间胥师傅一家都在店铺忙碌。虽然辛苦，但我每次去理发，都能听见他和妻女的笑声。这笑声常常让我感动：生活清贫，他们却乐呵呵地过着每一天。他们用自己的善良和勤劳，赢得并享受着自己的幸福。

因为我特别忙，经常会突然出差，或者被通知接受电视采访之类，所以免不了要麻烦胥师傅，比如请他比平时早点到理发店，或者推迟下班。胥师傅对我从来是随叫随到。不止一次，在寒冷的冬天，他早上七点半或八点就来到店铺等我；有时候因为我，他晚上十点以后才回家。我特别过意不去，付费的时候便多给他几块钱，但他坚决不要我多付的钱。于是，我便时不时送他一些茶叶、松花蛋、竹笋等土特产。我知道，这些东西远远不能与他为我的付出相称，但我只能这样表达一点心意。

有一次，我听说他生病住院了。当天晚上，我买了水果去病房看他。胥师傅非常感动，说："李老师，你对我太好了！"我真诚地说："那是因为你也对我很好！"他说："我要不了几天就可以出院了，出院后我就给你打电话。"这话让我感动到了极点，他生病了还担心没人给我理发。从医院出来，我开车回家，"出院后我就给你打电话"这句话一直在我耳边回响，我心里满怀着感动。

后来我搬家了，但我每周依然开车十来公里去胥师傅的店铺理发。第一次去理发时，他还是一个四十多岁的中年人，女儿也很小，现在他已经当外公了。他依然每天乐呵呵地在自己的店铺里为顾客们理发。

胥师傅不过是一个普通的劳动者，但在我的心里，他比好多身居高位的人更让我敬重。

三

和胥师傅的友谊，是我生命中最温暖的一缕阳光。这缕阳光，也是我源源不断的教育资源。二十多年来，我经常给一届又一届的学生讲胥师傅的故事。我曾在作文指导课上，以胥师傅为素材给学生写示范作文。后来这篇文章发表在《成都晚报》，我还专门把刊登了这篇文章的报纸送给胥师傅。我每次给学生讲胥师傅的时候，教室里面都弥漫着温馨与感动。后来还有学生和我一起去看望胥师傅理发，甚至还有长大了的我的学生也去请胥师傅理发。

我相信，我内心对胥师傅的感情，一定会感染学生的。

岂止是一个胥师傅？还有我在成都石室中学工作时的门卫李大爷，七十多岁却精神矍铄，而且特别热心助人。李大爷让我感动的点点滴滴，也是我经常给学生讲述的故事。

岂止是一个李大爷？还有那次我坐出租车时遇到的那位不知名的司机。那天子夜，我刚刚从电台做了“爱心与教育”的热线互动节目出来，在车上他说他刚听了我的节目，很感动。结果下车时，他硬是不收车费，说：“让我也向您表达一份爱心。”虽然后来我硬是把车费塞给了他，但这位普通的出租车司机，让我感动了很久，他的故事自然也进入了我的课堂。

岂止是一个出租车司机？还有那位拾金不昧的小伙子。几年前，我的一个存有重要教学资料的优盘丢了，丢在什么地方我也想不起来。一周后，我接到一个陌生人的电话，说在大街上捡到了我的优盘，他根据里面我文件中的手机号码打电话联系的我，要把优盘给我送来。小伙子抱歉地说，因为餐馆忙，他忘记及时跟我联系了。这位善良而朴实的小伙子，又成了我和我学生心中“大写的人”。

岂止是一个拾金不昧的小伙子？还有大兴安岭莫尔道嘎一个小诊所的医生。那年我去东北旅游时，一天傍晚，我突然牙疼。同伴和我就近找了一家小诊所看病，我们找到这家小诊所时（后来知道，人家并非私人诊所的医生，而是当地正规医院的医生，因为医院搞修建，临时将他的科室搬到这里），医生已经下班，正在锁门。看到我以后，这位医生马上重新开门为我看病。他精心治疗之后，却坚决不收我的任何费用。他说：“您是远到的客人！”回到学校，我给学生讲述这位大森林里的医生，又让孩子们心潮起伏、感动不已。

……

四

我曾写过一篇题为《对普通劳动者的态度检验着一个人乃至一个社会的文明程度——从机舱里空姐的一个细节说开去》的短文，印发给学生。文章如下：

几天前，我在飞机上准备去上洗手间，走到洗手间门口看到一位空姐正背朝外、脸朝里地蹲着，我仔细一看，她正在用细嫩的手指捡拾马桶周围和地面的沾着黄色污渍的卫生纸……虽然我知道这是她的工作，但我还是被她的敬业精神所感动。

说实话，平时我们看到的空姐都是整洁、美丽的，很少有人会想到她们还要蹲在洗手间里收拾脏污的东西。她们的劳动换来了我们乘坐飞机的舒适，所有劳动者都应该受到我们的尊重。

但她们受到应有的尊重了吗？

我想到每次出机舱门时，美丽的空姐总是站在机舱门前，面带微笑，对鱼贯而出的每一位乘客柔声说："再见！慢走！""再见！慢走！""再见！慢走！"……说的时候还伴以点头和鞠躬。每当这时，我总会回礼："谢谢！"

但我发现，像我一样给空姐回一声"谢谢"的乘客很少，有时甚至几乎没有。对那些乘客来说，一声声"再见！慢走！"不存在，面带微笑、恭敬站立的空姐也不存在。每次看到这情景，我都很难受，我觉得好像是我对不起那些美丽的空姐。

在这里我不是要标榜我多么有礼貌。我给空姐回一声"谢谢"，也并非因为我多么有教养，而是我不好意思不回礼——面对扑面而来的温柔告别之声，我怎么能面无表情、昂首挺胸地从一张张美丽的笑脸旁走过？

作为教师，我很自然地想到了教育：这些乘客大都是有文化的——准确地说，大多数人可能都有大学文凭，小学时老师就教育过"对人要有礼貌"，可他们怎么不给空姐回个礼呢？尽管现在坐飞机已经不是什么稀罕事儿了，但目前能够坐上飞机的，一般还是比较体面的人——所谓"体面"不只是有钱，而且还显得很有"素质"，都是"有文化"的人嘛！但我从这些"有文化"的人身上，却看到他们的素质其实是很低的。

同学们，请给你身边的劳动者送去你的真诚敬意吧——

走进学校，你给门卫师傅问好了吗？开车出车库，你给开门的保安说

“谢谢”了吗？走进洗手间，面对刚刚清扫完毕的保洁工人，你说“谢谢”了吗？面对递给你修好的鞋的师傅，你说“谢谢”了吗？理发师傅给你理完发，你说“谢谢”了吗？面对汗流浃背的送水工，你说“谢谢”了吗？面对气喘吁吁送快递的小伙子，你说“谢谢”了吗？傍晚路边，你给为你手机贴保护膜的大男孩说“谢谢”了吗？……

每天傍晚，我都会看到楼下街边有一位三十多岁的妇女（我至今不知道她叫什么名字）推着小车卖冰粉。我又特别喜欢吃冰粉，因此几乎每天都去买。有时候她的老公和两个儿子来帮忙。她的两个儿子看上去像在读中学，我问她儿子读几年级，她说一个读初一，一个读初三。一位母亲为两个儿子的未来而辛劳，一下子让我对她肃然起敬。有一天碰见她，我给她打招呼。她有些惋惜地说：“天气凉快了，吃冰粉的人少了。”我说：“我一年四季都吃凉的，只要你每天卖冰粉，我天天都来买！”她说：“我会每天都卖的！”我拿出手机问她：“可以给你拍张照片吗？我在微信上给你宣传宣传。”她不住地说：“谢谢！谢谢！”我说：“我要感谢你，是你让我每天都能吃上冰粉！”她感谢我，是因为我为她做广告；我感谢她，是因为她这么辛苦地为过往的行人提供这么好吃的冰粉。

不要说她是为了挣钱养家，卖给我好吃的冰粉是应该的。人与人之间本来就是互相服务的，理应互相尊重。除了金钱与物质（比如说我用钱买她的冰粉），还应该有超越金钱与物质的东西。无数劳动者之间互相说声“谢谢”，便汇成了我们社会的温暖。

是的，社会的温暖，不仅体现在亲人、友人之间的嘘寒问暖，也体现在陌生人之间的点头微笑，更体现在民众对服务行业的普通劳动者的带着感恩的致谢与致敬！

点点滴滴的浸润，丝丝缕缕的感染。几年下来，孩子们面对劳动者的心肯定变得格外柔软、细腻、敏锐、温暖。

这就是我说的“教师示范”。

五

所谓“学生体验”，就是提供机会或创设情境，让孩子们通过实践切身感受因为尊重劳动人民而获得的精神享受。

1999 年的元旦即将来临之际，学生之间流行互相写贺年卡。

写贺年卡本来无可厚非，但我发现许多学生把写贺年卡当成了一种攀比：看谁买的贺年卡高档，看谁写的祝福语多，看谁送出的贺卡多……到后来，写贺卡简直就成了一种“还债”：本来不想写，可别人已经寄来了，自己不写好像对不起朋友。

元旦前后，正是期末复习的紧张时候，可不少学生却把大量时间花在写贺年卡上，有的学生甚至上课也在写。

我不得不向写贺年卡的学生泼冷水了：“花那么多钱买贺年卡，又花那么多的精力写贺年卡，值得吗？‘君子之交淡如水’，真正的友谊不是靠写贺年卡就能够表达的。”

学生说：“可是朋友寄来贺年卡，我却不回，朋友会生气的。”

“如果真是你的朋友，他会理解你的。”我说，“如果他真生气了，那只能说明你们的‘友谊’薄如纸片！”

学生觉得我说得有道理，绝大多数学生接受了我的意见。他们表示不再写贺年卡，要把精力用在期末复习上。

“但是有一张贺年卡，我觉得你们应该写。”我对学生说。

学生很惊讶，问我：“您说应该给谁写？”

我说：“你们应该写给那些几乎不可能在新年收到贺卡却应该得到新年祝福的普通的劳动者！比如你们小区的门卫或看守自行车车棚的师傅，还有学校传达室的大爷，等等。”

学生陷入了沉思。

我特别谈到学校传达室的大爷：“最近我上班经过校门时，几乎每天都看到他手捧一摞摞明信片、贺年卡，这些明信片、贺年卡是谁的呢？当然是我们学校老师的、同学的，可在这一摞摞贺卡中，唯独没有属于他的。他每天都默默无闻地为全校师生打铃、收发信件，他难道不应该受到我们的尊敬吗？同学们应该在这新年到来之际给他一份真诚的祝福！不仅是我们学校的门卫师傅，还有同学们所住小区的门卫、守自行车车棚的师傅等，都应该在新年前夕收到一份祝福!”

于是，同学们纷纷给学校传达室的大爷和自己所住小区的门卫师傅寄了新年贺卡。

过完元旦假期回到学校，我在班上开了一次讨论会，让孩子们彼此分享写贺卡的感受。

有同学说：“我今天早晨出门路过小区大门时，看到门卫师傅把我送他的贺卡贴在了门卫室的墙上，就像奖状一样。没想到，一张小小的贺卡，在他的心中是一种荣耀。我一下子觉得自己做了一件很有意义的事!”

有同学说：“我今年元旦前写的贺卡，除了送给我们学校的门卫师傅和我家小区的门卫大爷，还送给了楼下邮局的叔叔、我们那条街的保洁阿姨……这些贺卡，我都没写我的名字。我就是想让他们收到贺卡后，感到这不是一个人送的祝福，而是许多人的祝福！一想到这些，我也觉得很幸福。”

还有同学说：“新年最后一天的晚上，我给门卫大爷写好贺卡后，特意给他送去。走到门卫室，发现大爷正坐在椅子上打瞌睡，我轻轻地把贺卡放在他的膝盖上，悄悄地走了。回到家，我兴奋了好久。我想大爷醒来后突然看到贺卡，他一定会很惊讶：谁会给我写贺卡呢？他一定也会很高兴，因为在新年前夕，他收到了一个陌生人的祝福!”

……

这种幸福感的体验，是教师任何纸上谈兵的说教和学生表演式的演讲比赛、征文比赛所达不到的。

六

“学生体验”的方式当然还有很多，只要教师足够敏锐，就能够从现实生活中发现很多让孩子们体验尊重劳动者进而自身也获得自豪与幸福的有效途径。

尊重和热爱劳动人民，体现了一种平等的公民意识。同在蓝天下，都是“大写的人”。虽然每一个人的出身背景、智力水平、学历程度、经济状况、社会分工等不可能完全一样，但在人格上是绝对平等的。刘少奇同志曾握着掏粪工人时传祥的手说：“你当清洁工是人民的勤务员，我当主席也是人民的勤务员。”

当然，培养学生对劳动人民的感情，并不是我们教育的最终目的。八十多年前，在《育才学校创办旨趣》中，陶行知先生明确地说：“有人误会以为我们要在这里造就一些人出来升官发财，跨在他人之上。这是不对的。我们的孩子都从老百姓中来，他们还是要回到老百姓中去，以他们所学的东西贡献给老百姓。”

造就一代又一代热爱人民并服务人民的劳动者，这就是我们培养学生尊重并热爱劳动人民的目的，也是劳动教育的使命。

2020 年 5 月 13 日

没有“专门的德育”，只有完整的教育

——关于德育的随想之一

一

1989年5月22日，我在《中国青年报》发表了一篇关于德育改革的文章，题目叫作《沉重的思考》。三十多年过去了，当年还是小伙子的我，已经退休两年，但德育的问题依然严重——从某种意义上说，更严重了。

是国家不重视吗？当然不是，三十多年来，党和国家就改进和加强中小学德育（有时候的表述是“未成年人思想道德教育”或“公民道德教育”）发了一个又一个的文件。套用一句古诗夸张地说：“兵书十二卷，卷卷有德育。”

然而，当年我有“沉重的思考”，到了今天我依然有思考的沉重。为什么呢？分析原因，其复杂性足以写一篇长长的文章乃至一本专著。今天我只想谈谈其中一个可能容易被人忽视的原因——德育之所以效果不佳，甚至问题多多，恰恰就是因为我们太“重视”德育了。

二

因为“重视”，我们有专门的机构——比如教育局有德育处或德育科，学校有德育处；因为“重视”，我们有专门的德育工作者——比如教育局有德育干部（包括分管德育的副局长），学校除了有分管德育的副校长，还有德育主任、德育干事和众多的班主任，用有的领导的话来说就是“有一支德育队伍”；因为“重视”，我们从小学到高中有专门的德育课，有专门的任课教师，还有德育教材、教法和相关考试；因为“重视”，我们有许多德育活动，如演讲比赛、征文比赛、板报比赛等；因为“重视”，我们唯恐学生不知道我们在对他们进行德育，我们更唯恐上级领导不知道我们重视德育，所以几乎每一所校园经过“文化打造”，都充满浓浓的德育氛围，标语、展板、图片扑面而来，铺天盖地；因为“重视”，我们还有许多德育课题，校级的、区级的、市级的、省级的乃至国家级的；因为“重视”，在一些省市甚至还专门有“德育特级教师”的荣誉称号……

我不是说要取消这一切，而是想表达我的一个疑惑：是不是因为太“重视”德育，反而因此弱化了德育呢？

这么多年来，德育效果究竟如何？我想就不用多说了。

三

有一句话我拿不准说还是不说，但憋在心里难受，今天还是说出来吧——作为研究、部署和谋划，德育是客观存在的；作为实施、操作和落实，“专门的德育”是不应该存在的。

当我们静止地分析一个人的素养构成时，人格毫无疑问是最核心的要素。那么，育人当然要培养孩子高尚的人格，所谓“立德树人”。所以，从教育学意义上说，德育不但存在，而且重要，甚至相当重要，它是教育的灵魂；我们否认了德育的存在，就否认了我们教育者的根本使命。

问题是，谁能看到一个人的人格？

正所谓从来就没有能够拿来展示的美德，只有体现美德的言谈举止。我们谁也看不到一个人的品格、思想、情感，看到的总是一个人具体的做事方式、与人交往的态度和行为。

可是，我们现在居然要专门去培养所谓“高尚的人格”，甚至还要打分考核——相当于把一个人的灵魂拿来量尺寸、称重量，这不是很荒唐吗？

因此我说，作为实践、操作和落实，“专门的德育”是不应该存在的。

是的，我再说一遍，从来就不应该有“专门的德育”，一旦“专门的德育”出现了，德育事实上就消失了。

四

难道不是吗？

教学校长是不管德育的，因为有德育校长；教务主任是不管德育的，因为有德育主任；科任老师是不管德育的，因为有班主任（所以学生在课堂上犯了错误，下课后科任老师往往会把犯错的学生拉到班主任那里去，让班主任处理）；学科教学是不管德育的，因为有专门的班会课、团队活动等德育课……

虽然喊了很多年的“人人都做德育工作者”，可因为“分工专业”“责任明确”，全部德育任务便压在了班主任和学校德育干部身上，而他们的德育又是专门化、学科化、知识化、表演式、突击式、运动式的“德育”，在如此“重视德育”的过程中，德育自然就消失了。

从这个意义上说，我对“班主任工作专业化”的提法一直持保留态度。所谓“专业化”，就是从业者具有不可替代的专业技能，那么班主任所具备的所有技能，比如班级管理、谈心艺术、心理学修养，等等，不都是每一位教师所应该具备的专业技能吗？

五

其实，就功能和目的而言，教育就是德育，德育就是教育。

无论中外，教育在本质上就是引人向善、向上的，即使是知识传授和技能训练，其第一目的也不是谋生，而是为了实现作为一个人的完整性，用现在的话来说，叫“素质的全面发展”。

赫尔巴特说："道德是教育的最高目的。"苏霍姆林斯基认为，学科知识是人格的一部分，学科教学是人格塑造的一个途径，我们给孩子们传授知识，就是在造就他们完整的人格；当然，不只是学科教学有这个功能，学校的一切工作都有育人的功能，因此他才说，学校的一切工作都有着深刻的道德意义。

风是存在的，但我们从来就看不见风的样子。我们看见的是长发的飞扬，是裙摆的飘逸，是树梢的摇晃，是湖水的荡漾，是海面的起伏，是船帆的鼓胀……

盐是人不可缺失的元素，但我们从来就不会专门去吃盐。我们吃的是回锅肉，是宫保鸡丁，是水煮肉片，是北京烤鸭，是成都火锅，是面条，是馄饨，当然还包括喝各种美味的汤……

德育是存在的，但却不应该有"专门的德育"，应该有运动会、歌咏赛、读书活动、社会调查、徒步郊游，甚至可以没有任何教育目的的玩儿！当然，别忘了，还有每一门学科的课堂、所有的学科教学，都是非常重要的德育。因为学科教学绝不仅仅是传授知识和技能，还关乎人的情感、态度和价值观。

六

无论我们平常说"德智体美劳"还是"德育智育体育美育劳动教育"，都是没错的，因为这些品质素养是人应该具备的，而相关的教育也是客观存在的。

在实践中，这些教育呈现为智育、体育、美育、劳动教育，德育就寓于智育、体育、美育、劳动教育等之中，但这个"寓"不是简单地附着其上，而是其他"四育"的统帅，是它们的灵魂，即无论智育、体育还是美育或劳动教育，归根到底都是指向人格的！

所谓"德育为首"或"德育为先"就是这个意思。

所以我们完全可以说，智育就是德育，体育就是德育，美育就是德育，劳动教育就是德育。

真正的德育无处不在，无时不在，却从来都不会“专门”地单独存在。

从来就没有“专门的德育”，有的只是完整的教育。

从这个意义上，请允许我“偏激”一点说——

请别“专门重视”德育了，还是重视完整的教育吧！

请别“专门重视”打造德育队伍了，还是重视打造整个教师队伍吧！

七

可能会有朋友批评我片面、极端。我承认，作为一篇随感杂文，为了集中火力抨击“专门的德育”所表现出来的孤立性、封闭式和形式化的弊端，我的确是“抓住一点不及其余”。

但我心里并没有否认德育的另外一点，即改进和加强德育的重要性。

尽管我说了，德育通常呈现于学校的一切工作之中，往大了说，还存在于家庭环境、社会关系和时代风气的方方面面，然而这丝毫不意味着我否认明确的德育目的、自觉的教育意图和主动的教育行为。最有效的德育应该是如风那样视而不见却无处不在，如盐那般须臾不可缺少但摄之于无形。

也许有人会问：“那你说德育究竟该怎样做？请问抓手在哪里？”

这正是我下一篇文章要谈的问题。

2020 年 10 月 25 日晚

于南通至成都的航班上

“专门的德育”可以休矣，但“直接的德育”却不能没有

——关于德育的随想之二

一

在上一篇文章《没有“专门的德育”，只有完整的教育》中，我对“专门的德育”提出了批评，但这丝毫不意味着我要取消德育和德育工作。

在这里，出现了一个概念：德育工作。

有朋友说：“德育不是工作，现行德育的许多弊端，正是因为把德育当成了一项工作造成的。”

据说，十多年前围绕“德育是不是工作”这个话题还展开过争论，争论异常激烈，双方引经据典、旁征博引。

我没有那么高的学术水平，也没有那么多的理论储备。我不想把问题说得那么复杂，我只凭着常识和逻辑得出我的思考结论。

“德育”这个概念本身并不是工作，而是教育要达到的根本目的，即立德树人。从这个意义上说，把“德育”仅仅当成一项具体的工作，无疑是严重淡化了德育的神圣内涵。说“德育”不是工作，在这个逻辑前提下，是正确的。

但任何目的都必须通过一定的途径、手段、方法去达成，德育也不例外。从来就没有抽象的目的，目的的实现都必须通过并体现于一项项具体的工作中。同样，从来也没有空洞的“德育”，德育的落实一定会呈现于具体的课程、

措施、方法、技巧……中，我们把这称作关于德育的工作。如果不死抠字眼，称作“德育工作”同样是可以的。也是在这个意义上，我们用“德育工作”这个概念，自然是没错的。

关键是如何理解“德育工作”这个概念，以及在什么情况下使用这个说法。而且还要看不同的语境——在某些语境中，德育不是工作；而换一个语境，德育就是一项工作。

正如“民主”这个词——我们说“民主是目的”，也说“民主是手段”，有时候我们甚至说“民主既是目的也是手段”，都是没错的。

当然，“民主”和“德育”不是一回事，但在语言的运用和理解上，有共同的逻辑和微妙的意蕴。

我们反对专门化的形式主义的德育，但并不否认德育和德育工作。如果取消了德育和德育工作，就等于取消了教育本身。

二

回到今天我想说的重点：究竟应该怎样抓德育？

在承认“德育也是工作”的前提下，我特别赞同檀传宝先生对德育工作的分类。他说：“我一直认为，学校或者全部德育（包括家庭、社会德育）都包括直接德育（直接以德育为目标、主题的课程、活动等）、间接德育（不以德育为直接目标的各种教育活动）、隐性课程意义上的德育（课堂组织形式、师生关系、交往方式等对学生的人格影响）。”

在这里，檀传宝把德育分为“直接德育”“间接德育”和“隐性德育”（他的表述是“隐性课程意义上的德育”），颇有见地。

本文想着重说说“直接德育”。

我批评“专门德育”，但肯定“直接德育”。因为二者的含义并不相同。前者的特点是孤立性、封闭式和形式化，后者则主要体现于教育者明确的教育目的、清醒的教育自觉和积极的教育主动性。

所谓“明确的教育目的”，就是教育者须臾不可忘记自己肩负的责任感和使命感；所谓“清醒的教育自觉”，就是教育者所应有的敏锐性和洞察力；所谓“积极的教育主动性”，就是随时准备有所作为，并付诸行动。

这就是我理解的“直接德育”。

总有一些时候，需要我们旗帜鲜明地实施德育。往大处说，如在某些特殊时刻，我们所进行的旨在激发情感、凝聚力量的演说或重大活动；往小处说，如学生出现了某些思想行为偏差时，我们进行的谈心，包括热情的鼓励和严肃的批评……这些都可以看作是“直接德育”。

三

“直接德育”之所以不同于我批评的“专门德育”，就在于它不是孤立的，而是与学校其他教育相联系和配合的；它不是封闭的，而是面向生活、面向社会、面向时代的；它不是形式化的，而是通过一定的形式却最终收到实效的。

我特别想强调的是，学校的德育说到底是对学生情感的培养、态度的确立和价值观的引领，是真善美品质的塑造，是优秀传统文化和人类共同的文明精神的传递，这是教育本身赋予我们的使命，履行这份使命，就是在实施“直接德育”。

但这种“培养”“确立”“引领”“塑造”和“传递”，不应该——至少是尽可能减少直截了当的理念灌输，而应该是对学生种种行为习惯的引导乃至训练。任何美好的品德都不是抽象的，而是体现于一个人的举手投足中。

我在担任成都市武侯实验中学的校长期间，有人问我：“您希望学校有怎样的德育？”我说：“我希望你到成都市武侯实验中学，在 3000 名学生中听不到一句脏话，在 80 亩校园里看不到一片纸屑。做到这两点，我觉得我们学校的德育就相当不错了。”

德育当然不只是培养文明习惯，但学生优雅的谈吐无疑是最重要、最显性的德育成果。

四

我们学校最直接的德育，莫过于一进校门就能看到的教学大楼上那一行醒目的鲜红大字："让人们因我的存在而感到幸福!"这是我从教之初直到退休前，给我历届学生的"见面礼"，后来我把它带到了成都市武侯实验中学，成了学校的校训。我和每一位老师都有着明确的教育目标，就是要力争让这句话成为伴随学生终身的座右铭。

将这句话写在校园，的确是一种形式，但真的不仅仅是形式，因为和有些校园满墙的标语口号不同，这不是刻意展示给前来视察的领导或专家看的"校园文化景观"，而是全校师生共同的人生追求和价值观；这句话也不是学生看不懂的抽象的理念，而是可以化作日常生活行为的大白话。

我当校长第一次面对全校师生时，我对大家说："做一个好孩子，让父母幸福；做一个好学生，让老师幸福；做一个好老师，让学生幸福；我呢，做一个好校长，让师生幸福；我们一起做好公民，让祖国幸福!"

这是直接的德育。但是，我们却并没有把这句话当作教条，大搞演讲比赛、征文比赛之类的活动——类似的比赛一次都没有搞过！也没有把这句话上升到"理论高度"大搞各种所谓"课题"，更没有把它当作"特色"而四处炒作，而是通过教师示范，引导学生践行这句话。

这句话渐渐融入师生的生命，成了他们生活中与人交往的准则。我当然不能说每一个人都做到了，但这句话的确融入相当一部分师生的血液，成了他们精神生命的要素，成了他们生活中与人交往的准则。

五

2013年6月9日，初三毕业典礼刚结束，我回到办公室，看到桌上放了一封信——

尊敬的李校长：

您好！

在毕业之际很高兴给您写这封信，感谢您对我们无私的关怀，至今仍记得第一次踏进成都市武侯实验中学时，您给我们讲的那一节课“一碗清汤荞麦面”。您告诉我们做人就要像他们一样善良、充满爱心。作为一个懵懂的孩子，您的话给了我启迪，在我人生的道路上给了我一个很好的开端。

今天，我们毕业了，我们不再是刚入学的孩童，已不再稚嫩。即将告别这里，心中充满了不舍，我们永远会记住这里，记住曾经在一个美丽的校园里，有一群活泼天真的孩子逐渐成长为坚强、勇敢的少年，有一位慈祥可爱的校长给了这群孩子人生的启迪，让他们沿着正直、善良的道路前行！

谢谢您，尊敬的李校长！谢谢您，尊敬的李老师！我们一定会永远记住您对我们说过的话：让人们因我的存在而感到幸福！

此致

敬礼！

您的学生：王瑞

2013 年 6 月 9 日

读着这样的文字，我无法不感动。

更让我感动的是，五年后，已大学毕业的王瑞来看我，并参加了我的退休仪式。

聊天中，她说她一直记得学校的校训——让人们因我的存在而感到幸福，并努力践行着。

六

2017 年 3 月 29 日早晨，已经离开学校两年的我，打开微信，看到了几段留言——

李老师，我最近评了区上的“名师优师”，每个月多了700元。

我用这笔奖金资助了两个贫困山区的学生。

每个月都打钱给她们。

为什么给您说呢？因为我一直在坚持，“让人们因我的存在而感到幸福”。

李老师，您知道您对我的影响多大吗？您改变了我的人生，我来自农村，没权、没钱、没人，能在成都市武侯实验中学工作，是您给了我理想和信心，让我在我的专业领域有所发挥，我才有了今天，我只能以这样的方式来回报社会了。好了，李老师，不打扰您了。

替我保密，祝您幸福安康。

一时间，我很感动。虽然窗外是阴天，可我觉得眼前明亮而温暖。

这位老师是成都市武侯实验中学的一名非常普通的老师，他工作敬业、正直善良。这700元的奖金不算多，但对于凭工资吃饭的他，也是一笔不小的收入了。

从他的留言中，我再次感受到了我曾经做校长的意义，更体会到了“让人们因我的存在而感到幸福”这句话的感染力和生命力。

七

2019年6月3日，我在北京师范大学为研究生做了一场演讲。讲演开始之前，有一个女孩过来和我打招呼：“李老师，您好！我是您的学生。”原来她是成都市武侯实验中学毕业的，叫林兴慧，现在在这里读研究生。

回到成都，我收到林兴慧的一封信。她在信中说——

之所以见到您我会这么开心，不仅是因为您是我曾经亲爱的校长，毕业后再未见面，也不仅是因为拜读了您的书，在“镇西茶馆”喝了很多

“茶”因而仰慕您的文采与教育情怀，更是因为您在我进行人生道路抉择时产生了直接的推动作用，在某种程度上可以说，因为您，我才选择教育专业，才能在北师大和您见面。

其实，作为一个校长，我并没教过她，我完全没有想到对她会有她说的那种影响。

这封信很长很长，详细写了我对她的影响。其中写了她在北京师范大学复试时的情景——

初试结束，漫长的等待后我如愿进入复试。在准备复试的时候，我又将您的很多文章拿出来细细地读，跟着您的文字回忆，我想在复试的时候如果有机会我一定要讲讲成都市武侯实验中学的故事，讲讲我们学校的雕塑，并不是寻常那般高高在上地立着，而是在小花园里坐着板凳给孩子们讲故事；讲讲我们学校的墙上没有领导的题字和批语，全是同学们的字画作品；讲讲我们校门口的校名不是出自某位名家之手，而是我们的学生所写；讲讲我们恢宏的大厅一侧是全校老师的照片，另一侧是在操场上尽情奔跑的学生们的照片——均来自您的抓拍；讲讲我们学校的校训“让人们因我的存在而感到幸福”！太多可以讲的了，这个在成都三环外的学校，没有响亮的口号，没有各种高大上的创新和特色，有的只是校园的各处细节中体现着的对学生的尊重和爱，在这样的学校里，我真是自豪。

遗憾的是复试并没有详细讲这些的机会，但老师们还是问了一个问题：“你为什么选择教育？”我将内心的想法娓娓道来，我提到曾经遇到的优秀的老师们，提到了您的文章和书给我带来的影响和感动，提到了对教育的理解和向往。

……

真的教育（德育）总是这样无声无息却长久地影响着孩子们的人生。

“让人们因我的存在而感到幸福”的校训，无疑是“明目张胆”的直接德育。这样的德育没有急功近利的“成果”，但穿越岁月的精神花朵，一直绽放在善良的人心里，芬芳其人生，让每一位践行者也因此而感到幸福。

所以，“专门的德育”可以休矣，但“直接的德育”却不能没有。

2020 年 10 月 29 日

于成都至杭州的航班上

“间接德育”就是“好玩儿的德育”

——关于德育的随想之三

一

在上一篇文章中，我谈到并赞成檀传宝先生把德育分为“直接德育”（直接以德育为目标、主题的课程、活动等）、间接德育（不以德育为直接目标的各种教育活动）、隐性课程意义上的德育（课堂组织形式、师生关系、交往方式等对学生的人格影响）。我特别强调，“直接德育”不能没有，但从操作层面上说，“直接德育”不应该是我们的“常规动作”，我认为最有效的德育应该是间接的和隐性的——我将其称作“了无痕迹的德育”。

今天，我想着重说说“间接德育”。

如果说，“直接德育”是明确告诉学生“我在教育你”“我在引导你”（在某种特殊或特定情况下这也是必需的）的话，那么，“间接德育”则是不让学生知道教育的意图的情况下，对学生施加影响。二者共同之处是教育者都有明确的教育自觉、教育主动和教育目标，但前者是开诚布公的，而后者是不动声色的。

知道苏霍姆林斯基在其不朽著作《给教师的建议》中，给教师的最后一条建议（即第一百条建议）是什么吗？翻译成中文就两个字：保密。

苏霍姆林斯基这样写道——

最后一条建议：保密。

我在本书中所提出的一切建议，仅供教师知道，不必让学生知道。学生了解教育，懂得教育，一般说来，是有害而无益的。这是因为，在自然而然的气氛中对学生施加教育影响，是使这种影响产生高度效果的条件之一。换句话说，学生不必在每个具体情况下知道教师是在教育他。教育意图要隐蔽在友好和无拘束的相互关系气氛中。

为什么学生不应当知道或感觉到别人正在对他进行教育呢？因为真正的教育是自我教育。教师和学生之间应该建立这样一种交往关系：教师针对青少年的理智与心灵所说的每一句话都能激起他们内在的精神力量，促使他们的头脑和心灵产生内在的活动，从而进行自我认识与自我完善。假如一个人处处感到和知道别人是在教育他，他的自我认识与自我完善的能力就会迟钝起来，他就会产生这样一种想法：我应该成为怎样的人，应该做些什么事，成年人是会替我考虑的，我只需要等待建议和指示就行了。

卓越的苏联教育家 A.C. 马卡连柯曾不止一次地谈到，不向学生表明他们在经受某种专门的教育程序，对于教师是非常重要的。这一条道理，我向这位导师学习了一辈子。我坚信，把自己的教育意图隐蔽起来，是教育艺术十分重要的因素之一。

二

在这里，苏霍姆林斯基没有用“间接德育”的表述，但他说的实际上就是“间接德育”：教育者有着明确的教育意图，但“学生不必在每个具体情况下知道教师是在教育他”“教育意图要隐蔽在友好和无拘束的相互关系气氛中”，教师应该“在自然而然的气氛中对学生施加教育影响”。

之所以要“保密”，苏霍姆林斯基已经言简意赅地把道理说得非常清楚了，我不再赘述。但我想表达我的感慨，我们现在的德育之所以效果不佳，就是因为“直接德育”太多，“间接德育”太少。教育者非但没有把自己的教育意图隐蔽起来，相反唯恐学生不知道正在受教育，唯恐领导不知道自己搞了很多“德育创新”，于是各种大张旗鼓、明目张胆的“德育”便“泛滥”起来。但很多时候，这样做不但没有收到教育者所期待的效果，而且令人生厌甚至逆反。

以“爱国主义教育”为例。我多次说过，在某些特殊情况下，我们确实需要慷慨激昂的宣传和旗帜鲜明的教育，比如民族危亡之际所进行的爱国救亡动员，又比如特大灾难突降时所进行的自救抗灾号召；还有平时学生中出现了明显且严重的有悖爱国的言行，我们不得不实施的教育行为，等等。但在平时，我们应该提倡的是间接德育，使爱国主义教育常态化，将爱国主义的理念化作最贴近孩子们生活的体验式活动。换句话说，没有必要把“爱国”二字时时挂在嘴边或写在文中，没必要言必称“屈原”。尤其不应该把那些严肃而高尚的词汇很随意地让学生在未能理解的情况下，故作“真诚”地通过作文、演讲表达出来。

三

对此，苏霍姆林斯基有过非常尖锐的批评：“在学校里，不许讲空话，不许搞空洞的思想！要珍惜每一句话！当儿童还不能理解某些词句的含义时，就不要让这些词句从他们的嘴里说出来！请不要把那些崇高的、神圣的语言变成不值钱的破铜币！”

想想吧，我们现在的德育，在“立德树人”的旗号下，搞了多少“空洞的思想”，做了多少“把那些崇高的、神圣的语言变成不值钱的破铜币”的事啊！

我相信，谁也无法否认曾参加过伟大卫国战争并身负重伤的苏霍姆林斯基是一位真正的爱国者，但恰恰是他，这样尖锐地抨击了某些形式主义的赤裸裸的“爱国主义教育”：“儿童、少年、青年口头上会说他怎样热爱祖国，甘愿为祖国而牺牲，但是这些话本身并不能作为学生所受的爱国主义教育程度的真正标准；教育的明智在于：不要让我们的学生毫无热情地、不假思索地说出这些话来。因此我们坚决禁止组织这样的竞赛：看谁关于热爱祖国的演讲或作文作得最漂亮。教学生高谈阔论爱祖国，取代了教学生爱祖国，这是不可思议的事。”

苏霍姆林斯基半个多世纪前所抨击的，不正是今天中国某些学校的德育吗？

为了避免某些读者误会，我不得不再说一遍：我从来就没有反对德育，也没有反对直接德育，我反对的是仅仅有直接德育而忽视了间接德育和隐性德育，我更反对直接德育的形式主义化！

四

间接德育也需要搞许多课程与活动——实际上，许多课程本身就是以活动为载体的。在许多学校和老师那里，有许多把教育目的寓于生动活泼的实践活动之中的创意，我也不多说了。我想说说我的一个例子。

我特别庆幸，1986年，我就通过阅读《给教师的建议》而聆听了苏霍姆林斯基的忠告。那是我刚参加教育工作的第四年，正是苏霍姆林斯基的建议，让我明白了最好的教育是了无痕迹的。

1999年，纪念新中国成立五十周年前夕，学校让班主任对学生进行以“迎接新中国成立五十周年，歌颂祖国巨大变化”为主题的教育。毫无疑问，这是目的性极强的一次德育。我当然可以让学生通过写作文或发表演讲的方式歌颂祖国，但那样很容易让学生说大话、空话。

那么，怎样才能让学生真切地感受到祖国的巨变？在1999年9月14日的语文课上，我结合作文教学，在班上做了一个微型调查：从身边的变化看祖国的变化。

我先向学生讲了我身边所感受到的变化。比如：我读初中时是步行上学，而现在我读初中的女儿是骑自行车上学；我第一次坐火车是二十三岁去重庆的时候，而我女儿十一岁就乘坐飞机了；等等。

然后，我对学生说：“其实，在你们每一个人的家里，这些年来也发生了翻天覆地的变化。就从你们记事时算起吧，请问进入20世纪90年代以来，我们班上有哪些同学搬过家，住进了新房子？请搬过家的同学举手。”

结果，在不到十年的时间里，全班61位学生中，有57位学生搬过家，住进了新房子。其中搬过两次家的有28位，搬过三次家的有15位，搬过四次家的有8位，甚至还有搬过五次家的！

这一次小小的举手调查，使学生真切地感受到了国家的变化。我接着又对大家说：“其实，同学们身边的变化岂止是搬新家这一件事呢？现在，请同学们讨论一下，谈一谈你们身边还发生了哪些变化。”

顿时，教室里的气氛活跃起来了，大家纷纷争着发言，讨论得极为热烈。有的学生从家里餐桌上食品的变化谈祖国的变化，有的学生从电视、冰箱、空调等家用电器的购置乃至更新换代谈祖国的变化，有的学生从家庭交通工具的变化谈祖国的变化，有的学生从周末休闲方式的变化谈祖国的变化，有的学生从人们见面时问候语的变化（以前多半是“吃了吗”，而现在往往是问“看足球赛了吗”“读了什么书”“看了什么电视剧”）谈祖国的变化……

最后，得到一组课堂即兴调查统计的数据：全班61位学生，有50位学生家里的电视机换过一次，有40位学生家里的电视机换过两次；有58位学生家里安装了电话；有32位学生家里拥有电脑；有60位学生出去旅游过，其中有7位学生还曾出国旅游。

我总结道：“不用从电视、报纸上去找祖国五十年的辉煌成就，刚才同学们所说的，不就是看得见摸得着的祖国巨变吗？我们完全可以预言，可爱的祖国还将有更惊人也更辉煌的变化！”

我趁势把话题一转：“现在，请同学张开思想的翅膀，让心灵飞翔，畅想一下，未来的祖国会有哪些变化？”

教室里又热闹起来了，学生们七嘴八舌，滔滔不绝：“以后我们上学连自行车都不用骑了，可以乘坐地铁或磁悬浮列车。”“以后我们上学不用背书包了，只需提一个笔记本电脑就行了。”“以后的中学生不必到学校上课了，他们在家里就可以通过网络上世界上最好的学校。”“以后如果再搬新房子，什么家具电器都不用买了，新房子里一切都是现成的。”“以后我们将到其他星球去旅行！”……

短短四十分钟的语文课，让学生们实实在在地听到了祖国前进的足音，他们也因此更加充满信心地憧憬着祖国灿烂的未来。

有意思的是，二十多年后的今天，我在回忆并记录这堂课时，发现学生们当年所说的“未来的祖国会有哪些变化”，除了“以后我们将到其他星球去旅行”暂时还没有实现外，其他的想象都已经成为现实或部分成为现实。

五

2014 年，20 世纪 80 年代从我班上毕业的学生来看我，他们说：“李老师，你教我们的时候，我们天天都盼着上学！”我很惊讶，问他们为什么，他们的回答是：“好玩儿啊！”

是的，当时班上有太多的活动：微型演讲、辩论比赛、郊游踏青、社会调查、室内奥运会、摆地摊……就每天中午我到教室里去给孩子们朗读小说《青春万岁》《烈火金刚》《悲惨世界》等这件小事，就让一届又一届学生想起来回味不已。

这是德育吗？当然是，但在孩子们看来，这只是“好玩儿”。

而所谓“间接德育”，就是通过淡化教育痕迹的方法来获得并非淡化的教育效果。对学生来说，就是“好玩儿”；对教师来说，则是“好玩儿的德育”。

2020 年 11 月 8 日上午
于南宁至贵阳的高铁上

“没有德育”的“德育”才是最有效的德育

——关于德育的随想之四

一

2013 年 5 月，在武侯区的校长培训会上，一位来自马里兰大学的美国教授给我们做了一个讲座。在互动阶段，有一位校长提问：“请问，美国的中小学德育是怎么搞的?”

这位美国教授不假思索地回答：“美国没有德育。”

所有在场的校长都很吃惊，当然也不相信：美国没有德育？怎么可能！但出于礼貌，没人追问这位教授。

半年后，我去美国待了一个月，刚好是在马里兰大学。我参观访问了一些美国的中小学，也粗略地感受了当地的社会风貌，得出的结论是：美国的确没有德育，因为我没看见他们的德育；或者说，美国有德育，但是这种德育是看不见的。

除了檀传宝先生说的“直接德育”“间接德育”和“隐性课程意义上的德育”，我认为还有一类德育——不但没有课程，也没有明确的教育目标，甚至连德育意图也没有。

我知道我这样说，会有人质疑：“既无课程，也无明确的教育目标，甚至连德育意图都没有，怎么能叫‘德育’?”

是的，这是“什么都没有”的德育。

我之所以称之为“德育”，是因为所有人都感受到了实实在在的德育效果。这就是“没有德育”的“德育”。一个月的见闻显然不足以看到美国教育的全部，也许美国也有德育的课程体系，或其他什么形式的德育，但他们“看不见的德育”给我留下的印象很深。

我在美国感受到了哪些“看不见的德育”呢？

二

每天早晨我都要跑步，路上常常遇到美国人，我当然不认识，他们却总是自然而真诚地对我说：“Morning!”我自然也回应道：“Morning!”互相点头微笑后，又擦肩而过。

在酒店，我不慎把卡丢在房间里了，去总台和服务员一说，服务员毫不犹豫，马上重新给了我一张卡。这种信任让我自己都觉得惊讶：他怎么不怀疑我不是这个房间的住客呢？万一我是窃贼呢？

我所住的酒店附近有一家超市，超市里有个规矩，凡是卖出的商品，只要顾客发现该商品又打折降价了，那么凭着购物小票，超市可以退还差价。比如，你昨天买了一件衣服花了五十元，今天看到这衣服打折只卖三十元，那么你可以去找店方，他们会退你二十元。同行者中有人后悔没保存购物小票，抱着侥幸心理去退差价，和老板说“小票掉了”，没想到人家毫不犹豫就把差价退给她了。

在课堂上，一位美国教授给我们讲一个资助贫困生的项目，谈到入选者的条件时说，申请者必须有参加社区服务活动的经历。我们问：“学校对所选拔学生参加社区服务活动是怎样考核的？有怎样的标准？”教授答道：“我们主要是面试的时候直接问学生，你参加过什么社区服务活动？有的学生就会告诉我们他做过些什么，比如去医院照顾病人，比如为贫穷的人提供食物……如果有的学生和我们说，他要照看家里的弟弟妹妹，没有时间去做社区服务，我们也会考虑这些特殊情况。”当时我想：学生说什么你就信什么，你就不担心学生说假话吗？但美国教授就是这么信任学生。

孩子从小就在充满尊重、信任、诚信、平等……的环境中长大，这不就是最好的德育吗？

我刚才说了，美国也许也有“直接德育”和“间接德育”，但在我看来，我感受到的这种“没有德育”的“德育”，才更“可怕”。

写到这里我突然想到，我写这些文字是有风险的。近年来，美国当政者对中国的打压，已经激起了包括我在内的许多中国人的愤怒。在这种情况下，我居然还要说美国教育的“好话”，说轻点是“不识时务”，说重点叫“找抽”。但我还是那个观点，无论哪个国家、哪个民族，别人好的我们就应该学；何况，向对手学习正是战胜并超越对手最好的途径之一。

三

可能有读者已经明白了，我说的“没有德育”的“德育”，指的是社会环境、文化传统和时代风气。这是一个国家无处不在而又无孔不入的教育，是更宏观同时又更细节、更强大、更无声的教育，是融入日常生活的大教育。

目前，中国最缺乏的正是这种无声无形而又有力有效的德育。

当然，这样的德育不仅仅靠教师和家长，而且有赖于整个国家的每一个人——是的，“每一个”！更确切地说，有赖于每一个人与其他人之间的相互关系。

这就说到“没有德育”的“德育”的另一种形态：人与人之间的关系。

“好的关系就是好的教育”已经成为许多人的共识。比如，良好的师生关系、亲子关系以及其他良好的人际关系，有时候就是教育本身。对此，我不打算多说。

我想强调的是，我这里说的有“德育”效果的各类关系，并不是刻意为了“德育”而建立的。这样说，可能有点不好理解。那我换种说法，师生之间、亲子之间以及各种社会交往中人与人之间充满真诚、平等、尊重、宽容……的自然而然的关系，就是对置身“关系”中的每一个人（当然，首先是孩子）最好的教育（德育），但建立这种关系并非出于“教育动机”，而是基于人性之善良。也就是说，关系是自然的，教育也是自然的。如果为了讨好孩子而刻意“搞好关系”，然后对孩子说：“我对你这么好，你难道还不听我的话吗?”这就不是我说的由“关系”而发生的自然教育。

四

在《把整个心灵献给孩子》一书中，苏霍姆林斯基这样深情地写道：“我总想和孩子们待在一起，跟他们同欢乐共忧患，亲密无间，这种亲昵感乃是教育者创造性劳动中的一大幸福。我曾时时试图参与某个儿童集体的生活：同孩子们一起去劳动或到家乡各地去远足，去参观旅游，帮助他们享受到一些不可多得的欢乐，缺少了这种欢乐就难以想象能有完满的教育。”

苏霍姆林斯基在教育领域的成功，当然有许多原因，但毫无疑问，他和孩子“同欢乐共忧患，亲密无间”的“这种亲昵感”是至关重要的。这种源于爱心更源于童心的“总想和孩子们待在一起”的愿望，决定了他必然能够自然而然地走进孩子们的精神世界，教育也就开始走向成功了。

苏霍姆林斯基曾在《帕夫雷什中学》一书中，讲述他和孩子一起出航的经过：“少年们夏天想进行‘水上旅行’——想乘船经过水库驶入大河，然后登上某个‘无人烟’的岛子……我只是现在才意识到，正是我自己使他们产生了这个想法；而当时我觉得，他们产生这个念头跟我给他们讲故事无关。可是我们没有船，于是我从新学年一开始就攒钱，到了春天，我就从渔民那里买来了两条船，家长们又买了一条船，于是我们的小船队便出航了。可能有人会想，作者想借这些事例来炫耀自己特别关心孩子。不对，买船是出于我想给孩子们带来快乐，而孩子们的快乐，对于我就是最大的幸福。”

回想工作之初读到这段文字时，我忍不住热泪盈眶。

想想啊，一个校长，居然惦记着孩子们“水上旅行”的梦想，居然“从新学年一开始就攒钱”……“于是我们的小船队便出航了”，读到这一句，我的眼前呈现出这样的画面——在河面的船上，一位中年男人脸上呈现出孩子般的纯真笑容，而一群真正的孩子在他的率领下，划桨驶向远方。

若干年后，我果真来到帕夫雷什中学，来到当年苏霍姆林斯基和孩子们乘船远航出发的河边，想象着半个世纪前一个意气风发的校长和一群梦想飞翔的孩子……

这是怎样一位有爱心更有童心的校长！在这里，苏霍姆林斯基并没有想到教育，也没有把和孩子一起去远航当作“亲其师，信其道”的手段，他只是单纯地想和孩子们一起玩儿。可是这种纯净而水乳交融的关系，不正是最好的教育吗？如果我们一定要从这次远航中“提炼”出什么“教育因素”，也许就是热爱生活、亲近自然、平等尊重、不畏艰难、团结合作……但苏霍姆林斯基没有一句相关的说教，可一切都在这美妙而富有诗意的关系之中了。

五

我要特别指出的是，师生之间的情感当然是有助于教育的，但情感本身不是也不能被当作俘虏学生精神的工具！也就是说，建立良好的师生关系不是策略，不是谋略，不是为了让学生服从自己的教育而精心施展的权宜之计。不管学生是否“乖”，是否“听话”，我们都应该爱他，并和他保持一种平等的友好关系。当我们把关系当手段时，教育就变成了一种“捕获”，真正的教育已经消失；而当我们忘记教育，和学生平等相处、真诚相待时，教育自然就在其中。

换句话说，教育者尽量使自己的整个身心都与学生融为一体，这是教育的条件，也是教育本身。

回想年轻时读苏霍姆林斯基之所以那么亲切与激动，完全是因为有深深的共鸣。因为当时我也和他一样，“总想和孩子们待在一起，跟他们同欢乐共忧患，亲密无间……”周末、暑假或春节，我都会安排与学生郊外踏青或远足旅游：我曾与学生站在黄果树瀑布下面，让飞花溅玉的瀑布把我们浑身浇透；我曾与学生穿着钉鞋，冒着风雪手挽手登上峨眉之巅的冰雪世界；我曾与学生在风雨中经过八小时的攀登，饥寒交迫地进入瓦屋山原始森林……每一次，我和学生都油然而生风雨同舟、相依为命之情，同时又感到无限幸福。这种幸福不只是我赐予学生的，也不单是学生奉献给我的，而是我们共同创造、平等分享的。

六

我和学生交往当然不只是游山玩水，更重要的是日常交往中自然而然体现出来的尊重、平等、民主的关系。

1984 年 7 月，我教的第一个班毕业时，我请求每一位学生给我写一封信，专门指出我教他们的三年中所存在的不足或犯的错误。我说："你们是我带的第一个班，我肯定有许多缺点，你们的信将帮助我以后更好地工作，使我成为好老师!"这些信我保留至今。在我几十年的教学生涯中，我经常请学生写这样的信。不只是毕业前，新年前夕我也让学生给我写信，总结过去一年里我值得肯定的优点和应该克服的缺点。

有一年教师节，班里搞庆祝活动，我在黑板上写下"教师节：送给李老师的礼物"，并对刚刚进入高三的学生说："今天我要向大家索要礼物。我诚心诚意请同学们对我的工作提出意见。这对我来说，的确是最好不过的礼物啊!"我还拿出事先买好作为奖品的钢笔、圆珠笔和铅笔说："为了鼓励和感谢同学们，今天我来个'有奖征谏'，同学们可不要坐失良机啊!"面对我的真诚，学生们果真给我提了许多中肯甚至尖锐的意见。还有一年，我对刚入学的初一学生说："请你们拿出纸来，写一写'我有什么优点值得李老师学习'。"于是，孩子们交上了他们写下的他们的优点。一段文字就是一面镜子，我从中看到自己的不足，也看到学生对我的期望。

陶行知说过："人只晓得先生感化学生，锻炼学生，而不知学生彼此感化锻炼和感化锻炼先生力量之大。”从某种意义上讲，教育是师生心灵的和谐共振，是互相感染、互相影响、互相欣赏的精神创造过程。它是心灵对心灵的感受，心灵对心灵的理解，心灵对心灵的耕耘，心灵对心灵的创造。

我做这一切时，根本没有想到要以此去“教育”“感化”“引导”学生，但几十年来，我一直和学生保持着这样彼此相爱、互相尊重、共同成长的关系，其客观的教育意义不言而喻。

七

我在本系列文章的第一篇中，就引用赫尔巴特的一句名言“道德是教育的最高目的”来说明一个常识：就功能和目的而言，无论中外，教育在本质上就是引人向善、向上的。因此在本文的语境中，教育就是德育，德育就是教育。

与直接德育和间接德育不同，社会环境、文化传统、时代风气和人际关系（首先是师生关系）是一种没有教育主观意图的看不见的德育，而这种“看不见的德育”，甚至“没有德育”的“德育”，才是最有效的德育。

2020 年 11 月 8 日

于南宁至贵阳的高铁上

你要孩子做的，你做吗?

——关于德育的随想之五

一

我经常在想，为什么我们关于德育的发文越来越频繁，关于德育的论坛越来越高端，关于德育的课程越来越丰富，关于德育的活动越来越多彩，可是我们的德育效果却并不见佳?

当然，对于德育而言，文件是必需的，论坛是必要的，课程是必备的，活动是必然的……但除了这些，还有一个因素似乎被很多人遗忘了，那就是——德育者本人的道德。

尽管孔夫子早就说过："其身正，不令而行；其身不正，虽令不从。"尽管千百年来，民间也有"打铁还需自身硬"的俗语，但现在德育最大的问题却是：德育者（家长、教师以及相关领导）要孩子做的，自己似乎不打算做。

当校长时，我曾在教工大会上问了老师两个问题——

你让学生信的，你信吗?

你要学生做的，你做吗?

当然，这也是我经常叩问自己心灵的两个问题。

如果我们不信，请别给孩子讲；如果我们不做或做不到，请别让孩子做。

否则，德育便成了大人们合谋对童心的欺骗。

你给孩子讲"只要人人都献出一点爱，世界将变成美好的人间"时，你是否愿意给需要帮助的灾区群众提供“一日捐”？你给孩子讲“勿以善小而不为”时，你是否愿意在公交车上给弱者让座？你给孩子讲“书籍是人类进步的阶梯”时，你是否愿意在工作之余手不释卷？

我曾在学生家长会上对孩子们的爸爸妈妈说：“如果你要孩子做的，连你都做不到，你就没有资格对孩子提这样的要求！”

这话同样适用于教师。

二

二十多年前，一位新生去北大报到，一大堆行李使他难以脱身去办理入学手续，于是他用“喂，老头儿！”的口吻，唤来了一位过路的白发长者帮他照看行李，这位长者笑盈盈地答应了。半个小时以后，小伙子回来了，看到“老头儿”还寸步不离地照看着自己的行李时，也没道谢，只是拍了拍“老头儿”的肩膀说了声“好了”，便扛起行李走了。第二天，这位新生参加开学典礼，猛然看到主席台上坐着“老头儿”，一打听才知道，这位“老头儿”原来是北大副校长、著名学者季羡林！

直到今天，我写到这件事时，依然感慨万千。面对素不相识的小青年的无礼使唤，季羡林先生完全可以不屑一顾，然而先生不仅慨然允诺而且忠于职守。我们无法直接窥探季羡林先生当时的内心世界，但是我们从他答应守行李这一行为中可以推测，先生觉得这是他应该做的。也许在他看来，小青年的要求虽然失礼却有理，因为小青年的确有困难需要帮助，而帮助别人是理所当然的。季羡林先生当时一定没想过“道德”“责任”甚至“助人为乐”这些字眼，只是八十多年的文化熏陶、人格修养、行为习惯使他具备了一种本能：别人有了困难，能帮就帮一把。这与礼貌无关，与身份无关，也与舆论无关。在这里，“道德”由他律变成了自律，“责任”从强迫变成了自觉，个人的善举已经超越了功利、远离了荣誉，甚至丝毫不在乎他人和社会的评价，而完全是发自内心的自然而然的行为。这才是真正的道德和责任！

当然，季羡林先生当时压根儿不会想到“道德”“责任”和“教育”这些词，但这源于修养的习惯，客观上就是“德育”。

如果我们每一个教育者都有季羡林先生这样的道德修养，那么我们的德育将会达到怎样的效果呢？

三

很多年前，我班上的一个后进生行为习惯差、爱说脏话、学习懈怠——甚至可以说是懒惰，我便请来孩子的父亲，想和他一起商量如何相互配合教育好孩子。交谈中，我明显感受到他希望孩子健康成长的迫切愿望——所谓健康成长当然是指孩子品德优良、举止文明、学习勤奋……可是，这位父亲和我说话时，满口脏话，语言极不文明，第一人称“我”在他嘴里是“老子”，第三人称“他”在他嘴里是“狗日的”，比如他说自己的孩子：“老子说了很多遍，狗日的就是不听我的话！晚上老子打麻将，狗日的不好好做作业，跑来看老子打！”他的意思是，他教育了孩子很多次，但孩子总是不听他的话。晚上他打麻将，孩子放弃做作业来围观。他这么一说，我心里暗笑：难道这不是自己骂自己吗？但我更多的是担忧，这样的父亲，能指望他给孩子怎样的教育？我从他的言谈里，找到了他孩子成为后进生的原因了。

苏霍姆林斯基在《给教师的建议》中，在谈到让学生喜欢自己所教学科时，这样写道：“能力、志向、才干的培养问题，没有教师的个性对学生的个性的直接影响，是不可能实际解决的。能力只能由能力来培养，志向只能由志向来培养，才干也只能由才干来培养。”我想冒昧地补上一句：“道德也只能由道德来培养。”

我坚信，苏霍姆林斯基是会同意我的补充的。因为他还有一句名言：“人只能用人来建树。”最初读到这句话时，我对“建树”二字有些迷惑：在中文里“建树”是“建立功绩”的意思，那么“人只能用人来建树”不就是一个病句吗？如果译者有意用“建树”，那么我们只能理解为，苏霍姆林斯基把培养人作为一种“建树”，而“用人来建树”的意思就是，欲建树什么样的人，建树者首先就得是那样的人。

如果说“道德是教育的最高目的”（赫尔巴特语），那么这个道德不是来自教育者（主要是家长和教师）的说教，而是源于其人格——准确地说，是体现教育者道德的行为。从某种意义上说，最好的教育莫过于感染，而这“感染”首先是人格的感染。

四

教师的人格体现在方方面面，但我认为最直接的是看其与学生、家长的关系。

我所敬仰的著名杂文家吴非，本名王栋生，他是南京师范大学附属中学的语文特级教师。据我所知，无论是在一线教师还是在他的历届学生的心目中，王栋生老师都有着极高的威望。这威望固然来自他渊博的学识、深刻的见解、犀利的批判，以及体现这些的文字，即他的一篇篇掷地有声的杂文；但更重要的是来自他高尚的人格和一颗纯粹的教育心。比如，教书几十年，他从不找学生家长办私事。他爱人长期在郊外工作，如果王老师稍微“拜托”一下他的有“门路”也有能力的学生，把爱人调进城里工作易如反掌，但他就是不愿意这样做。他和我说：“我从不收学生家长的东西，连一瓶醋都没有收过。”正因为如此，他为人磊落、行事坦荡，于人于己、问心无愧。

还有一位并没什么知名度的一线普通初中语文老师，她书教得好，班带得好，最让我敬重的是，和王栋生老师一样，她也绝不收家长送的任何东西。有一年，她中途接班当了班主任，开学不久便是教师节，有一位学生的母亲来到办公室按惯例给孩子的每一个科任老师送礼，这次是每人一张购物卡。送完科任老师后，这位母亲走到班主任兼语文老师的她面前，并请她出办公室借一步说话，她意识到可能这位家长会给班主任送更贵重的礼物。果然，这位家长拿出一个厚厚的红包塞给她。她坚决不收，严肃地说：“请您相信我，也尊重我!”当得知她真的不收礼后，这位母亲流泪了，说这是孩子读书以来她遇见的第一位不收礼的班主任。然后她给老师深深鞠了一躬，说：“我敬重您!”后来，这位老师对我说：“我不收家长的礼，并不是我多么高尚，而是我想保留自己对家长说‘不’的权利——你要我照顾你孩子当班干部吗？不，学生选谁就谁当；你要我照顾你孩子当三好学生吗？不，按条件该谁当就谁当。我不欠你的，我就有这个底气!”她的班级管理公正、平等，她也尽可能尊重每一个孩子，历届学生和家长都非常喜欢她。

这样的老师，难道学生不发自内心地佩服和敬重吗？长期和这样的老师在一起，耳濡目染，就是在接受最好的“德育”。

五

前段时间，网上流传一句话：“一个人如果极力宣扬他自己都不相信的东西，那他就是做好了干任何坏事的准备。”据说这是英裔美国思想家、作家托马斯·潘恩说的。我没有查到出处，但无论是不是他说的，这话本身是没有错的。能够把自己都不相信的话说得那么声情并茂，这种人得多阴险，真的得提防。

如果教育者言不由衷或言行不一，那你的教育怎么可能有感召力呢？我们每一位教师，一定不能成为那样的人。

也许有人会说：“老师不是圣人，更不是神，你这样说，谁还敢当老师？”

是的，没有谁是完人，教师当然也不例外。我们不完美，但我们可以向学生坦承我们的不完美，然后和学生一起尽可能追求完美，和学生一起成长。这本身也是一种有效的德育。

几年前，我曾经在微信朋友圈说过——

有时想想，教育其实很简单的。就是先让自己善良起来、丰富起来、健康起来、阳光起来、快乐起来、高贵起来，然后去感染孩子、带动孩子，让孩子也善良、丰富、健康、阳光、快乐、高贵。现在最大的问题是，教育者缺乏的，却要让学生拥有。岂非缘木求鱼？

这条微信发布后，被迅速点赞，获得普遍认可。

现在我依然坚持这个观点：所谓教育，其实很简单，就是你要学生拥有的，你得先拥有。你对学生说的，就一定是你信的，而且是你随时愿意去做的！

2020 年 11 月 11 日

于息烽疗养院

“一切为了孩子”的“一切”是什么？

“一切为了孩子”“为了孩子的一切”“为了一切孩子”这三句话我一直没找到准确的出处。据说最早是宋庆龄说的，但她在哪里说的，或写在哪篇文章里的，我一直不甚了了。

不过，这不影响我对这三句话的认同和赞赏。

对这三句话的理解，应该不会有太大的分歧。简言之，这三句话“一切为了孩子”“为了孩子的一切”“为了一切孩子”分别是对教育的工作目的、工作内容和工作对象的范围界定——这个范围就是“一切”。

这样理解就够了吗？我还想说得更细、更具体一些。

今天我先说说：“一切为了孩子”的“一切”是什么？

“一切为了孩子”，是镌刻在许多学校教学楼上的口号。但这里的“一切”是什么呢？

学校的校园建设、思想领先、观念更新、文化营造、队伍提升、课程开发、教学改革、品牌打造……这一切都围绕着孩子的成长，这就是“一切为了孩子”。

嗯，是的，所谓“一切为了孩子”，说的是我们的所有努力、所有工作，只有一个目的，就是孩子的成长与幸福。

这个答案非常完美。学校所做的全部工作，的确都指向一个目标——孩子的成长。

但，答案完美却不完整。

因为上述方方面面的工作，都不是抽象的，而是具体于每一天的每一件事情上，所以“一切为了孩子”这句话还应该放到校园里具体的情境中去理解，去体验。

几年前，我去了台湾。在台北奎山中学的操场上，我看到篮球都是放在篮板下面的，我感到很奇怪，因为在大陆的学校，篮球都是放在体育器材室的，还有专人保管，只有上体育课或课外锻炼时才拿到操场上。我问校长：“怎么把篮球放在篮板下呢?”他回答：“孩子方便。”我顿时羞愧了，人家看重的是“孩子方便”，而我们想到的是“不能让篮球丢失”。

在这里，“一切为了孩子”就包括不惜损失地方便孩子打篮球。

前面也提到过，大概十年前，北方某地一所私立学校的校长收到一封来自南方的家长来信。这位家长说，他的孩子在学校什么都满意，就是感觉饭不好吃，因为从小养成的饮食习惯让他难以适应食堂的饭菜。校长当即找来分管食堂的负责人商量：“可否单独为这个孩子做一份适合他口味的饭菜?”食堂负责人有些为难：“这太麻烦了!”校长指着不远处墙上的标语：“不是‘一切为了孩子’吗?”于是，从那天开始，那个南方孩子每天都“吃小灶”。

在这里，“一切为了孩子”就包括了不怕麻烦让孩子吃上可口的饭菜。

以我的审美观，国内最美的校园首推成都华德福学校——有草坪、有水塘、有修竹、有田垄、有树林、有小屋……让我惊讶的是，树上还有如猴子一般灵活攀爬的孩子！我开心地说：“树上结满了孩子!”我问校长李泽武：“怎么能让孩子爬树呢?”他说：“爬树是孩子的天性，孩子开心就让他们爬吧!”当然，为了保证安全，学校也是煞费苦心，比如在高枝上系上红布警示孩子不能再往上爬了；在树下，堆放着沙子或许多柔软的轮胎。我说：“为了孩子爬树，你们费了不少心思啊!”他说：“应该的，为了孩子嘛!”

在这里，“一切为了孩子”就包括了创造条件让孩子们自由安全地爬树。

那年我校举行艺术节，如果全校六十个班的节目都上，时间显然不允许，于是我们分年级先审核每一个班的节目，将不太理想的节目淘汰，而让最后选拔上的二十来个优秀节目在全校正式演出。一天，一群小姑娘因为节目被淘汰而在我办公室外面哭。我想：艺术节是什么？不就是让孩子们乐一乐吗？为什么不让所有的节目都正式演出呢？于是，我找来分管校长："能不能让每一个班的节目都上呢?"他说："如果六十个班的节目都上，又得停一天课，这不光耽误教学时间，也增加了组织工作的难度，给学校管理带来很大压力。"

我说："这一切都是值得的。平时不是说'一切为了孩子'吗？还说要'尊重学生''以人为本'……平时我们反复说、反复写的这些话，可不是口号，而是行动，就应该体现在这些地方。"后来，所有节目都正式演出了。

在这里，"一切为了孩子"就包括了宁可自己辛苦也要保证学生的所有节目都可以正式演出。

2006 年 8 月，我到成都市武侯实验中学做校长时，发现来自农民家庭的孩子家里几乎没有课外书，如果去学校图书馆借阅，又不太方便。于是，我建议设立"开放书吧"，即把阅览室和图书室的部分书放在教学楼过道和学校的风雨操场边上，让孩子课间随时都可以看书。

但是，一学期下来，书丢了不少。于是，不少老师说："还是把书放回阅览室和图书室吧!"

究竟是"以人为本"还是"以书为本"？为什么把"以人为本"叫得那么响亮，可一到行动上，却把"人"忘得干干净净？说是"一切为了孩子"，可实际上却是"一切为了图书"。当然，书籍丢失的现象不容忽视，学生的品德教育也很重要。我和老师们讨论后达成共识：第一，在全校学生中征集开放书吧管理方案，集中集体智慧，让开放书吧更好地存在；第二，以各种形式在各班进行诚信教育，尤其是要将开放书吧的存在与每一个人的良心和利益联系在一起，让每一个孩子都意识到，每一本书都是"我的"，对每一本书的损害都是对自己利益的侵犯；第三，每一次出现丢书的情况，都是一次在情境中进行诚信教育的机会。须知最好的教育，是情境中的教育。所以，开放书吧存在的意义绝不仅仅是提供方便的阅读，而且也提供了自然的教育情境。

后来，丢书的现象越来越少，大概是从第二年开始，我们开放书吧的书就基本不丢了，到我卸任的 2015 年，学校开放书吧里的四千余册书一本都没丢过。

在这里，“一切为了孩子”的“一切”就包括了不怕丢书，要让孩子下课后能够自由地读书。

也是在我当校长的时候，有一天，一个男生在课堂上骂了英语老师。这个男生因为不守纪律而被年轻的英语老师点名批评，但他竟然在课堂上顶撞老师，而且语言很不文明。

在我看来，如同孩子的尊严必须维护一样，教师的尊严也同样不可侵犯。这个孩子犯的错误，是不可原谅的。我先把这个孩子请到我办公室，严肃而耐心地和他谈了整整一个中午，最后他诚恳地表示错了，愿意给老师道歉。我为了教育全校学生，决定让他在全校师生面前道歉。他犹豫片刻，表示同意。

但他的犹豫让我想到，孩子毕竟是未成年人，哪怕是犯了严重错误的学生，也要考虑他的自尊心。于是，我先让他去向英语老师道歉，然后，在第二天课间操的时候，面对全校三千师生，我匿名宣读了犯错学生的道歉信。这样，既教育了全校学生，又保护了孩子的自尊心。

在这里，“一切为了孩子”就包括了选择恰当的教育学生的方式。

我从来不否认“以人为本”“学生第一”“把孩子放在正中央”“给孩子一个精彩的舞台”等理念的无比正确性，我只是担心这些口号仅仅是写在墙上的口号，担心一旦遇上麻烦，“一切为了孩子”便成了“一切为了领导（教师）管理方便”和“一切为了不出乱子”。

当校长时，我一再提醒自己，不要让“一切为了孩子”只存在于口号之中，而在现实中“一切为了孩子”的“一切”却变成了“没有”。

所以，“一切为了孩子”应该体现在这样一个个具体的行动中——上课不拖堂，以保证学生的休息时间；未经允许不占用学生自习课，以尊重学生自主学习的权利；宽容学生偶尔迟到，毕竟谁也难免会“猝不及防”；别让孩子穿着单薄的衣服在寒风中久久站立，以等待前来视察的领导、专家；星期天允许孩子进学校踢球；发试卷时，将不及格的卷子不经意地折上一角盖住分数，然后再发给孩子；评讲作文时需要读优秀作文，课前先问问小作者是否同意；为了让学生在校三年有一个终生难忘的狂欢之夜，我和老师不怕辛苦把毕业班的孩子带到山里，点上篝火，在灿烂的星空下举行毕业典礼，狂欢至深夜……

上述种种，就是“一切为了孩子”的含义。

2021年1月1日晚

“为了孩子的一切”的“一切”是什么?

上一篇文章说了“一切为了孩子”，其实，紧接着一定还有这样一句话：“为了孩子的一切。”

经常能看见这句话，但许多人熟视无睹。

我又想较真儿地问一句：“为了孩子的一切”中的“一切”是什么?

这个问题似乎早有答案：所谓“为了孩子的一切”，就是为了孩子“德智体美劳全面发展”，为了孩子“综合素质的全面提高”，为了孩子“健康的成长”，为了孩子“一生的幸福”……

一句话，“为了孩子的一切”，是指孩子成长中所有的需求，都是我们工作的内容。解释都对，但抽象了一些，也遥远了一些。

我认为，“为了孩子的一切”中的“一切”看似是无所不包的“一切”，其实具体体现在孩子现在每一天在学校所感受到的点点滴滴——

当校长时，有一天早晨我到办公室，开了门锁，门却推不开，原来是门缝里塞了纸条，我掏出来一看，是一封信，信上说：“李老师，最近我手头有些紧，想向您借两百元钱……”落款是一个我不认识的名字，但肯定是我学校的学生，因为他写了班级。当时，我忙着去看学生早自习，把这封信放在办公桌上，便出去了。早自习结束，我又连着听了两堂课，听完课才回到办公室，看到桌上又多一张纸条：“李老师，看到信了吧?我中午来找您拿钱，好吗?”后来我当然“按期”把钱借给了他。

我向这个孩子的班主任了解情况，她说孩子家里的确比较困难。后来班主任又和家长说了这件事，说这孩子这样做不太妥，家长也说孩子真不懂事。可我不这么认为，孩子肯定遇到了不可克服的困难，他可能天真地认为校长是学校最有钱的人。在找我之前，估计也犹豫过，毕竟是找校长借钱啊！但出于对我的信任，他还是决定向我求助。

我不可能不帮他，因为在那几天，两百元钱就是他的“一切”。

也是在我当校长时，有一次上课，记得那次是讲一篇小说，学生们正为主人公的举动争论不休，课堂气氛特别热闹。当孩子们渐渐停止讨论，而把目光投向我，等待着我的看法时，突然教室门外有一个人给我打手势，我一看，是学校的书记。我走到门口问：“什么事?”他说：“局长来了，说有急事。”我不假思索地说：“让他在我办公室等等嘛！我这不是正在上课吗?”然后我回到讲台，继续上课。

下课后，我回到办公室，局长果真在等我。我丝毫没有歉意，只是解释：“刚才上课呢!”他说：“当然应该继续上课嘛！我在这里等等，没有关系。”

是的，那一刻，学生的课就是他们的“一切”。

那天我去一所小学给全校老师作报告。我正很投入地给老师们讲我的教育故事时，突然听到报告厅紧闭的大门外有动静——有哭声，还有胆怯而执着的敲门声。我停止讲述，走到门边，把门打开，是两个一年级的小姑娘，手里还拿着试卷。她俩哭着和我说要找张老师，我说，别急，慢慢说，并问她们找张老师干什么。她俩回我说：“卷子没做完……”说着又哭了。我说：“别哭，别哭，没做完没关系!”我让她俩把试卷给我，我说：“一会儿转交给你们的张老师，我给你们张老师说说，张老师肯定不会批评你们的。”小姑娘擦干眼泪，走了。然后我关上大门，继续作报告。

其实，我知道我这样的即兴处理，不一定合适，甚至有点“越俎代庖”，那几分钟，报告厅的老师们都静静地坐着等我。但看着一年级小姑娘纯真的脸庞，我感到如果不帮助她们解决所遇到的“天大的困难”，就对不住她们。

当时，在我眼中，孩子们的着急，就是她们的“一切”。

大概是十年前的一天中午，我正在办公室沙发上午睡，敲门声把我惊醒了。三位女孩说想找我聊聊。她们说自己的爸爸妈妈不理解她们，考不好就不许吃饭，还经常骂她们，说着说着就哭了。其中有一位女孩说："有时想死的心都有了。"那天中午，我认真地听她们倾诉，然后开导她们，我说："一定要写一封信给爸爸妈妈。""千万不要，千万不要！那样爸爸妈妈就知道我们在校长面前告他们了！"她们说。我解释说："我不会单独给你们的爸爸妈妈写信的，我要给全校学生家长写一封公开信，谈谈如何教育儿女。放心，我不会举例的，我怎么会'出卖'你们呢？"后来，我真的给成都市武侯实验中学的家长们写了一封公开信。一个月后，在校园又碰到了那三位女孩，她们都说爸爸妈妈的态度好多了，那位曾经"想死"的女孩说："爸爸妈妈现在不骂我了。就算我没考好，也会好好和我讲道理。"

我想，当她们鼓起勇气敲开我办公室门的时候，处理好和父母的关系，就是她们的"一切"。

刚当校长时，我去成都市武侯实验中学附属小学给二年级一个班的孩子们上了一堂课，那堂课上得很不成功，虽然孩子们从头到尾"咯咯咯"笑个不停，可我知道小家伙们根本没有听懂我讲什么。然而，孩子们却很喜欢我。有一个叫邓心悦的小姑娘后来送给我一张手工制作的明信片，上面写着她未来的理想，这张明信片我至今珍藏。

十多年过去了，正在外地职高读书的她在微信上和我说，她有很多烦心事儿，想和我聊聊。因为忙，我没来得及回复。几天后突然想起，我便回复她："一直在出差，很忙，未能及时回复你，请原谅。回成都后，我们聊聊。"她当即说："放了寒假，我一回成都就找你去！"

当年，读二年级的她送我的明信片，是她的"一切"；现在，渐渐长大的她找我倾诉的"烦心事儿"，也是她的"一切"。

读到这里，也许有朋友觉得我太"骄纵"学生了，可能还会质问："难道学生的所有要求都是正确的吗？"

当然不是。为了学生的"一切"，当然不包括尚未成熟的孩子有时候提出的不合理要求，甚至一些违规违纪的行为。恰恰相反，帮助孩子的心智和行为走向成熟，正是包括在为他们成长服务的“一切”之中。

但即使是这种“帮助”也应该以尊重儿童为前提，并尽可能以符合儿童特点的方式进行。何况，我们现在的教育，更多的是对孩子的要求多，而满足他们的要求却很少。

因此，在这个背景下，我们强调尽可能以“童心”去理解童心，并非多余的。

伟大的陶行知先生曾经这样告诫教育者：“您不可轻视小孩子的情感！他给您一块糖吃，是有汽车大王捐助一万万元的慷慨。他做了一个纸鸢飞不上去，是有齐柏林飞船造不成功一样的踌躇。他失手打破了一个泥娃娃，是有一个寡妇死了独生子那么悲哀。他没有打着他所讨厌的人，便好像是罗斯福讨不着机会带兵去打德国一般的怄气。他受了你盛怒之下的鞭挞，连在梦里也觉得有法国革命模样的恐怖。他写字想得双圈没得着，仿佛是候选总统落了选一样的失意。他想您抱他一忽儿而您偏去抱了别的孩子，好比是一个爱人被人夺了去一般的伤心。”

孩子每时每刻需要维护的尊严、需要解决的困难、需要满足的愿望、需要倾吐的苦闷、需要享受的快乐、需要保证的睡眠、需要获得的成功、需要免除的恐惧、需要尊重的个性、需要保守的秘密，甚至需要看的一场演出、需要踢的一场足球、需要买的一个耳机、需要吃的一份蛋烘糕……这就是孩子的“一切”。

2021 年 1 月 2 日晚

“为了一切孩子”的“一切”是什么？

最后说说“为了一切孩子”的“一切”。

现在去商店买东西，店主的热情有时候让人受不了；可四十多年前不是这样的，那时走进商店，常常会遇到态度冷漠、爱理不理的服务员。如果顾客不满地指着墙上的标语问：“不是‘为人民服务’吗？怎么这个态度？”服务员的回答往往是：“‘为人民服务’又不是为你一个人服务！”在这里，“人民”被抽象了，甚至被空心化了，似乎无所不包，但又谁都不认。

“为了一切孩子”从字面上说，一点都不难理解，它主要是指“教育公平”，就是说我们的教育服务于所有孩子，不分高低贵贱，只要是孩子，一律是我们关怀的对象。“一切孩子”就包括了所有适龄儿童，无一例外。

话是这么说，但是不是每一位教育者都这样做呢？

一些地方、一些学校义务教育阶段的招生乱象，已经将“一切孩子”按某些人需要的标准切分成了三六九等。在一所非常著名的学校，该校校长对我们这些参观学习者介绍办学经验时说：“要办好一所学校，最重要的条件是选拔好的苗子！”我当时目瞪口呆，因为就在他背后的墙上，赫然写着“为了一切孩子”。

国家已经明文规定，小升初不许有任何招生考试或变相的招生考试，但有的学校依然想方设法用“分数”“证书”“奖牌”等工具，只招“一切孩子”中的一部分。而且他们将选中的“好苗子”招收进学校后，还要根据考试成绩继续将孩子“分类”。比如，根据成绩好坏来安排座位，成绩好的自然坐前面，成绩不好的当然坐后面。虽然这些学校的墙上也写着“为了一切孩子”，但他们不怕打脸。

在这里，“为了一切孩子”成了“为了一切成绩拔尖的孩子”。

我刚工作的时候，曾经上过一堂面向全市的公开课。当时的我铆足了劲儿，决心要让评委和听课的老师耳目一新，让这堂课一炮打响进而使自己崭露头角。于是，我反复排练这堂课，学生也相当配合，连星期天都到学校来“彩排”。为了让课堂气氛活跃，我事先安排了几个乖孩子背好答案，准备课堂上举手回答问题。后来在课堂上，我每提一个问题，下面都小手如林——孩子们太想和我配合了，但我只抽那几个“托儿”，无论其他学生，尤其我认为的“差生”如何把小手高举得像旗帜一般，我都装作看不见。

在这里，“为了一切孩子”成了“为了一切乖孩子”。

在我工作二十多年以后的公开课上，我的教育观念已经相对成熟。那次是在北方某地讲学，应某中学要求上一堂语文公开课。上课前走进教室时，我发现只有四十名学生，我开始还以为他们当地的教学班就这么多学生。后来从教研室主任的口中得知，因为怕效果不好，他们便把二十来个成绩不好的学生“淘汰”了。虽然还有十多分钟就上课了，可我依然固执地对教研室主任说：“请把另外的学生全部叫来，否则这课我不上了！”二十分钟以后，所有学生都坐在教室里了，我才开始上课。

课后，许多人都说我很正直，即使上公开课也不弄虚作假。我说：“不，这首先不是我是否弄虚作假的问题，而是我是否尊重这个班的每一个学生的问题。这样的公开课，哪怕缺一个学生，对这个学生来说，他的权利都受到了侵犯，他的尊严都受到了伤害！”

在这里，“为了一切孩子”就是“一个都不能少”。

我校有一个传统，每年九月各班都要进行队列素质操比赛。所谓素质操是我校体育老师专门针对我校学生的实际情况而编创的，非常有特色。为了迎接每年的队列素质操比赛，各班都利用课余时间抓紧训练，每年九月的校园都呈现出一派“沙场秋点兵”的气势。

有一年，朱怀元老师接手刚刚进校的初一（4）班时，面对队列素质操比赛，他却犯难了，因为班上有一个叫汪宏（化名）的孩子脚有残疾。从训练时看出，无论汪宏怎样认真，他的动作都不标准，也无法标准。本来按比赛规则，学生是可以因病或其他特殊原因请假的，但汪宏急于参与集体活动的渴望和他训练的认真劲儿，让朱老师实在不忍心将他排除在集体之外。于是，朱老师决定宁可不拿名次，也要让汪宏参加。

结果是可想而知的，初一（4）班没有拿到任何名次。因为比赛中，汪宏每一个动作都比其他同学们慢一拍，这意味着每一个动作都要扣分。但没有一个同学埋怨他，相反，汪宏同学的精神让所有人都很感动。以后每年（从初一到初三）的队列素质操比赛，汪宏同学都参加了。朱老师的班从来都是整体上场，一个都不少。尽管年年都没有拿到名次，但全班同学都为自己的集体而自豪。

朱老师说："汪宏小时候患小儿麻痹留下后遗症，所以个子也长不高，但他一直积极向上。平时课间跑步，他跑不起来，但又希望和同学们一起跑，我便请他在前面跑，想怎么跑就怎么跑，同学们从不嘲笑他。每年的队列素质操比赛，同学们都很理解他。只要全班都参加，展示了我们集体的风貌，那么没拿到名次也不要紧。作为老师，我扪心自问：是名次重要，还是学生的尊严和权利重要？当然是学生的尊严和权利重要！班主任所带的班取得了名次，当然很光荣。但我不能为了自己的面子，而剥夺学生的尊严。"

在这里，"为了一切孩子"就是"为了每一个孩子的尊严和权利"。

在昆明市远郊的宜良县城外一个小镇的山坡上，有一所朴素而洁净的丑小鸭中学。这是一所初中，面向全国专门招收被有些学校"撵走"的"问题学生"。面对这些学生，詹大年校长首先想的不是如何镇住这些顽童，让他们怕自己，而是想方设法地让孩子们不怕自己。他把这些在原来的学校被冷落、排斥、歧视甚至羞辱的孩子，当作自己的孩子。后来，绝大多数学生都成为人格健全、行为端正、勤奋向上的合格公民。

不可思议的奇迹是如何诞生的？我在他的教室里找到了答案。

第一次去丑小鸭中学，我看到学校的每一间教室的墙上都挂着一个牌子，上面写着："任何时候校长都会帮助你"，这一行字的下面是詹大年校长的手机号、QQ 号、微信号、微博号和公众号。我被震撼了！他用这个行为告诉孩子们：不管什么时候，不管你有什么困难，都可以找我！

如此把自己“赤身裸体”交给孩子的校长，我没有见过。

值得注意的是，每间教室都有这样一个统一制作的木牌，也就是说，詹大年校长是把自己的联系方式告诉所有的学生，而不只是部分他认为值得信任的学生。

两年后，我再去丑小鸭中学，发现教室里那块震撼过我的牌子不见了。虽然有些遗憾，但我能够理解，毕竟詹大年校长不可能二十四小时都被孩子的各种求助所占据。后来开会发会议记录本时，我发现他发的是学生的作业本，而每一本作业本的后面，都印着他的手机号、QQ 号、微信号、微博号和公众号！这意味着，只要在丑小鸭中学读书的孩子，都可以随时和詹校长直接联系，无一例外。

在这里，“为了一切孩子”就是“为了一切随时需要帮助的孩子”。

因此，“为了一切孩子”中的“一切孩子”不在墙上，也不在论文中，而在我们的身边，是我们每一天所服务的每一个孩子——

是那个个子太矮而自卑的初一小男生，是那个右脸颊有一块并不明显的疤痕但每次拍照都情不自禁微微右侧的小女孩，是那个深夜十一点过还在打着哈欠赶作业的一年级小学生，是那个拿着要求家长签字的不及格的试卷而不敢回家的孩子，是那个因为忘了戴红领巾而不敢进校门的孩子，是那个因为英语发音不准而老被同学嘲笑因而生怕被老师抽起来朗读课文的孩子，是那个家境贫寒所以每次学校组织的外出研学活动都请假的孩子，是那个受了老师误解想和老师解释但又怕挨批评因而徘徊在老师办公室门外迟迟不敢敲门的孩子，是那一群排练了一个月舞蹈却没有被允许上台演出的小姑娘……

一个真正的教师，应该是一个特别细心、特别敏锐的人道主义者。我们千万不要在高喊“为了一切孩子”口号的时候，让眼前触手可及、气息鲜活的一个又一个孩子，消失在一串串气势磅礴的概念之中。

2021 年 1 月 3 日晚

GANWU YU ZHIHUI

感悟与智慧

用米开朗基罗的智慧和双手，把自己雕琢成“大卫”

尽管对米开朗基罗的大卫雕塑很熟悉了，但去年暑假，我在佛罗伦萨看到原作时，还是被深深地震撼了。

虽然是冰冷的大理石雕塑，但大卫青春勃发，坚毅的眼神、富有爆发力的双手、胸部的肋骨、饱满肌肉所形成的波纹、皮肤下凸起的关节和血管……都让人感到生命力的蓬勃与鲜活。

据说米开朗基罗是在一块废弃的石材上创作的。大卫像的原石最初是交给一位雕塑家，但因为石料坚硬，还很薄，就被放弃了；后又辗转到另一位雕塑家手中，还是没法创作，又被放弃了。最后这块屡遭废弃的大理石，终于等来了米开朗基罗。

一位记者问米开朗基罗：“您是如何创造出《大卫》这样的巨作的?”他回答：“很简单，我去采石场便发现了大卫——我看见一块巨大的大理石里面的大卫。我要做的只是凿去多余的石头，去掉那些不该有的大理石，大卫就诞生了。”

这段介绍让我心里一震，联想到了教育，一下子豁然开朗：所谓教育，就是凿去限制人和束缚人的那些外壳，凿去那些多余的部分，而挖掘出本来就蕴含着的“作品”。

也就是说，教育者——教师和家长应该具备一双米开朗基罗的慧眼，将每一个孩子都视作尚未完成的作品“大卫”，坚信他们都能够成为“大卫”，然后不断地精心“雕琢”，最后让孩子内心深处本来就有的“大卫”呈现出来。

注意，这里的“大卫”只是一个比喻，比喻杰出者。但所谓“杰出”并非意味着统一模式的“人才”，更不仅仅是栋梁、精英，而是不同个性、不同领域的幸福而优秀的劳动者。只要孩子最后成了最好的自己，他就是那个“大卫”。

我还想到了教师的专业成长。所谓成长，不也是指教师不断“凿去”那些限制自己的多余的外壳和多余的部分吗？

每一个人的内心深处，都潜藏着一个卓越的自己。我们所有人最初都是沉睡的大理石，但石头里面潜藏着“大卫”。所谓潜藏，意味着最初这个“卓越的自己”被各种外壳和多余的部分掩盖着。我们要做的，就是不断地“挖掘和雕琢”，一点点地剥除外壳，剔除冗赘。当我们内心深处那个“大卫”渐渐显露出来的时候，我们便获得了成长，走向了卓越。

而这取决于两点——

第一，要相信自己就是“大卫”，要善于发现自己内心的“大卫”。李白说：“天生我材必有用。”爱因斯坦说：“自信是成功迈出的第一步。”培根说：“深窥自己的心，而后发觉一切的奇迹是在你自己。”自信，是成长的前提，如果自己都不相信自己，最后也只能是一块普通的石料。

第二，不要等待别人来发现和培养自己，而应该自己雕琢自己、完善自己。这里的雕琢和完善，就是通过每一天的备课、上课、批改作业、和学生谈心、不断反思、不停阅读、坚持写作……把自己“多余的部分”，即缺点和不足，一点一点地剔除，不断地剔除再剔除……最后将自己雕塑成一个精美典雅而富有光泽的“大卫”。

其实，不仅仅是教师，无论什么行业的从业者，无论是孩子还是成人，我们每一个人都是潜在的“大卫”，同时也是潜在的“米开朗基罗”。所以任何人都可以用米开朗基罗的智慧和双手，把自己雕琢成“大卫”。

2019 年 12 月 31 日晚
于虹桥机场至苏州的高速公路上

教育孩子尊重老师

一

我曾写过一篇文章，标题为《少女的长发妨碍教育什么了》，说的是女儿读初中时，我为了保卫她的长发而进行的“护发战争”。也许有的家长会说：“难道学校关于‘女生不准留长发’的规定可以不遵守吗？你这样做，倒是尊重了女儿，可是你尊没尊重老师呢？而且这样会不会助长孩子不尊重老师、不遵守校规的行为呢?”

如果真有家长朋友这样说，我只能说这是一个误解。

其实，对于学校不合理的规定，我从来都是这样的：坚持自己的不同看法，并通过合法渠道理智地提出建议。而在学校没有改变有关规定之前，我教育女儿一定要服从学校的规定。对于“女生不准留长发”的规定，如果不是因为当初学校对学舞蹈者“网开一面”，我也会叫女儿剪长发的。思想上保留不同意见，行动上服从学校规定，这就是我的态度。

孩子当然应该遵守校规、尊重老师，因为从某种意义上说，没有孩子对老师的尊重，就不会有理想的教育。所以我们在对孩子谈到尊重的时候，首先应该是对学校老师的尊重。

二

作为班主任，我所遇到的绝大多数家长都很尊重我，因而在教育子女方面和我配合得很好。但我也遇到过个别这样的家长，喜欢一味地指责老师，甚至干涉老师的教育教学。比如，有的家长打电话给我，要求我撤换某个科任老师（其实，他不知道，我作为一个班主任哪有权力撤换科任老师呢）；比如，有的家长要求我安排他的孩子当班干部或不当班干部（在我的班上，这同样不是我能做主的，而是全班同学投票决定的）；又比如，有的家长要我在安排学生座位的时候照顾他的孩子；再比如，有的家长对孩子说，你们老师这里讲错了、那里也没有讲对；等等。

我曾谈到一个观点：家长也是教育者。这是从家长所承担教育责任的意义上说的，但这并不意味着家长就可以任意干预学校教育。老师和家长都是教育者，在教育使命和人格尊严上都是平等的，但对孩子的成长而言，这两类教育者的作用不是完全等同的。毕竟，从教师职业专业化的角度看，教师在教育上显然比家长更专业、更权威。不是说教师在处理任何一个教育方面的难题都百分之百的正确，更不是说，家长的观点就一定不如教师。但是，从总体上说，教师的教育观念、教育经验、教育技巧更全面，相对于家长而言，他们就是专家！

家长不仅要充分尊重学校教育、尊重老师，更要教育孩子尊重老师！

三

总的来说，我的女儿很尊重她的老师，但也有一次因为不尊重老师而和我发生冲突。那是进入高中后不久，女儿因为对某一学科的新老师不太适应，对那门功课学得也不是太顺利，因此回家在饭桌上便免不了要埋怨老师几句，说老师这也讲得不好那也讲得不好。我开始很耐心地对女儿说："每一个老师都有自己的教学特点和风格，要让老师满足每一个学生的口味是不可能的，只能是学生去适应老师。”可是，女儿不服气，那几天几乎每天回来都要说这个老师的不是。我一下就火了，狠狠地批评了女儿，最后我说：“你这样的态度，不可能学好功课！记住，对老师的尊重是你学好功课的前提！”当时，女儿很不高兴，但第二天她给我写了一封信，表示接受我的批评，尽可能适应老师的教学。过了一段时间，她果真适应了新老师，该科的学习成绩也慢慢提升了，回家后也没有再埋怨老师了。

我是教语文的，但我从来不干预女儿语文老师的教学。中小学 12 年，女儿也曾对个别语文老师的教学表示过不满，但我从来不会自以为是地对她的语文老师说三道四，我总是对女儿说：“无论怎样，你应该听老师的，因为老师这样安排教学总有老师的道理。”我真是这样认为的。我当然懂语文教学，但是我不懂女儿班上的教学实际，更不一定熟悉她所属年级在当年的“高考（中考）行情”，而她的语文老师则是根据班上学生的实际情况和当年的升学考试动态来设计的教学，在这一点上，我恰恰是外行，因此应该尊重她的语文老师。我对女儿的语文辅导——无论是经典阅读、诗文背诵还是作文指导，都是属于课外学习的辅导，而且绝不与老师的课内教学冲突，同时也很少涉及她在学校的课内语文学习。所以即使到了高三阶段，我也没有对她的语文复习指手画脚，我只是说：“听你唐老师的，绝对没错！唐老师对今年的语文高考的研究绝对比爸爸深透！”

四

这样一来，可能又有家长会说：“你是在培养唯唯诺诺、没有主见、只知道绝对服从的‘小绵羊’，而不是善于独立思考、敢于质疑权威的创造者。”

不，行动上对人的尊重和精神上保持清醒的是非判断是不矛盾的。我也经常和女儿说，世界上没有完人，对于老师偶尔犯的错误要宽容，尊重就包括了宽容别人。如果老师出现了知识上的讲解错误或你自己有比老师更好的解题思路，可以在课后有礼貌地和老师探讨、商榷。事实上，女儿常常在作文中表现出一种不迷信权威（包括对家长的不迷信）、独立思考的状态，但这并不妨碍她真诚地尊重老师。

作为同是教育者的家长，要积极地参与学校教育，但不要自以为是地干预老师的教学。所谓“积极地参与学校教育”，就是和老师保持密切的联系，随时向老师通报孩子的有关情况，同时也富于建设性地对学校教育提出各种建议。家长当然可以批评老师，这是家长不可剥夺的权利。但这种批评应该是通过合法渠道理性地表达，而不应该是当着孩子的面指责老师甚至破口大骂。

有一次我得知我的一位学生家长，曾当着孩子的面极无教养地骂我班上一位年轻的科任老师时，我十分气愤。第二天我找来家长沟通，先是听取了他对那位老师的意见，其实就是因为老师严格管教了他的孩子，他就不高兴。然后我很真诚也很严肃地对他说：“你这样做，不但无助于老师改进教学，而且你当着孩子的面让老师受辱，老师今后在你孩子面前还会有老师应有的尊严与威信吗？这件事更严重的后果是，你给你的孩子做了一个非常不好的‘示范’，如果孩子也像你一样不尊重老师，后果将会是怎样的？”

绝不当着孩子的面说老师的不是，也教育孩子不许和老师顶撞（我的女儿从没有做过这样的事），这是教育孩子尊重老师的底线。

五

不过，说到“尊重老师”，近年来还有另一种现象：那就是一些家长热衷于和老师拉私人关系。比如请吃饭（通常不是说“请吃饭”，而是说“聚一聚”），或者利用节假日送各种礼品，等等。总之，家长老想“表示表示”。

作为教师，我非常相信家长们对老师的敬意是真诚的，同时我也清醒地知道，有的家长未必是真心愿意请客、送礼，只是在目前的社会风气下，他们出于某种担心，不得已也违心地请客、送礼。他们担心：如果不送礼，老师会对我孩子好吗？别的家长都送，我如果不送，孩子会不会被老师另眼相看？对此，我多次对家长说：“我希望我们的关系尽可能纯净一些，这样我工作起来才有一种心灵自由的感觉。反之，如果家长们都争相请客、送礼，我会有一种沉重的精神负担，在对你孩子进行教育时，在处理班级事务时，总会有各种顾虑，这恰恰不利于我的教育。”

我不敢保证绝对没有热衷于收受家长礼物的老师，但我坚信，我上面的说法能够代表绝大多数教师的真实想法。违背老师心愿而给老师送礼，是对老师人格的不信任，恰恰是对老师的不尊重！常常有家长对我说：“交个朋友吧!”我说：“不，我觉得我们现在的关系不是朋友关系。我们现在是‘战略伙伴关系’——都是为你的孩子（我的学生）的未来，达成深度的教育合作，孩子的教育需要我们双方的精诚合作，这当然是‘战略伙伴’啦！要交朋友等你的孩子毕业以后我们再交吧!”

这也是我的真话。如果孩子毕业之后，家长还愿意和我交朋友，这样的朋友才是真正的朋友，我有许多这样的家长朋友；反之，如果家长仅仅是在我教他孩子期间要和我交朋友，一旦孩子毕业之后他便不再交我这个“朋友”了，那么，这样的“朋友”不过是充满商业气息的逐利之徒而已，不交也罢!

由于我有这样的想法，所以我从不主张给孩子的老师送礼，我也希望我和孩子的老师能够成为“君子之交”——事实上，我和女儿的老师也一直保持这种纯净的“君子之交”，我把对老师的所有敬意都记在心里，同时也将这份敬意化作与老师配合教育孩子的行动。

2007 年 7 月 12 日

只要“目中有人”，就是素质教育

说起素质教育，许多一线老师最关心的是：“怎么操作?”在反对素质教育的喧嚣声中，有一个声音雄辩而响亮，那就是：素质教育只是一个空洞的口号，缺乏操作性!

是这样的吗?

的确，素质教育首先是一种理念：把学生当人，全面发展，注重人格，尊重个性，培养创造力……但这种理念同时也是可以操作的实践。作为实践意义上的素质教育，既包括了国家宏观层面和学校中观层面的课程开发、教材建设、评价创新、教学改革等，也体现在每一个教师每一天的教育行为中，我把后者称作“素质教育的微观呈现”。正因为这“微观呈现”，让千千万万普通的一线教师成了素质教育的实施主体。

素质教育内涵丰富，但我认为至少有两点是其重要内涵：学会做人，学会创新。所谓“学会做人”，就是教育学生具有善良、正直、勤劳的品质，懂得尊重，有责任心，行为规范而心灵自由……所谓“学会创新”，就是培养学生对一切未知领域都充满好奇心和探索的兴趣，动手能力强，不迷信任何权威，勇于质疑，富有批判性思维……

有一年，我带了一个初一新班。开学第一天，我点完名之后，打算把我给孩子们写的信发给他们。本来，我完全可以请几个同学上来帮我发信，但我打算亲自把信发到每一个孩子手中，因为在发信的过程中，我可以自然而然地对他们进行一些教育。果然，尽管许多孩子都有礼貌，但有的孩子没用双手接，有的孩子没说“谢谢”，于是我表扬了有礼貌的孩子，以此去影响没有礼貌的孩子。就这么一次发信，我就“附加”了素质教育。

20世纪90年代初，家庭电话渐渐开始普及。我在班上对孩子们说：“打电话也是一个人综合素质的体现。”我告诉他们，拿起话筒第一句话应该是热情的“你好”而不是冷漠的“找哪个”；我还告诉他们，当有人打错电话时，你要体谅地说：“没关系，没关系!”而不是不耐烦地说：“打错了!”然后“啪”的一声挂掉。我说：“人家知道打错了，已经很懊悔了，结果你不耐烦地挂断，给对方留下怎样的感觉啊?”一个月后，我“突然袭击”给每个学生家里打电话，拨通以后我先不发声，听孩子们接电话时的“第一声”，结果孩子们都很有礼貌。

点点滴滴，不声不响，这样的教育就是教会孩子做人的教育，就是素质教育。

当然，人们常说“素质教育的主阵地在课堂”，所以每一个老师都应该也可以在自己的课堂上呈现出真正的素质教育。比如，鼓励学生独立思考。然而，目前相当多的课堂教学却不容乐观：“满堂灌”的陈旧教学自不必说，即使在一些所谓“启发式”的课堂里，学生也不过是教师思想的俘虏而已——崇拜师长，迷信权威，不善发问，更不具备怀疑精神。如果说有思考的话，那不过是揣测老师的标准答案而回答提问。尤其是在公开课上，教师的“循循善诱”不过是巧妙的圈套，学生的“踊跃发言”不过是心甘情愿地将自己的思想装进教师做好的“牢笼”里。至于像顾颉刚先生所说的“怀疑、思索、辨别”，并提出自己的创见，那就更谈不上了!

我知道，对于许多普通老师来说，其教学自由度是有限的——考试无权改变，教材无法选择，甚至连教学模式有时候也被统一了，可这并不妨碍我们在自己的课堂教学过程中体现出素质教育色彩。

有一年我教《琵琶行》，有学生引用某资料书的观点，认为“枫叶荻花秋瑟瑟”的“瑟瑟”应是“碧绿”之意而非课本上所注释的“萧瑟”。不少学生赞同这一讲法，理由是这样理解画面更美——枫叶红，荻花白，秋水碧；还有学生引用白居易的名句“半江瑟瑟半江红”来印证。但也有学生表示反对：“晚上哪看得见‘秋水碧’?”我提醒学生结合全文理解这个词。于是，经过热烈讨论和深入研究，大家认识逐步统一：“枫叶荻花秋瑟瑟”是渲染一种凄婉的气氛，以秋天的萧瑟来烘托诗人内心的悲凉，因此课本注释是正确的。这一次小小的研讨，虽然没有推翻课本注释，但学生所获得的就不仅是某一个正确答案，而且还初步学会了质疑、研讨，以及对不同观点的资料进行比较、分析和选择的能力。

有一次，学完鲁迅的《祝福》，有位女生举手要求发言，她说不同意李老师对小说主题的理解。她指出，小说固然深刻揭露了封建礼教对劳动妇女的摧残，但柳妈、卫老婆子以及“咀嚼赏鉴”祥林嫂悲哀、嘲笑她“你那时怎么竟肯了”的所有鲁镇人无一不是病态者，整个小说揭示了旧中国人与人之间的冷漠，而祥林嫂正是在这冷漠中死去的。听完她的发言，我并不认为她的观点能完全驳倒我的分析，但她善于独立思考，而且她的剖析确有独到深刻之处，丰富并深化了我们对作品的理解，在课堂上向老师发起“挑战”更是难能可贵。因此我肯定了她的发言，并号召同学们向她学习。

尊重学生的不同观点，鼓励学生敢于质疑权威（包括老师），这不需要谁批准，不需要加入什么“素质教育课题”，也不需要什么“一流的硬件设施”，通过课堂教学的这些细节我们便践行着作为一线教师能够实操的素质教育。

上面我只从“学会做人”“学会创造”这两个方面举了自己的两个普通例子，素质教育当然远不止这两个方面。但不管素质教育的内涵多么丰富，它都指向人的全面而主动的发展。只要心中随时真正装着“人”——人的心灵、人的个性、人的尊严、人的未来……而不只是分数，那么你的举手投足，时时刻刻都体现着素质教育。

2017 年 6 月 22 日

校长对学生的影响是深远而不知不觉的

——一封信带给我的感慨

2019年6月3日，我在北京师范大学为研究生做了一场演讲。演讲开始之前，学生们陆陆续续进来。这时候有一个女孩过来给我打招呼：“李老师，您好！我是您的学生。”

我看了看她，一点儿印象都没有，但我很快反应过来，估计是我在成都市武侯实验中学当校长时的学生。我在任时先后有九千多名学生毕业，我不可能记住每一位学生，但每一位学生都记住了我。果然，她说：“我是成都市武侯实验中学的学生，现在在这里读研究生。”

我对她一下子就感到亲切起来。她说她早就知道我要来演讲，一直盼望着听我演讲。她说：“我今天还有课，所以不能听完您的演讲。”

在演讲过程中，她一直专注地听着，听了一半她去上课了。

之后我一直想再见见她，和她聊聊。但课前和她就打了个招呼，也没来得及问她的名字，所以离开北京师范大学的时候我有些遗憾。

在成都市武侯实验中学当校长之初，我给自己定了一个目标：一定要做一个孩子不怕的校长，这个目标我实现了。我尽可能多地直接接触全校的每一个学生：我到每一个班去上课，课间在书吧和孩子们聊天，有时候和他们玩儿，还会和一些特殊的孩子谈心，包括写信……

每一届毕业生离校时，学生们都舍不得我。有一年毕业典礼结束后，孩子们围着我要签名，让我在他们的校服上签名。

所以我经常在外面或外地遇到一些年轻人，他们主动和我打招呼，说是我的学生。有一次在飞机上遇到一个空姐，她说她是我的学生，还记得我到她们班上去上的一节课。回家后我写了一篇文章发表在“镇西茶馆”，题目叫《桃李满天上》——因为我有不少当空姐和飞行员的学生在天上嘛！

但我留给学生的不仅仅是作为校长的印象，更不仅仅是偶尔在全校集会时的讲话。还有许多我意想不到的影响，在他们身上发生。比如这位北师大的研究生，后来我知道她的名字叫林兴慧，因为后来她给我写了一封信。以下是林兴慧同学的来信——

李老师：

您好！

我是昨天在北师大和您“相认”的学生，昨天见面时间匆忙，本来想着下课后赶紧赶回来或许还能再跟您碰上一面，没想到拖了会儿堂，再来时您已经走了，我觉得非常遗憾。于是我辗转向负责此次活动的同学要了您的联系方式，想以邮件的形式把心里的话跟您说说，希望不会太打扰您。

我先做个简单的自我介绍，我叫林兴慧，是成都市武侯实验中学2011级的学生，大学就读于山东大学（威海），读的是工商管理专业，毕业后考上了北京师范大学的课程与教学论专业，现在是研一的学生。

上学期纪念苏霍姆林斯基诞辰100周年时，得知您要来我们学校，但我由于有事没能到现场很是遗憾。5月初在学术文化节的宣传上看到您的名字，我非常激动，走到英东楼129教室门口看到您熟悉的背影心跳都加速了，哈哈哈，感觉自己像您的小迷妹。

之所以见到您我会这么开心，不仅是因为您是我曾经亲爱的校长，毕业后再未见面，也不仅是因为拜读了您的书，在“镇西茶馆”喝了很多“茶”因而仰慕您的文采与教育情怀，更是因为您在我进行人生道路抉择时产生了直接的推动作用，在某种程度上可以说，因为您，我才选择教育专业，才能在北师大和您见面。

2016年12月，那时候我在读大三，本科的专业并非我喜欢的，我的成长经历以及我对孩子的喜爱让我对教育一直有种朦胧的向往之情，随着时间的流逝和我对自己认知的逐渐清晰，这种向往之情愈发强烈起来。那时候正处在一个抉择期，我到底要不要考研，如果我要考研那我将成为一个非常没有优势的“三跨”考生，而我心中心仪的学校是北京师范大学，我相信这是很多有教育情怀的学子魂牵梦萦的殿堂。一个“三跨”考生奔向教育的第一学府，其难度可想而知。再者，以我当时所在的学校和专业，找一份体面的工作并不算太难。我到底是该顺应现状，按部就班地毕业、找工作，从此断了教育的念想，安安心心踏入社会，还是奋力一搏，改变人生的轨迹，踏上追梦之路？我的父母还有我身边的朋友对此众说纷纭，句句在理，我陷入了纠结。

12月2日，我随手翻看着QQ空间，刷到同级初中4班的一个朋友转发的您的文章《李青青，破茧成蝶》，就点开看了这篇长长的文章。李老师，您的文字还是那么真切而动人，在成都市武侯实验中学时，我和青青有过一些接触，不过对她的印象和了解很是片面，您的文字向我展示了一个立体的、鲜活的青青。我坐在凳子上静静地阅读，眼泪唰唰唰地掉了下来，因为曾经青青的破茧成蝶，因为对于故人的怀念，因为想起了在成都市武侯实验中学的那些美好的岁月，想起那时尽心尽力教过我的老师们，那种对教育、对学校的向往之情更加强烈起来。感动之余，是对您的敬佩，若不是您有心将其记录下来，多年后我怎么知道曾经身边还发生过这样轰轰烈烈的故事？若不是您倾尽心血地尽着校长和兄长的职责，若不是您那颗滚烫的教育之心，又怎么会发生这些轰轰烈烈的故事？那时候我突然认识到，教育的神圣而美好，不仅在于其育人之功能，还在于陪伴——陪伴生命的成长，书写生命的篇章。

当时我的心里各种情感翻涌着，非常想尽情倾诉一番，我循着这篇文章找到了您的微信公众号，虽然知道您非常忙碌不会回复后台消息，但还是忍不住想跟您诉说我的怀念、我的感动、我的崇敬，以及我终于下定的决心。没想到原计划的寥寥数语却因为心中澎湃的遗憾变成了一封唠唠叨叨的短文，那些语句就像开闸的洪水般倾泻而出，语毕内心甚为舒畅，斗志满满。

决心已定，接下来就是漫长而艰辛的考研之路，大三下学期由于专业课和英语考试的压力，每天只能花两个小时在考研上。暑假 7 月份才开始全力“备战”，7 月到 12 月，那段时间多次感觉压力很大，情绪快要崩溃，多次闪过想要放弃的念头，但好在都咬牙坚持了下来，其间也一直有关注您的“镇西茶馆”，您的文章常常像一剂强心剂让我得以重整旗鼓。

初试结束，漫长的等待后我如愿进入复试。在准备复试的时候，我又将您的很多文章拿出来细细地读，跟着您的文字回忆，我想在复试的时候如果有机会我一定要讲讲成都市武侯实验中学的故事，讲讲我们学校的雕塑，并不是寻常那般高高在上地立着，而是在小花园里坐着板凳给孩子们讲故事；讲讲我们学校的墙上没有领导的题字和批语，全是同学们的字画作品；讲讲我们校门口的校名不是出自某位名家之手，而是我们的学生所写；讲讲我们恢宏的大厅一侧是全校老师的照片，另一侧是在操场上尽情奔跑的学生们的照片——均来自您的抓拍；讲讲我们学校的校训“让人们因我的存在而感到幸福”！有太多可以讲的了，这个在成都三环外的学校，没有响亮的口号，没有各种高大上的创新和特色，有的只是校园的各处细节中体现着对学生的尊重和爱，在这样的学校里，我真是自豪。

遗憾的是复试并没有详细讲这些的机会，但老师们还是问了一个问题：“你为什么选择教育?”我将内心的想法娓娓道来，我提到曾经遇到的优秀的老师们，提到了您的文章和书给我带来的影响和感动，提到了对教育的理解和向往。我突然想起当时的一个小插曲想跟您说说，当时我提到曾经是您的学生，受到您的影响，各位老师似乎有些惊讶，我对各位老师的反应也感到很惊讶，说实话当时作为教育的“门外汉”，我只知道您是我曾经的校长，是我重要的人生导师，还不知道原来这么多人都认识您，尊敬您。面试结束后，回想到这个细节，心里更加自豪了，哈哈哈。

现在我在北师大已经学习了近一年了，梦想中的学府一点都没有让我失望，我真心感谢自己曾经下定决心、没有放弃。我还是常常到“镇西茶馆”里“喝喝茶”“润润心”，您那颗教育的赤子之心让我振奋不已。您多年笔耕不辍，记录反思，您的文字都源于对教育、对学生的爱。记得有一次我和班里的同学谈论起您，她说您是从实践中走出来的教育家，值得敬佩，我深以为然。之前“喝茶”的时候看到您成立了“李镇西博士工作站”，简直太开心了，一直想得到您的指导，曾经还想过毕业后去您的新教育研究院应聘，但是心里仍然向往去学校里，扎根在实践的一线，循着您曾经走过的道路前进。所以当时看到这个博士站可把我激动坏了，看看条件之一是有三年教龄的中小学教师，算算时间离毕业还有两年，也就是说至少还需要五年时间。李老师，等我五年之后来博士站找您哈！

啰啰嗦嗦又说了这么多，不知道这次您是否能够看到。昨天给我妈妈看了我和您的合照，我妈妈说李校长还是老样子哈，时间没在他身上留痕。哈哈哈，可不是嘛，李老师还是这么亲切又幽默，演讲铿锵有力、气场全开。最后衷心祝福您身体健康，祝师母和晴雁姐姐一切顺利！

此致

敬礼！

您的学生：林兴慧

2019年6月4日

读了这封信，我再次感到，教育的影响很多时候是深远而潜移默化的，我们教育者意想不到。

想当初，成都市武侯区教育局任命我为校长时，我是一点信心都没有。现在我从成都市武侯实验中学许许多多的学生身上，感到了我担任了九年校长的价值。

2019年6月5日

当老师可能是需要某些天赋的

我多次说过，我最初填报师范学院并非因为热爱教育，而是想早点脱离知青农场。但当了教师之后，我越来越发现我还是比较适合这个职业的，我甚至觉得我多少还是有一些当教师的天赋。几十年来，除了爱、责任和技能，这有限的天赋是使我成为一名受学生喜欢的好老师的重要原因。

我们再看一些老师。他们很想爱学生，也确实真诚地喜欢教育，但是他们就是上不好课、带不好班。他们的教学枯燥乏味，对学生完全没有吸引力，学生在其课堂上度日如年；他们当班主任也没有活力与灵气，师生关系紧张，班级氛围沉闷。不是说这些老师都不负责任，相反，他们在工作上勤勤恳恳，甚至可以说是呕心沥血，却总是缺乏成就感，更没有幸福感，校长对这样的老师也很无奈。所以著名特级教师、杂文家吴非曾经说："一所学校，最可怕的事情是一群愚蠢的教师却兢兢业业。"

我觉得，这些老师失败的重要原因之一，可能是缺乏当老师的天赋。任何职业都需要天赋，教育也不例外。当然，教师的许多能力是可以通过入职后培养和提升的，所以夸大天赋的作用显然是不妥当的。但一点天赋都没有，恐怕很难成为一个优秀的老师。

做老师需要哪些天赋呢？对此我没有做过专门研究，但凭我几十年的体会，加上我对一些名师和失败教师（姑且临时用这个表述来特指那些努力认真，却总也做不好教育工作的教师吧）的观察分析，我初步感觉（只是感觉）当教师可能应该有下面这些天赋——

第一，对孩子的亲和力。本来我想说对孩子的爱，但我又想，所谓爱是内在的精神状态，看不见摸不着，而亲和力是外在的表现。有人一见到孩子，心一下便柔软起来，看孩子的眼神情不自禁就很柔和，言谈举止都让孩子觉得亲切、有趣、好玩，孩子就忍不住愿意听他说话，和他一起玩儿，这就是对孩子的亲和力。我觉得我就是这样的人。当校长时，有老师说："您在孩子们面前放得开，完全不顾自己的面子。"说的就是我一见孩子，便忘记了自己是校长，甚至忘记了自己是老师，"不顾尊严（面子）"地和他们一起欢笑、感动，甚至嬉戏打闹，所以孩子很喜欢我。有的老师整天不苟言笑，学生见了他就紧张，他怎么能当好老师呢？

第二，细腻而丰富的内心世界。做老师，内心一定要特别细腻，学生的一颦一笑，都能在老师的心里激起涟漪。这样的老师，其内心世界特别丰富，装着所有孩子的喜怒哀乐，也装着教育所需要的生活、社会和世界。这样的老师，有着本能的、充满跳跃性的联想力，他能够由一个孩子的今天，想到他的未来。苏霍姆林斯基说："每一个儿童都是一个完整的世界。"而只有内心细腻和精神世界丰富，才能感受并容纳这一个又一个"世界"。教师内心世界的细腻和丰富，还体现于他特别容易被感动，哪怕是分别时孩子一个依恋的眼神，都能让他久久不忘，并且铭记于心。一个大大咧咧"粗线条"的人，是不适合当老师的。

第三，敏锐的洞察力。在我看来，所谓"洞察力"不仅仅是一种判断力，而且是一种非凡的"透过现象看本质"的思维穿透力，是一种善于从许多看似毫不相关的现象中找到某种必然联系的分析比较的能力。我曾经说过，一个教师要用教育的眼光看世界，从世界的角度看教育。无论多么纷繁的社会现象，他都能想到教育；无论读书还是看电影、电视剧，他都能从中感受到教育。所谓"洞察力"，很多时候体现在班级生活中或课堂里。教师应有见微知著的敏锐——他能够从孩子一个细微的眼神、一个瞬间的表情、一个不经意的动作……感受到孩子的内心世界。正如赞可夫所说："对于一个有观察力的教师来说，学生的欢乐、兴奋、惊奇、疑惑、恐惧、受窘和其他内心活动的最细微的表现，都逃不过他的眼睛。一个教师如果对这些表现熟视无睹，他就很难成为学生的良师益友。”一个对孩子麻木不仁的人显然是无法成为真正的教师的。

第四，出色的语言表达能力。这里的所谓“出色”也是相对的，但和有些行业相比，教师应该具备较强的语言表达能力，这是毋庸置疑的。教师的语言表达能力，包括口头的语言表达能力和书面的语言表达能力。教师以上课为自己的基本职业形式。课堂上，教师广博的知识、丰富的智慧、出色的能力……都是通过口头语言表达来呈现的。除了外在的形象，学生初见老师的第一评价便是这老师是否有口才。一个说话结巴、冗赘、枯燥、无序的老师，是无法赢得学生的尊敬的；老师拥有流畅自然、思路清晰、词汇丰富、用语得体、不枝不蔓的口头表达，再高大上的道理，也能讲得通俗易懂、生动形象，无疑能够让学生佩服不已。有口才的老师特别会讲故事，一个本来平淡无奇的故事，被讲得有声有色、曲折动人，这样的老师肯定会让孩子着迷的。除了“口才”，还有“文才”，即写得一手好文章——教育随笔、教育故事、课堂实录、班级“史记”，以及节日写给学生的祝福信件，包括给每一个孩子写的生日诗……一个会写的老师，必然会给孩子的学生时代和自己的教育生涯留下永不褪色的温馨记忆。

第五，幽默感。我认为，幽默感是一种极富智慧与情感的语言表达，这种语言表达机智而敏捷，能使人轻松愉悦。但幽默本身并不只是一种外在的语言，还是其心灵的敏锐、精神的饱满和乐观的情怀的自然而然的呈现。所以幽默绝不是耍嘴皮子，而是积极友善的心灵散发出来的芬芳。我看过很多关于“学生最喜欢的老师的品质”的调查，幽默感往往排在前列。是呀，具有幽默感的老师，让学生觉得有趣，能够最快地缩短师生之间的心理距离，可以减少学生可能出现的来自学习生活的压抑与忧虑，让学生维护自己心理的平衡，进而产生一种安全感和愉悦感。我自己倒没觉得我有幽默感，但毕业多年后的学生来看我，往往给我讲一些我自己都忘记了的让他们捧腹并记忆犹新的“段子”。我喜欢开玩笑，喜欢自嘲，这可能是我与生俱来的特点吧！而正是这些特点让我的学生觉得我有趣、好玩儿，进而喜欢我。一个不苟言笑也不善玩笑的老师，会让学生感到索然无味，他的教育往往还没出发，便被学生“敬而远之”了。

第六，浪漫气质。在现代汉语里，“浪漫”这两个字的含义很丰富，我这里用这个词，取其“富有诗意，充满幻想”之义。我曾经说过，教育者不一定是作家，但一定要有作家的情怀；教育者不一定是诗人，但一定要有诗人的激情。教师拥有澎湃的热血、诗意的情怀、纯洁的感情、奇妙的想象、壮丽的憧憬……这样的教师所从事的教育——课堂教学与班级建设，将会多么迷人而富有创意啊！在师生共同度过的日子里，又将伴随着怎样的妙趣横生、波澜壮阔、震撼心灵、热泪盈眶……写到这里，我想到了我的“未来班”，这是我刚刚踏上中学讲台之初的教育“处女作”：嘹亮的班歌，飘扬的班旗，课堂上我和学生因《青春万岁》而留下的热泪，油菜花地里欢声笑语的语文课；还有风筝在蓝天上写下的诗篇，山坡上和袅袅炊烟一起飘荡的歌声，岷江之滨篝火映红的笑脸和夜空，星空下孩子们面对未来庄严的约定……很难想象，如果没有这一切，只有作业和考试、排名和补课，那么我的学生怎么会在30年后聚会时对我说：“李老师，当年你教我们的时候，我们每天都盼着上学！”我要特别强调的是，是否浪漫，和教师所教学科没有关系。不要以为只有教文科的老师才浪漫，教理科的老师就一定很呆板。不是这样的！教师的浪漫气质决定了教育的浪漫品质。而从某种意义上说，我越来越这么坚定不移地认为没有了浪漫，就没有了完整的教育！

第七，在某一个方面具有独特的爱好或优势。这里说的“爱好或优势”在很大程度上也是由天赋决定的。比如弹琴、唱歌、绘画、舞蹈、足球、篮球……也包括文学创作、耍魔术，这些爱好都能让老师在学生眼里魅力四射。每个老师都要问问自己：除了课堂上呈现的知识，我还有什么“绝招”能够征服学生的心，让他们对我心生佩服？当然，这些“绝招”的意义远不只是赢得孩子们的崇拜，更重要的是它们能够让你的课堂教学和班级管理充满“非教学因素”的缤纷色彩。回顾我三十多年的教育生涯，我觉得我的三个爱好让我的教育丰满润泽而富有情趣：文学、音乐和摄影。因为我迷恋文学，所以我给学生读了大量教材以外的小说、散文、诗歌、报告文学，也写了许多以孩子们的成长故事为素材的文学作品；因为我热爱音乐，所以我们创作了班歌，而且在我们的教室里，经常都回荡着《绿色的祖国》《我们的田野》《五月的鲜花》《伏尔加船夫曲》《梁山伯与祝英台》……因为我喜欢摄影（其实严格地说，我那水平只能叫拍照），三十多年来，我给孩子们的校园生活拍了许多照片——每一张照片都有笑脸，每一张笑脸都有故事，每一个故事都有成长，而每一段成长都有我们共同温馨的记忆……毫不夸张地说，我的教育如果没有文学、没有音乐、没有摄影，必将黯然失色。

当然，当老师需要的天赋肯定还不止上面所说的这七点，但我现在想到的就这些。也许有人会说："你说的这七点，后天都可以培养。"是的，是可以培养，但如果不是源于天赋，某些能力或爱好的培养是有限的，而且很勉强。以我为例，其实我在某些方面也缺乏做教师的天赋，比如我的口头表达能力是很弱的，语速很快、吐词不清，偶尔还结巴，虽然经过努力大有进步，但毕竟还是不理想；又比如我与人沟通的能力也不强，或者说我的天性就不擅长与人沟通，平时我在社会上与人打交道就显得很木讷，在单位与领导和同事相处也显得不够圆滑（这是个褒义词），我这性格必然影响我和学生的心灵交流。尽管随着教育经验的积累，我渐渐越来越能够走进学生的心灵，但走过许多弯路。我还有其他方面不适合当教师的性格缺陷，但最终我还是成了受学生喜爱的老师，而且也取得了一些教育成就，这是因为我其他方面的天赋（就是上面所说的那些），在很大程度上弥补了我的缺陷。

任何人都很难拥有当老师所需要的全部天赋，但对于选择教育为终生职业的人来说，你至少得有一些或尽可能多一些"教育天赋"。否则，做了教师之后不但你痛苦，而且孩子也跟着你痛苦。

2017 年 8 月 30 日

什么是好的学习？

有人说，随着互联网技术的飞速发展，教育将让位于学习。我觉得有一定道理，教育是被动的，学习是主动的；教育是对他人的行为，学习是对自己的要求。据说联合国教科文组织的有关文件已经用终身学习的表述取代终身教育的说法。

那么，什么是好的学习呢？

好的学习应该是主动的学习。所谓“主动”，意味着学习不是外在的强迫，而是内在的需要；不是别人的灌输，而是自己的追求；不是“要我学”，而是“我要学”。既然是主动的学习，那么学习过程中的一切曲折、艰难，都是自己的选择，而不再是别人的强加。学习，不仅仅是为了拿文凭，更是为了自身精神世界的充实。于是学习成了一种自觉的使命，乃至一种神圣的信仰。

好的学习应该是快乐的学习。主动的学习，必然同时也是快乐的学习，因为是自己乐意做的事。对于不愿意做的事，即使再少也是负担；对于愿意做的事，哪怕再多也是美差。快乐并不意味着轻松，学习是一种脑力劳动，是一项智力挑战，并不是单纯的娱乐；但所谓学习的快乐，就包括了学习过程中攻克难题的愉悦和战胜困难的成就感。没有这种超越自我的体验，就不是真正的快乐。

好的学习应该是智慧的学习。人们常说的“巧学”指的就是智慧的学习。但这里的“巧”不是“投机取巧”，而是善于学习，比如善于借助工具书进行学习，善于在阅读中思考，善于在思考中联系自己的现实生活。善于学习，还包括不耻下问也不耻“上”问地向一切人学习，既要利用互联网以及所有现代技术更有效率地学习，也要一边学习一边实践，做到“知行合一”——这是学习的最高境界。

好的学习应该是个性化的学习。没有任何一种好的学习方法“放之四海而皆准”，所有真正的学习都是个性化的。不同的需求，不同的目的，不同的人生体验，不同的知识背景，不同的生活环境，不同的客观条件……决定了人们的学习只能是“私人订制”。个性化并不意味着“封闭式”，也需要向别人学习，包括在团队中研讨，但有效成功的学习，最终只能是符合自己实际的个性化的学习。

好的学习应该是生活化的学习。好奇心、探索欲是人类的天性，只要生命存在一天，这种天性就不会泯灭。所以学习必然是一种自然而然的生活态度，甚至是生命的呈现方式——所谓“我思故我在”。每时每刻，都在探寻；所见所闻，都是求知。在生活中，阅读写作是直接学习，休闲旅游是间接学习。正所谓“世事洞明皆学问，人情练达即文章”。可以说，社会是学习课程，自然是学习资源，生活是学习状态……

孔子说过：“学而不已，阖棺乃止。”意思是说，生命不息，学习不止。所以好的学习归结到一点，就是终身学习。

2019 年 11 月 17 日
于三亚至成都的航班上

真正有效的教育是“私人订制”的教育

去年我在丹麦的一所学校听了一堂数学课。发现一整堂课老师都没有站在讲台上讲课，而是在学生中来回穿梭。她低着头这儿看看那儿看看，时不时在某个学生面前停下来轻声说几句，时不时又弯腰对另一个学生进行指导。其场面很像中国学校里的晚自习答疑课。

课后，我和这位女教师交谈。我说：“和您相比，中国教师可累多了。中国教师一堂课讲四十分钟或四十五分钟，往往还要连续上两节甚至更多节课。而您，只是答疑就好了。”

翻译把我的话说给她听。她笑了，摇着头说：“不不，看起来我没有讲课，只是对每一个学生进行指导，但其实这样的课对我挑战更大。”

我问：“这样的教学，对您最大的挑战是什么？”

她说：“最大的挑战是，我必须弄清楚教室里每一个学生的不同需求，并对每一个学生提出最适合他的学习建议。”

“每一个？”我问。

“是的。”她肯定地回答。

她说：“我已经教书三十二年，对我来说最重要的不是知识本身，而是找到每一个学生怎么学是最有效的，我必须去观察、去了解。我必须根据我对学生的了解为他提供最适合他学习的方式，这是对我最大的挑战。所以我必须用眼睛看每一个学生，然后给学生最适合的指导。我给每一个学生的建议，都是不一样的。这就要求我必须有足够的知识量，同时我还得了解学生的心理，我得了解他们在课堂上的状态、他们对知识的接受程度，我得去引导他们。我不是在教知识，我是在用最适合他们的方式引导他们。最重要的不是交给他们知识，而是教他们如何获取知识。知识不是最重要的，孩子永远是最重要的。怎样才能让孩子发展得最好，这是最重要的。”

我问：“这么多学生，您怎么才能真正了解他们的困难和需要呢？”

她说：“途径很多。比如根据学生的提问，还有在课堂上和学生交流，倾听学生的想法，通过作业了解学生的知识障碍，还有考试……”

一说到考试，作为中国教师我自然很敏感，便问：“你们也有考试吗？”

话一出口，我就觉得这个问题问得太蠢了——学校怎么可能没有考试呢？只是在我印象中，北欧教育都是很轻松快乐的，所以她一说到考试，居然让我有些意外。

她说：“当然有的，但我们的考试和学生没有关系。”

啊？我懵了。考试和学生没关系？那还考什么呢？我们中国的教师正是以考试去“制服”学生呢！评分、排名、奖励、惩罚……

我礼貌地问：“和学生没有关系为什么还要考试呢？”

她回答：“和老师有关系啊！但是只和老师有关系。”

我完全听不懂。我觉得她的话太“不符合逻辑”了。

她好像看出了我的疑惑，笑盈盈地继续说：“我们之所以要考试，仅仅是通过学生的试卷来了解我们老师哪些地方把学生教懂了，而哪些地方学生还没懂。打个比方，同一次考试，一个学生得了一百分，另一个学生只得了二十分。通过试卷，我明白了，对这个得一百分的学生来说，我的指导是成功的，因为他掌握了全部知识；而对另一个得二十分的学生呢，我的教学完全失败，因为我对他的指导基本是无效的。这就提醒我，下一步要更加深入细致地了解他、研究他，对他进行更富针对性的有效指导。这就是考试对教师的意义。”

那一刻，我不只是被震撼了，更是被深深地感动了。

我想到，如果在中国的学校，面对一百分和二十分的两份试卷，教师多半会把得二十分的学生叫到办公室，说：“你看，同样的老师、同样的课堂、同样的时间、同样的教法、同样的作业、同样的试题……为什么人家能得一百分，而你却只得了二十分？你找找你自己的原因吧!”

老师很自然地把责任推得干干净净，把学生考二十分的原因全推给学生自己。

多年来，我们都信奉这样铁一般的逻辑，学生及其家长也认同这个逻辑的“环环相扣”，我也没有怀疑过这个逻辑的雄辩性。

但是这个逻辑的“无懈可击”，是基于这样一个前提——每一个学生都是一样的。

然而，每一个学生真的都是一样的吗?

多年来，我们忽略了一个常识：每一个学生都是一个独一无二的“完整的宇宙”。既然如此，那么每一个学生怎么可能是一样的呢?

所以，同样的老师、同样的课堂、同样的时间、同样的教法、同样的作业、同样的试题……一个得一百分，一个得二十分，这才是无比正常的!

学生不是一座森林，而是一棵一棵的树。

但我们却一直认为每一个学生是一样的，所以面对五十个学生，我们都用一套教案统一教学；而丹麦那位老师则认为每一个学生都不一样，所以她没有用统一教学，所以她才这样说（她也是这样做的）：“对我来说最重要的不是知识本身，而是找到每一个孩子怎么学是最有效的，我必须去观察、去了解。我必须根据我对学生的了解为他提供最适合他学习的方式，这是对我最大的挑战。所以我必须用眼睛看每一个学生，然后给学生最适合的指导。我给每一个学生的建议，都是不一样的。”

我想到了最近从加拿大学者马克斯·范梅南的《教育的情调》一书中读到的一段话：“培养和提高一个人的教育敏感性和教育机智，就是在迎接这样一种挑战——针对不同的个体实施不同的教育行动。智慧的教育者形成了一种对独特性的独特关注，他们关注孩子的独特性、情境的独特性和个人生活的独特性。”

“独特性”，我认为这是一条无比重要的教育原则。

其实，这个思想也不新鲜，因为两千年前，中国的老祖宗就说过“因材施教”。多年来，我们把这四个字背得滚瓜烂熟，写进文章，贴在墙上，却忘记了它所蕴含的实践精髓正是把每一个孩子都看作独一无二的个体，并提供“私人订制”的教育。

这是最有效的教育。

我当然知道，中国不是丹麦，对于中国大多数学校来说，学生班额那么大，绝对的“私人订制”做不到。但是教师尽可能多地关注眼前的每一个学生，而不是笼统地“一刀切”——有这个理念和没有这个理念，还是不一样的。

2019 年 12 月 27 日上午

于攀枝花机场候机室

“私人订制”的精髓是“天生我材必有用”

我现在写教育观点，力求写短些，可写短文就不可能面面俱到，只能“抓住一点不及其余”，一次就只谈一个小观点。但任何教育观点都和教育的其他因素有千丝万缕的联系，写短文则难免顾此失彼，但不少读者会想到许多“彼”。于是，“争论”便产生了。

比如，我的《真正有效的教育是“私人订制”的教育》一文就引发了争论。有老师想到了高考：“高考可是一套题呀！不可能‘私人订制’吧?”有老师想到了家庭教育：“父母的教育不就是‘私人订制’吗？可为什么并不是每一个孩子的学习都优秀呢?”有的老师想到了某些教育格言：“考试和学生没有关系而只和老师有关系，这是不是倡导‘没有不会教的老师’呢?”……

不能说这些联想没有道理，但有些质疑显然是把几个观点搅到一块儿了，所以似是而非。我希望我们讨论的思路更清晰一些，更集中一些。

今天我说说和昨天文章观点有联系但又有区别的一个话题——“私人订制”的精髓不是“一把钥匙开一把锁”，而是“天生我材必有用”。

如果我们的思维始终禁锢于某种狭隘的“框架”，那么对好多教育常识是想不通的。昨天我叙述的那位丹麦教师的说法和做法，其实并非丹麦独有，而是中国“因材施教”的翻版，因为教育真谛古今相连、中外共通。

但我要强调的是，我说的“私人订制”虽然包括了知识教学，但绝不仅仅指向知识教学，也不仅仅指向中考、高考的录取。

是的，“私人订制”包括了具体的知识教学，我们不可能超越每一天的教学而超然于虚幻的理念，但它更指向一个人符合其个性的成长和未来。如果我们仅仅把“私人订制”理解为教学方式的“一把钥匙开一把锁”，那么有的孩子就学习成绩而言，压根儿就不可能学好，用我们常说的大白话就是：“这孩子天生就不是读书（学习）的料!”

因此在目前的教育体制下，在目前的考试制度下，在目前中国“唯文凭”的社会背景下，无论教师用什么教学“钥匙”，都永远打不开有些孩子应试的“锁”。必须承认，有的学生就是“教不好”!

但是请不要说我“理想化”，没有理想，中国教育乃至中国就不会有任何进步——如果我们着眼于孩子一生的成长发展，我们要做的，就不是非要用一把教学的“钥匙”去打开他的应试之“锁”不可，而是根据他的个性特点、智力优势、才能禀赋、兴趣爱好……把他培养、教育成他自己。

不要让马云成为姚明，也不要让姚明成为马云，而是让马云成为马云，让姚明成为姚明。

二十多年前，我同时教过全年级成绩最好的班和全年级成绩最差的班。就成绩而言，要让后者达到前者的水平，永远是不可能的。后一个班里，有的孩子成绩差得令人难以置信——考试分数总是个位数，而且这些孩子都不偏科，要命的是成绩还相当稳定。其中有一个孩子仅仅读了一年，便不得不离开我到大连高丰文足球学校去学他酷爱的足球，如今他是四川省足球队教练，每次聚会他都自信开朗。今年九月，这个班的一群孩子（其实已经不是孩子了，因为他们都已经为人父母了）来看我，他们中有空姐、钢琴师、摇滚歌手、企业家……个个都有出息。我感慨万千：当年用分数去衡量他们，他们“一钱不值”，但换个角度引导和培养他们，他们个个都是天才!

我不禁想到，在《关于和谐教育的一些想法》中，苏霍姆林斯基这样写道：“不要让上课、评分成为人的精神生活的唯一的、吞没一切的活动领域。如果说一个人只是在分数上表现自己，那么就可以毫不夸张地说，他等于根本没有表现自己。”

考不上大学不要紧，“天生我材必有用”——这就是“私人订制”的精髓。

我不得不再重复一遍："私人订制"不是根据每一个学生的特点帮助他通过考大学的"独木桥"，不是的，因为有的人无论如何都过不了"考大学"的独木桥；"私人订制"是根据每一个孩子独特的禀赋为他提供机会和平台，让他成长为"最好的自己"。

我当然知道，就目前的中国而言，让每一个孩子都享受符合他个性的教育，并得到最适合他的发展显然有些奢侈，很难做到。这有赖于我们的教育制度、课程设置、评价方式、人才标准、社会舆论等方面的改进、改善乃至改革。

但还是我上一篇文章中的那句话："有这个理念和没有这个理念，还是不一样的。"

至少我们可以接受并树立这样的观念——并不是每一个孩子都只有考上大学才会有出息，并不是每一个孩子必须要成为精英才会有幸福的人生。

是大树便顶天立地，是小草就茁壮成长。自信经天纬地，便勇于进取，争当领袖人物；自觉才疏学浅，则甘于寂寞，乐为善良凡人。

我这篇文章显然不只是写给教育同行看的，我觉得本文更适合给家长看。所以这里我特别想对正在郁闷、焦虑中的家长们说几句话——

是的，正所谓"王侯将相，宁有种乎？"我理解各位家长对孩子未来"出人头地"的憧憬，更何况"不想当元帅的士兵不是好士兵"。任何人都有追求上"清华"、读"北大"、当明星、做总裁的权利，这也是不可剥夺的一种"人权"。

问题是，你的孩子是不是那块"料"？如果不是，他就不配拥有幸福的人生吗？他就没有属于他自己的成功吗？"天生我材必有用"，这里的"材"，可能是当总理、当科学家、当教师、当演员、当球星、当理发师、当销售员、当厨师……的潜质；所谓"私人订制"，就是要善于发现你孩子的那个"材"！你发现了吗？

"私人订制"的前提是，你接受你的孩子不出类拔萃也同样可以做一个平凡的幸福人。你接受吗？

2019年12月28日晚

于深圳

可以把教育当爱好吗？

我有一个朋友对我说，他从小就喜欢下棋，曾经他对他妈妈说："如果长大了，上班也能下棋就好了！"他妈妈说："傻孩子，你上班得挣钱养活自己呀！下棋只是下班后玩的，不能当饭吃的。"后来我这位朋友成了职业棋手，获得了"象棋大师"的称号。他对我说："我对我的职业非常满意，因为无论上班时，还是下班后，我做的都是我喜欢的事！"

很多人以为我从小就想当老师，其实不是。我小时候最想当电影放映员或书店工作人员，这两个职业都能让我上班下班做我喜欢的事——看电影或看书。

无论是现实中实现理想的象棋大师，还是没当成电影放映员和书店工作人员的我，都有一个共同点，即想让爱好成为自己的职业。爱好成为自己职业的例子有很多，比如数学家陈景润，他蜗居于六平方米的屋子里，为攻克"哥德巴赫猜想"而一遍遍地演算数学题，有时候连续十多个小时都不出门。旁人觉得他简直就是苦行僧，可他却沉醉其中。

有人会质疑："搞教育，怎么可能把职业与爱好融为一体呢？谁会把教育当作爱好啊？"

是的，有天生就喜欢体育的人，有天生就喜欢音乐的人，却很难找到天生就喜欢教育的人。"把教育当作爱好"，这话听着就别扭。

但如果真的能把教育当作爱好，职业幸福感将会源源不断，并伴随终生。

我显然也不具备"天生就喜欢教育"的基因，我估计谁也没有这样的基因。但是我参加工作后，一旦意识到自己将终身从教，便会问自己一个很朴素的问题——我为谁工作？

这个问题可大可小，大到关系国家的未来，比如为了“民族复兴”“中国梦”；小到关系自己的生活质量，比如为了自己每一天的快乐。

我想，高高兴兴也是当老师，悲悲戚戚也是当老师，我选择什么？

对于我来说，不是先认同这个职业才获得幸福感，而是通过幸福感的获得，才真正认同了这个职业。

当然，我承认自己的性格中有适合当老师的一些因素，如喜欢小孩、较为敏锐、比较细腻、性格也比较开朗，等等。但真正让我慢慢喜欢上教师这个职业的，是一届一届孩子给我的纯真情感，是一个一个难题给我的丰富智慧。

因为有了情感，所以有了幸福；因为有了智慧，所以有了成就。

我经常给年轻的同行说：“职业情感来自童心，教育智慧源于难题。”

所以怎样才能爱上教育，并获得成就？我的建议是——

第一，多接近孩子，走进孩子的心灵。

和人打交道的职业显然不止教师，医生、警察、商场售货员……也与人打交道。但不同职业所面对的人是不同的。医生面对的是没精打采的病人，警察面对的是为非作歹的罪犯，商场售货员面对的是买了东西转身就走的顾客。而教师呢，面对的是世界上最纯洁的孩子。如果说，成人之间交往，多少还有一些戒备的话，那么走进教室，我们完全可以心灵不设防，因为我们面对的，是一个个纤尘不染的孩子。

苏联教育家阿莫拉什维利说过：“谁爱儿童的叽叽喳喳声，谁就愿意从事教育工作，而谁爱儿童的叽叽喳喳声已经爱得入迷，谁就能获得自己的职业幸福。”

那么怎么才能爱上“儿童的叽叽喳喳声”呢？

很简单，和孩子一起玩儿呀！尽可能和他们待在一起。课间和他们一起打篮球，和他们一起跳绳，周末带着孩子去郊游——在河滩上露营，在小树林里捉迷藏……这是我年轻时教育工作的常态，是的，常态！我没想过要刻意“走进孩子的心灵”，也没有想过“亲其师，信其道”，我没那么功利，我就是觉得和他们一起玩儿，很开心。当孩子把我的眼睛蒙上，在我背后拍拍我的头，然后又跳开，或者用树枝敲打我的屁股时，我很开心；当我和高三男生摔跤，被四五个高三小伙子压在草坪上时，我很开心；当我和一群少男少女手牵着手，站在黄果树瀑布下，任飞溅的水花把我们浑身上下淋透时，我很开心……那种幸福感，是任何职业都无法企及的。

慢慢地，一到假期我就会想他们，我感觉自己离不开孩子们，原来不知从什么时候起，我爱上教育了。

这就是“职业情感来自童心”。

第二，不重复自己，研究难题。

估计已经有读者在心里不以为然：“难道教育就是你说的这么简单，带着孩子玩儿？后进生、单亲家庭学生、留守儿童，早恋、网瘾、升学率低……无数的难题，你难道就没遇上过吗？”

当然遇到过，甚至可以说，每天都有一个又一个的难题向我扑来，但这正是我的课题。

是的，把难题当课题，不但是克服职业倦怠的有效方法，而且也是教师获得专业提升并赢得教育成就的最佳途径。

仔细想想，为什么有的老师没有职业幸福感？因为他每一天都没有变化，面对一个个难题他除了哀叹或发怒，就束手无策了。没有变化，每天重复自己，这是许多教师渐渐厌恶职业的重要原因。我经常对年轻教师说：“有的老师教了三年书，其实他只教了一天，因为他每一天都在重复自己，今天和昨天没有什么不同。”这样教书，不厌倦才怪！

那如果换种职业状态呢？尽可能让每一堂课都有那么一点点创意，让每一天都有一点点和昨天不一样的地方，每带一个班都不要重复自己带的上一个班……这里的“创意”“不一样”“不重复”来自哪里呢？正来自一个又一个的难题。

年轻时我带班遇到男女生交往的难题，我便研究青春期教育，于是有了我的教育专著《青春期悄悄话》；我曾带过全校最差的班，每一个顽童都是我的研究对象，我围绕他们进行阅读和思考，并尝试用各种方式去教化他们，每天都记录他们的表现和我的反思，于是有了我的教育叙事的文章《与顽童打交道》。学生的学习基础相差悬殊，怎么进行教学才能让所有孩子都有所提高？于是我以“因材施教”的理念探索“分层递进教学”，每次备课会准备四套教案，每天会设计四套作业，每次测验会命制四套考题……结果获得成功，于是有了我的课题论文《让每一个孩子都享受成功》。

这样搞教育，每个日子都是新的；这样带学生，每一天都会收获智慧。

这就是“教育智慧源于难题”。

我现在已经退休两年，可依然为教育忙个不停：带着一群年轻人围绕教育而阅读、思考、研讨、写作，偶尔也给他们上上课；奔走于全国各个新教育实验区，和老师们一起探索中国教育改革的路径；平时在家，我每天都要阅读（重读）教育经典，在公众号“镇西茶馆”发布每天写的教育文章……

有人说：“为教育累了一辈子，退休后该歇歇了。”我说：“教育早已是我的爱好，而爱好是终生的，不存在‘退休’一说。你见过爱好钓鱼的男人过了六十岁就不钓了吗？你见过爱好逛商场的女士过了五十五岁就不逛商场了吗？”

既然是爱好，哪会退休呢？

这篇文章只是谈我个人的感受，我并不想也不可能把我的意志强加给大家，强迫所有教师都必须把教育当作爱好。一个老师如果仅仅把教育当作工作，尽心尽责也无可厚非，不必非把教育当作爱好。工作是工作，生活是生活，爱好是爱好，也是不错的。但是如果把工作当成了爱好，幸福感肯定要多得多。

当工作与爱好成了一回事，那么与其说是工作，不如说是爱好；与其说是为自己而工作，不如说是为自己的爱好而投入整个生命，并享受其中——所有的职业幸福感就源自这里。

2020 年 11 月 23 日

校长可以给班主任提供怎样的帮助?

不是我有什么特别的才能，而是由于一些偶然和特殊的原因，我直接从班主任升职为校长，所以我的校长管理工作不可避免地带有浓厚的班主任色彩。我曾经对老师们说：“我这个校长就是一个大班主任。”的确，当校长九年，我一直是以当班主任的心态来做校长的，或者干脆说，我就是全校班主任的“班主任”。

应该说，没有哪个校长不重视学校的班主任队伍，因为只要班主任把每个班搞好了，学校也就搞好了。从行政管理的角度看，校长当然是班主任的领导，但套用一句邓小平同志当年说的话：“领导就是服务。”那么校长这个领导，主要就是为班主任服务，当然，这里的“服务”主要是提供智力支持。因此尽管在一般情况下，校长并不直接带班，但校长也可以给班主任有力的帮助。

作为校长，我是在哪些方面给班主任提供帮助的呢?

第一，引领思想。

苏霍姆林斯基有一句名言：“校长对学校的领导，首先是教育思想的领导，其次才是行政的领导。”那么，作为校长，对班主任进行思想引领，自然是理所当然的。但这里的“思想引领”并不是校长把自己的想法强加给老师们以“统一思想”，而是校长引导老师们一起来学习教育的一些基本理论，使老师们加强对教育常识的认识。

思想引领最好的方式是阅读。我和老师们着重读苏霍姆林斯基和陶行知的著作，从这两位伟大的教育家那里吸取“爱心”“民主”“个性”“创造”等教育思想。“教育——这首先是人学。”（苏霍姆林斯基）“真教育是心心相印的活动。”（陶行知）这两句话成为我们理解教育、管理班级的核心理念。在我的倡导下，学校以读书会为载体的读书活动蔚然成风，不定期的“教师成长论坛”和一月一次的“青年教师沙龙”也一直在举办，这些活动使教师们思想激荡、智慧交融、视野拓展。

我给老师们推荐过的书有：《给教师的建议》《要相信孩子》《把整个心灵献给孩子》《陶行知教育文选》《第 56 号教室的奇迹：让孩子变成爱学习的天使》《发现班主任智慧：追求充满人性的教育》《教学机智：教育智慧的意蕴》《班主任兵法》《问题学生诊疗手册》《打造魅力班会课》……还有拙著《爱心与教育》《做最好的老师》《做最好的班主任》。当然，阅读的重点，无疑是苏霍姆林斯基和陶行知的书籍。

渐渐地，我和班主任们形成了这些共识：班主任是最幸福的老师，班主任的使命是和孩子一起营造一种规范而自由的精神家园，班主任的角色是陪伴着孩子们一起成长。最好的教育莫过于感染，最好的管理莫过于示范，班主任工作的最高境界是引导孩子自我管理与自我教育，良好的师生关系就是良好的教育……

我特别强调，让民主的理念体现在班主任的工作中。我希望民主教育与教育民主的元素能够贯穿于我校的班主任工作中。班主任在工作中应该充满爱心、尊重个性、追求自由、体现平等、重视法治、倡导宽容、讲究妥协、激发创造……针对目前班主任工作中普遍存在的教师管得太死、包办太多的现状，我特别提倡班级的自主管理和学生的自我教育。

我和包括班主任在内的全校教师都明确表示，我们所造就的学生，应该行为规范、心灵自由、感情丰富、思想充实、胸襟开阔，这样的人是能够为自己负责，也为他人、社会、国家负责的现代公民。

第二，增加幸福感。

越来越多的老师不愿意当班主任，这是不争的事实，这也是让不少校长很头痛的事。我当然也遇到过这样的烦恼。但我和一些校长的思路可能不一样，面对这种现象，我主要想的不是“老师们为什么不愿当班主任”，而是“我为什么喜欢当班主任”。答案很简单，我觉得当班主任很好玩儿，很有意思，很快乐，或者用一个大一点的词——幸福。

于是，我决定把我源于当班主任获得的幸福讲给老师们听，感染他们。每学期的第一次教师大会，我都会给老师们讲我当班主任的故事。不仅如此，平时我参加全校或年级的班主任活动，也爱给年轻的班主任们讲我的成长经历。我给学生读小说，我和学生在峨眉山雪地上躺成“一班”二字，我和学生徒步郊游，我出差时学生送我到火车站然后含泪追着火车，以及“未来班”和谷建芬的友谊……将这些故事通过照片展示在 PPT 上，让老师们理解我的幸福，并勾起他们对自己类似故事的回忆，进而唤醒他们做班主任的幸福感。

当然不只是说给老师们听，更要做给老师们看。我当校长不久，学校除书记以外的中层以上的干部都担任班主任——注意，是实打实的班主任而不是副班主任。我当然也当了一个班的班主任，每天早晨带着学生跑操，晚上还要守住校生的晚自习。当时我的想法非常简单，就是让全校老师“向我看齐”，这是最有效的管理。我不仅经常在教师大会上讲我班好玩儿的故事，而且每天都在我的博客上展示我的工作日记，我这个博客的专栏名称叫“向我看齐”。后来学校开始实行绩效工资制度，由于包括我在内的干部们都当班主任，占了很多工作量，这样不利于让更多的年轻老师增加收入，于是我们才逐渐把班主任让给了其他老师。但那几年，校长、副校长等担任班主任起到的示范作用是很明显的。

当然，让班主任体验幸福的途径很多：我把每一位班主任的生日都记着，到了生日前夕，我会尽量悄悄告诉孩子们，让他们第二天给班主任惊喜；我启发班主任们研究班上的后进生，然后写成文章，我帮着修改并推荐发表；我还在《中国教师报》上开设专栏，每周写一篇我校的一位班主任的故事，给我校班主任带来自豪感……

有一个学期期末，分管德育的副校长易琼对我说：“自愿报名要求当班主任的老师，大大超过实际需要的班主任人数!”我听了特别开心。这说明老师们已经把班主任工作当作提升专业素养和获得职业幸福感的最佳途径。

第三，出谋划策。

由班主任直接升职当校长，虽然有行政经验不足的遗憾，但至少我有一个优势，就是习惯于站在班主任的角度理解班主任，而不是从校长的角度去要求甚至苛求班主任。我经常告诉自己——我当班主任时最反感校长怎么做，我就尽量避免那样做；同样，我当班主任时最喜欢校长怎么做，我就尽量那样去做。我当班主任时最烦校长做的事是频繁开会，简单化地管理班主任，大搞形式主义……那我就尽量避免成为这样的校长；而我当时最喜欢的是，遇到困难时，校长能够给我具体的帮助。那我就尽量在每一位班主任遇到困难时出现在他的面前。

“有什么需要我帮助的，尽管找我。我就是你的‘110’!”这是我经常和年轻班主任谈心结束时说的话。无论在我心中，还是在年轻班主任心中，这句话都不是一句客套话，而是实实在在的行动。

初次当班主任的唐燕老师来向我诉苦，说班上有一个男生让她特别头疼，每天犯错，成绩很差，总之“拿不下”。我便帮她分析这个孩子，并让她把这个男孩当作科研对象，我说：“把难题当课题是最好的教育科研!”并教她如何研究：围绕这个孩子进行思考、阅读、记录……一年后，这个孩子有了进步，唐燕老师也写下了1.5万字的跟踪记录文章，即她的叙事性研究报告。后来唐燕老师成为一名非常优秀的班主任。

唐真老师刚当班主任的时候，面对学生中出现的早恋问题感到棘手，就来向我求助，我除了给他讲我过去处理类似问题的办法之外，还应邀到他班上去给孩子们上了一堂班会课，效果很好。后来唐真老师越来越有智慧，他深入学生心灵，有效引导孩子成长。直到毕业，他带的这个班都发展很好。

李娜老师刚当班主任时，把她写给初一新生的一封信发给我，让我帮她修改。我逐字逐句地看，细心地改。在这过程中，我深深地被年轻的李娜老师的热情与理想，还有对孩子发自内心的爱所感动。后来给每届新生写信，成了她的一个传统。现在，她是我校一位深受孩子爱戴的优秀班主任。

每一位班主任随时都可以来找我，他们工作中有了困难也愿意告诉我，让我出主意、提建议。我经常应班主任的邀请去给他们所带的班级上课，帮助引导孩子。当校长的九年里，全校每个班的孩子（共九千人）都听过我的课。

第四，评价方式改革。

没当校长之前，作为班主任的我对学校的班主任管理是有意见的，尤其是评价方式。如果评价方式不科学、不公正，对班主任工作积极性的挫伤是很大的。当了校长之后，我力图改革评价方式，这对班主任是一个极大的支持。

我主导的班主任工作评价方式改革，包括尽量减少（不是绝对不要）简单的“量化”评价，更重视来自学生、家长和同事的定性评价；更注重班级管理过程的变化（进步），而不是只看结果；更注重运动会、艺术节等活动“一个都不能少”的参与面，而不是只看少数文体尖子生的表现……其中，我最看重的，是一项“解放班主任”的评价改革。

以前当班主任时，我经常与德育主任和分管校长发生观念上的冲突。领导要求班主任要随时守着学生，所谓“五到场”——早读、晨练、课间操、午休、自习课，班主任都必须到场，否则就扣分，我特别反感。我的观点是，如果学生不能自主管理，才需要班主任到场。但经过一段时间的训练，我带的班级已经形成良好的自我管理机制了，没必要强行规定班主任必须随时守着学生。现在，我当了校长，便给分管校长和德育主任讲这个观点。班级的自主管理既培养了学生的自律意识与自治能力，又解放了班主任，何乐而不为呢？

当然，初中生毕竟不同于成人，自律能力还是比较弱的，因此不可能一开始班主任就完全放手。因此我们鼓励班主任先提出建设自主管理班级的申请，确定达到目标的期限。在未达标之前，按学校常规要求管理班级，包括到班到岗的时间。一段时间之后，经学校验收，达到了自主管理的标准，这些班主任就可以放手，不必随时守着学生。

我们设置了“功勋班主任制度”，明确规定，凡是班级管理已经基本达到学生自治的班主任，就是“功勋班主任”。功勋班主任可以不必随时待在班上守着学生。我们还给功勋班主任配备助手，助手一方面协助班主任管理班级，以减轻班主任的事务性工作，使班主任集中精力搞研究，另一方面，助手又相当于“徒弟”，向功勋班主任学习。

应该说，由于我校的学生构成比较复杂，所以学生自主管理的难度还比较大，不同年级、不同班级的学生自主管理也有差异，不能一刀切地彻底让所有班主任放手，但我给分管校长和所有班主任提出的目标很明确，那就是在培养学生自我管理能力的同时，解放班主任！

我多次对老师们说过：“你们的成长，就是我的成功！”当了九年校长，我亲眼见证了一大批班主任老师的成长——原来不那么愿意做班主任的老师纷纷要求做班主任，以前缺乏智慧的班主任变得优秀起来，而本来就优秀的班主任走向了卓越……这就是我当校长最得意的成果。

校长不应该成为班主任的“婆婆”，而应该成为班主任的参谋。当老师时，我做班主任是幸福的；当校长时，我帮助班主任是幸福的。做班主任的“110”，我认为，这是校长对班主任最大的帮助！

2020 年 11 月 23 日

优生作弊怎么办？

优生，本来是指品学兼优的学生。如果一个优生作弊，显然就不是真正的优生了。但是在通常情况下，只要一个学生成绩拔尖，又没有犯大错，那就是优生了。

那么，成绩出类拔萃的优生会不会作弊呢？

先读一篇作文，这篇作文写于 1982 年 4 月 29 日。

在考场上

“白雪，100 分！”

当李老师依次念到我的英语考试成绩时，我的心咯噔一下，脑袋好像被谁狠狠地击了一棒。

“她真行，又是全班第一名！”

“这也是意料之中的，白雪嘛！”

“哪次考试成绩不是在班上遥遥领先呢？”

……

耳边是一片的赞叹声。许多同学都向我投来敬佩的目光。

几十秒钟以前，当李老师念到“高红 99 分”“马庆 99.5 分”时，同学们为他们的高分惊叹不已，不住地夸他们，现在我的 100 分使大家不约而同转移了赞扬的对象，把一切能够想到的赞美之词通通灌进我的耳朵。

这种场面我经历过不止一次了。从小学到现在，我不知得过多少次

100分。但每一次看见试卷上那鲜红的“100分”，我都像第一次看见那么兴奋。因为这个“100分”是我勤奋刻苦的标志，所以每当我手捧满分试卷，置身于赞扬的包围时，我心里总是涌现出无限的欣喜、自豪。虽然我会不好意思地把头低着，而且两手不住地、下意识地抚弄自己的小辫子。

然而今天，同样是置身于赞叹之声的包围，我心里却没有一丝自豪之情和半点幸福之感，而是充满了深深的惭愧……

英语考试那一天，我做得非常顺利，一道道试题在我的笔下土崩瓦解，可就在即将大功告成时，我一下卡壳了——最后一道汉译英的题，有一个单词“地球”我想不起了，我顿时急得像热锅上的蚂蚁。

等做完所有题之后，我便集中精力苦苦思索这个单词，可还是想不起。于是我打算放弃这个单词，不想了！

我便把试卷仔细检查了一遍。好！其他题都做得准确无误，然而正是这个准确无误，使我产生了极大的遗憾：唉，如果那个单词能想起来，我不就能得100分了吗？现在只能得98分或99分了。不过，我也自我安慰地想，说不定我还是全班第一名呢！

可是，那个被我遗忘因而不得不放弃的单词，总是使我感到不安：说不定其他同学的试卷也准确无误，而他们的那个单词是写正确了的。这样一来，即使我得了99分，“学习冠军”的称号也不属于自己了，同学们赞美、羡慕的对象也不再是自己了。

不行！说什么也得把这个单词写正确，保住我的第一名！我在心里发誓。

“离交卷还有几分钟了，请同学们仔细检查一遍。”黄老师提醒大家道。

眼看马上就要交卷了，可我还没想出那个单词，真是急死我了！

这时，坐在我前面的马庆同学正展开试卷仔细地检查着。我突然想，如果能看到马庆卷子上的单词多好啊！我这样想着，心里没有拿定主意看不看他的试卷上的题，可眼光却不听话地朝前边瞟过去。果然在马庆最后一张试卷的右下角，我看见了那个单词，几乎是在这一瞬间，我猛然意识到自己做了一件什么事，于是下意识地闭上眼睛。然而来不及了，我视力1.5的眼睛已经将“earth”这个单词从马庆的试卷中捕捉了过来，清晰地印在了我的脑子里。

开始交卷了。耳边是黄老师的催促声和同学们整理试卷的沙沙声。

“不能写上这个单词，这是欺骗!”“不，应该写，你又将是100分，又是全班第一名啊!”“第一名!”“100分!”这几个字在我心中交替出现，终于占据了我的整个心灵。于是我用发抖的手写上这个答案，最后一个交了卷。

几天下来，其实我心情一直很沉重，随时都觉得有人在议论我：“这个人作弊!”由于痛苦的折磨，我曾几次鼓起勇气准备去承认错误，可是……

可是向谁承认呢？同学们绝对不会相信的，他们会认为我是在发“神经病”。他们无论如何也不能想象，一个一向是全班成绩最好的同学会作弊。等他们终于明白事实的确如此时，他们会像被骗子骗了一样，把对我的所有赞美全部变成谴责：“啊，原来你的本来面目是这样!”

向冯老师说吗？不，冯老师得知我作弊后，她会这样想：啊，看来你过去的成绩是否真实，也值得重新研究。

向李老师说吗？不，他刚刚当上我们的班主任，如果听了我的话，那我不仅会给他留下不好的印象，而且他还可能带着笑容说出许多尖酸刻薄的话。

算了，不说。只要我今后不再这样做不就行了吗？我这样安慰自己。

但是，这样自己安慰自己，实际上是自己欺骗自己。今天这个100分落在了我的试卷上，这是我意料之中的，可是这100分带来的内疚之情，却是我没想到的。

放学后，当我在回家的路上重新拿出那张试卷时，那鲜红的100分又赫然出现在眼前。两个“0”，如同一双明亮的眼睛在审视着我。啊，这是同学们愤怒的眼睛，这是冯老师难过的眼睛，这是黄老师犀利的眼睛，这是李老师严峻的眼睛啊……

啊，这是我第一次作弊，使我第一次受到良心的谴责、道德的审判。在学习的考场上，我赢得了令同学们羡慕的100分，但在人生的考场上，我却染上了人们所憎恶的品质！学习的考试是暂时的，人生的考试却是长久的。时时刻刻，直到生命的尽头，我们诚实的心，一直在受着严峻的考验！

不！我一定要承认自己的错误。尽管同学们和老师们知道后，我一时会处于羞愧万分、无地自容的境地，但我却可以重新换回自己诚实的心灵。我坚信，同学们、冯老师、黄老师、李老师最终也一定会原谅我的！

我想起今天的作文题，找到了一个承认错误的办法。于是回到家，我迅速拿出了作文本，翻开了新的一页，怀着惭愧而坦然的心情，挥笔写下四个大字——在考场上。

1982年4月29日

这篇作文其实是我写的，当时我刚刚参加工作两个多月。

现在我说说写这篇文章的背景。

这是一篇下水作文，即和学生一起写的同题作文。我从参加工作到退休，几乎（其实我印象中没有例外，但为了不把话说绝，所以还是加个“几乎”）每一次给学生布置作文，我都会写一篇同题的下水作文。

还有一点要说明，我刚参加工作时，并没安排我当班主任，这个班的班主任是冯老师——教体育的中年女教师，她非常优秀。但我感觉这个班的孩子们特别可爱，我真心喜欢他们，便问当时的林校长：我能不能当班主任？后来学校便把这个班交给我了，我就拜冯老师为师。而这篇作文写于我刚刚接任班主任的第二周。

应该说，写一篇下水作文，不过是我作文教学的一种方式，但这篇文章之所以这样写，是经过我精心考虑的。

当时，我觉察到班上有个别学生语文测试作弊，详情我就不说了。总之，当时我很不安。虽然只是小测验，而且还只是我的怀疑，并没有现场抓获，但我觉得依然不能放纵。然而没有真凭实据，贸然去找这个学生谈话，万一冤枉了他，这将对他造成多大的心灵伤害?

但我的怀疑也并非凭空想象。我决定不动声色地旁敲侧击，于是便想到了写下水作文。

当时我给学生布置的作文题是《在考场上》，不是当堂完成的课内作文，而是拿回家去写，第二天交。

作文评讲时，我都会给学生公开我写的同题作文，并让学生给我做评判，还可以修改，等等。所以当学生讨论、评判这篇文章时，对我来说，就不仅是作文教学了，而且还是不动声色的教育。

文章的情节当然是虚构的，主人公“白雪”也是虚构的，但其他提到的人物，比如“高虹”“马庆”都是实名，这是当时班上最拔尖的两个学霸（当然，那时候还没有“学霸”这个说法），文中提到的“冯老师”就是该班的体育老师和前任班主任，“黄老师”是他们的英语老师，“李老师”自然就是我了，当时我批评学生很尖刻，所以文章我写到这一点。

虽然我是为教育而写的这篇文章，但我要说的话已经全都在作文中了，所以在作文评讲时，我并没有太多关于“诚实”的说教。尽管如此，学生们受到的心灵洗涤还是明显的。

效果之一，就是果真那个学生承认自己作弊了。记得当时放学后，他没有像往常一样立刻离校回家，而是在我办公室窗外徘徊，但也没有进来找我，估计是在犹豫。后来他终于在办公室门口叫：“报告!”

一开始，他的确欲言又止，满脸惭愧。但我非常温和地和他聊天，渐渐地他也放松了。他说他就是想保住“第一名”，结果没有战胜自己的虚荣心。让我惊讶或者说惊喜的是，他还说这并不是他第一次作弊，是第二次，第一次作弊是小学六年级期末考试的时候。他不说，我完全不知道，但他主动给我说了我不知道的事，我很感动。孩子毕竟还是单纯的孩子!

我对他说，你这一次作弊，如果被发现了，人们自然会怀疑你以前的成绩的真实性。你当然会觉得冤枉，因为一次作弊并不能说明你以前考试的成绩都是作弊得来的，但你要理解人们的心理。不过，在我眼里，你依然是优生，不仅因为你的成绩依然拔尖，而且你这个行为还证明你能够战胜自己承认错误，我也相信你能改正错误。

意外的收获是，几天后还有一个女生给我认错，说她有一次数学测验也看了旁边同学的题。她是个中等生，但很纯真、很善良。当时，我也很感动。

孩子们毕竟还是纯真的。

后来，我班几乎（依然是为了不把话说得那么绝对）没有出现过作弊现象。后来只要是单元测验，我班都是无监督考试。“诚实比一百分更重要!”这句话曾经贴在我班教室黑板的上方。再后来，学校的期中考试和期末考试，都要求以“混班交叉”的方式考试（我想，不用我解释，大家估计都懂是怎么样的方式）。唯独我坚持不把我班打散，依然是全班一起考试。为此，我还和学校领导发生了冲突，但我对学生的信任，也让他们特别感动，学生们纷纷说：“要绝对诚实，为李老师争气!”

这件事过去三十八年了，这个学生后来从事国防军工的科研工作，很有成就。

对学生来说，作了一次弊，只要改正了，仍不失其纯真可爱；特别对一个作弊的优生，我们既不能因为他是优生，就纵容他的行为，放弃对他的道德教育，也不能因为他作了弊，就否认他其他的成绩和优点，因为他的人生之路还长，应该给他以希望——当然，前提是真诚承认错误，切实改正错误。

三十八年的教学生涯已经证明，虽然我年轻时不成熟，犯了许多教育错误，包括打学生和挖苦学生，但至少在这一件事上，我做对了。

写到这里，我突然想到“名师作弊”的事了。现在是一个特别浮躁的时代，各种因素（包括一些制度的设计）都在鼓励人功利，鼓励人不择手段，但这不能成为我们自己作弊的理由。尤其是名师作弊，更不能以“制度”和“社会风气”来原谅自己，我们也不能因此宽容作弊的名师。但是名师作弊，不能说明这位老师的所有成果都是作弊得来的，能够成为名师必然多少还是有几分真才实学和一番刻苦勤奋做基础的。但如同优生作弊一样，名师作弊也更具有蒙蔽性，因为一般人想不到：那么优秀、那么有名气，怎么可能作弊？

一旦败露，舆论必然大哗，各种议论和批评都有。别管别人怎么说了，自己犯的错只能自己承受应有的代价，这也叫担当。关键是承认错误要诚恳，改正错误要彻底，以此赢得人们的重新信任，也赢得真正属于自己的尊严。

这和优生作弊道理一样，老师和同学可以原谅你，但你自己不能原谅自己。

还是说回“优生作弊”这个话题。也许有老师会想，现在的学生脸皮可厚了，哪是你一篇旁敲侧击的作文就能打动的？万一他依然不认账怎么办？

确实会有这种情况出现。当时我也想过：如果他还是不承认怎么办？我想，他不承认我也没办法，我绝对不可能去找他谈，更不可能用“诈”的方式逼他承认。毕竟我也只是怀疑，多少也有点没有底气。万一他确实没有作弊呢？

从参加工作之初，到后来的几十年里，我有一个坚定不移的信念：宁可让学生欺骗我，我也要尽可能不冤枉学生——我说的是“尽可能”，事实上我也冤枉过学生。

当年如果那个学生装作没事一样不承认，我也无计可施。但我这篇作文并不因此就白写了，毕竟我对全班学生进行了一次巧妙的教育，而且我相信，或多或少对那个作弊的优生还是有所触动的。

当然，他最后来找我认错了，这是我最开心的。

读过我的书的老师也许还记得，我当班主任时，带的好几个班都出现过偷窃行为，我多数时候都不是靠清查，而是靠类似不动声色的巧妙教育，最后让犯错的学生主动向我认错，这种情况不是一次两次。

总之，只要充分信任学生，只要尽可能让教育自然而然浸润学生心灵，教育奇迹就是可以发生的。

2020 年 3 月 7 日

李老师，我该怎么办？

——答青年教师的疑问

问：李老师，我班上有几个学生特别逆反，无论我说什么，他们都和我对着干！如何和这类学生相处？

答：逆反是青少年学生的心理特征之一，但却不是他们独有的心理，成人难道没有逆反的时候？只是不那么突出罢了。我说这点，就是想告诉你，要从容而淡定地看待孩子的逆反，甚至理解他们的逆反。逆反至少包含了不盲从，而不盲从正是独立思考的起点。

当然，理解不等于迁就。但因为孩子逆反而和孩子对立，显然达不到我们的教育目的。因此我首先还是要强调尊重，这是教育的前提。这里所说的尊重体现在——

要善于倾听孩子的诉说。优秀的班主任首先应该善于倾听，必须摆正师生关系，不能把师生关系仅仅看成是教育与被教育的关系。还应该认识到，师生同时也是平等的朋友。既然是平等的朋友，那么当朋友向我们诉说的时候，我们当然应该耐心地倾听，并用温和的眼神鼓励孩子畅所欲言，一吐为快，通过倾听走进孩子的心灵。没等孩子说完便因为他们的逆反而自以为是地打断孩子的诉说，孩子只会更加逆反。

要站在孩子的角度理解孩子。面对孩子的倾诉，班主任的任何不屑或不以为然的态度都是对童心的亵渎。对孩子的理解，不是从成人的角度去理解，而是站在孩子的角度去理解。陶行知先生多次告诫教育者：“我们必须会变小孩子，才配做小孩子的先生。”所谓“会变小孩子”，我的理解就是教师要尽量使自己具备“孩子的心灵”——用“孩子的大脑”去思考，用“孩子的眼光”去看待，用“孩子的情感”去体验，用“孩子的兴趣”去爱好！

多提建议，避免训斥。既然是孩子，他们的观点就不可能都是正确的，他们的想法也不可能都是成熟的，这就需要老师的引导，老师没有引导便是老师的失职。但是这里的“引导”，不应该是不着边际的空洞说教，更不应该是居高临下的训斥，而应该是切实可行的建议。如果我们承认教育的对象是活生生的人，那么教育过程便绝不仅仅是一种技巧的施展，还应该充满人情味。教育的每一个环节都应该充满着对人的关切，应该体现出民主与平等的现代意识。在谈心过程中，如果我们能够和孩子一起分析并商量解决问题的办法，给孩子提出合理的建议，孩子会不知不觉把我们当作朋友，进而更加信任我们。

问：李老师，我是一名刚教书不到一年的新老师，想请教您，年轻教师的成长，应该从哪里开始突破？

答：这个话题太大，大得足以写一本厚厚的著作。请原谅我只能简要回答。我建议你把突破口放在上好第一堂课上，在第一堂课里让所有学生迷上你！如果你在第一堂课，就让你所有的学生成了你的“粉丝”，那么你就为你的教育奠定了一个极好的基础。当然，你已经工作快一年，那你的第一堂课早已过去，那你现在就想方设法把你每一天的课上好，让学生每天盼着上你的课。通过上课，带动你的研究、阅读、反思，等等。这正是成长。

问：李老师，阅读的重要性我们都知道，但是怎样才能让学生养成良好的阅读习惯，爱上阅读，特别想请教您？

答：首先你成为一个阅读者，用你的自然而然的书卷气去感染学生；其次，和学生一起阅读，彼此感染。就这么简单。

问：我最头疼和家长沟通了，有些家长真的不是很讲理。李老师，究竟应该怎样跟家长沟通？

答：关于和家长沟通，我倒是有一些经验，这里说出来和你分享，供你参考。

第一，通过阅读启迪家长。我给家长推荐一些书，让他们读，有的书可以让家长和孩子一起阅读。这当然不会立竿见影，但阅读对家长的影响的确是潜移默化的。

第二，通过写作改变家长。让家长写作，就是让家长随时反思自己的教育。所谓和孩子一起成长，其实就是一起反思。

第三，通过书信沟通家长。我爱写信，给学生写，也给家长写。之所以要通过书信和家长沟通，原因有二：一是双方见面时间有限，而通过写信在时间上则比较灵活；二是有些话如果当面和家长说，家长不一定能够接受，但通过书信我可以在语言上更有分寸感，更容易打动家长。

第四，通过孩子促动家长。孩子一方面受大人（老师和家长）的教育，同时也在教育着老师和家长。在我的眼中，学生既是我的教育对象，也是我的学习对象，同时还是我教育和影响家长的“同盟者”。我给学生家长提出的要求，往往通过孩子给他们的父母提出来，这就是通过孩子促动家长。

第五，通过家长转化家长。让一部分优秀的学生家长现身说法，去影响另一部分还不够优秀或者正在走向优秀的学生家长，这是我常用的方式。虽然每个孩子都有自己的特点，每个家长都有自己的个性，但同样在一个班，接受相同老师的教育，为什么孩子之间会出现那么大的差异？这些差异当然不能都归因于家庭教育，但家庭教育肯定是一个重要因素。所以家长之间的互相影响，有时候胜过班主任喋喋不休的“教导”。

第六，通过面谈感染家长。面谈包括家长校访和教师家访。校访我不多说了，但想强调一点，就是千万不要因为孩子犯了错误，就在办公室训斥家长。关于家访，我提几个原则：（一）全面。就是每一个孩子都应该被家访。（二）尊重。就是尊重家长，事先约定，尽量不给人家添麻烦。（三）廉洁。绝不通过家长谋取私利，君子之交淡如水。（四）鼓励。不能仅仅是告状，更多的还应该有鼓励。（五）观察。观察孩子的家，包括客厅的布置、摆设；观察家长的教养，孩子的礼貌；等等。

问：李老师，学生不写作业怎么办？您是怎么留作业的呢？有什么技巧吗？

答：非常感谢你对我的信任，但正是这份信任，让我有点不忍心说下面的话，可我又不得不惴惴不安地直言，作为一个老师，连学生不写作业都得请教别人，恐怕不是合格的老师。我教书三十多年，除了阅读和写日记，我极少或者说基本上没有给学生布置过语文家庭作业。我所有教过的学生可以做证。最近，一位我二十年前教过的学生还说她读小学的儿子语文作业太多。她说："怎么刚进小学就这么多作业？李老师当年教我时，高中都没什么作业！"

问：李老师，现在的学生很难管，怎么才能拥有良好的师生关系？

答：送你一句话：一个优秀的教师，一刻也不要忘记自己也曾经是个孩子。

问：李老师，我一直觉得您是一个充满精力、活力四射的人。您靠什么保持对工作的激情？

答：我从来没有刻意提醒过自己要保持所谓的工作激情，教育生活化，生活教育化，一切都是自然而然的。

问：李老师，您做了这么多年老师，您觉得做老师幸福吗？我觉得工作很累、很琐碎，压力特别大，您是如何拥有职业幸福感的？

答：无数人问过我："李老师，你有没有产生过职业倦怠？"我说："如果我说我也有过，你们可能会觉得我很真实，会认为李老师'是人不是神'，但那恰恰不真实，因为真实的情况是，我从来没有产生过职业倦怠。我知道现在有人也许也认为我的答案很假，但我必须诚实。"

我不累而且幸福的原因仅仅有两点：第一，保持童心，随时和孩子一起玩儿；第二，不停创新，让每一天的工作都不重复昨天的故事。

想想时刻保持着最初的童心，随时都和天真无邪的孩子们在一块儿，这是何等的开心！时时刻刻都以好奇的目光打量每一堂课和每一个孩子，这是何等的有意思！从事如此开心而又有意思的职业，怎么会倦怠呢？

PINGLUN YU HUYU

评论与呼吁

“双减”：我的欣喜与担忧

我曾说过：“只要学生睡眠不足，视力下降，体质羸弱，无论多么辉煌的教育改革成果，都毫无意义可言！因为‘人是最高价值’。”

我还说过：“为什么我们党能够打赢三大战役，全歼八百万国民党军队，并领导人民推翻三座大山，居然就攻克不了‘减负’的难题？难道减轻学生课业负担比建立新中国还难吗?”

措辞虽激愤，但表达了我希望“救救孩子”（鲁迅语）和“解放孩子”（陶行知语）的迫切心情，以及对党和政府“重拳出击”的强烈期盼。

我的意思很清楚，如果“上面”真正想干，那一旦真的“动”起来，必然势如破竹，摧枯拉朽，没有什么困难不能克服，包括“减负”。

这么多年了，“减负”的政令下了一道又一道，各种相关文件汗牛充栋……可效果如何呢？雷声大，雨点小，“一阵风”过去后，星星还是那个星星，月亮还是那个月亮。至少从2000年初，中央说要“减负”开始，二十多年过去了，孩子的负担可以说越来越重，远胜于2000年——每一个家里有读书郎学习机的公民都可以含泪证明这一点。

然而，这次中共中央办公厅、国务院办公厅印发《关于进一步减轻义务教育阶段学生作业负担和校外培训负担的意见》（民间俗称“双减”政策）的通知，让我看到国家想“减负”的决心，特别是感受到了党中央打赢“减负”攻坚战的决心。

从总体上说，我是全身心拥护“双减”政策的！

这不是一个需要论证的理论问题，而是源于良知与忧虑的残酷现实问题——

我们一代又一代的孩子没有了童年，没有了快乐，没有了健康……空有一个名校的录取通知书有何用？作为他们的父母、老师和长辈，我们于心何忍？人心都是肉长的啊！

失去了强健体魄和敏锐大脑的未来一代，靠什么去实现“中华民族的伟大复兴”？中华人民共和国又凭什么屹立于世界强盛国家之林？

所以这次“双减”政策霹雳出世，我没有理由不拥护、不欢呼。

反复研读《关于进一步减轻义务教育阶段学生作业负担和校外培训负担的意见》，发现每一条、每一款的规定之细、之严、之具体，让我感慨万千：党中央、国务院把学校教务处的活儿都干了啊！“教师要认真批改作业，及时做好反馈，加强面批讲解”“小学三至六年级书面作业平均完成时间不超过 60 分钟，初中书面作业平均完成时间不超过 90 分钟”“初中学校工作日晚上可开设自习班”……

根据中国国情，“最高指示”一竿子捅到底，或许恰恰能够让多年来基层学校应该落实而没有落实的相关规定落到实处。这也是没有办法的办法！

这次有党中央亲自过问“学校不得随意增减课时、提高难度、加快进度；降低考试压力，改进考试方法，不得有提前结课备考、违规统考、考题超标、考试排名等行为……”让我既看到了“双减”的力度，也可以预见“双减”的成功。

我不奢望通过这次“双减”能为中华民族培养多少世界级的创造性人才，只要能够让千千万万的孩子晚上睡足至少八个小时，能让脸上洋溢笑容、充满自信的孩子越来越多，而厌学、厌世、跳楼的孩子越来越少，那么这次“双减”的功勋就将载入史册！

但是在总体上为“双减”政策点赞的同时，我也有几点不安——

第一，运动式的操作，能够让“双减”成为常态吗？其效果是否能够持续？雷霆万钧、排山倒海，这样的气势的确能够立竿见影于一时，至少在短时期内能让孩子们的负担减轻不少，学校和有关机构也不得不收敛加重孩子负担的做法，但这种效果能够持续吗？所以，真正长期有效的“减负”，还是得靠健全制度，将“减负”通过制度变成常态，特别是完善相关法律，使“减负”进入法制框架，进而走上法治轨道。

第二，如何避免“双减”过程中，整治行为的简单粗暴？我当然明白和理解，学生课业负担过重，是一个多年来积攒的教育顽疾，如我前面所说，经过多年的整治却收效甚微，所以这次猛药去疴、重典治乱可能也是不得已，但毕竟教育涉及人，不得不尽可能细致一些。虽然我曾经以“推翻三座大山”来类比“减负”，但那不过是激愤之辞，严格说起来，“推翻三座大山”的对象是可以消灭的敌人，而“减负”的对象却并非我们的敌人，无论如何也属于“人民内部矛盾”。既然如此，在执行过程中就应该尽量避免简单粗暴。比如，现在许多地方动用“扫黄打非”的机构和方式对付校外培训机构及其老师，是不是过分了？前几天甚至在某地还发生了踹门查补课，并掐住老师的脖子将其押出教室的事——真当成“卖淫嫖娼”事件来“整治”了？

第三，如何防止“减负”过程中的“一刀切”？的确，学生负担过重的原因，相当程度上在于补课的泛滥成灾，而且校内校外竞相补课，这种恶性循环不但加重了孩子的负担，而且加剧了家长乃至整个社会的焦虑，所以这次加大力度整治校内外补课，是有必要的。问题是，教育的精髓在于因材施教，人和人在接受能力和学习基础上的差距是客观存在的。对于不需要补课的孩子，补课是“增负”；而对于需要补课的孩子，补课却恰恰是“减负”——通过有针对性的辅导，减轻其学习负担。而现在“一刀切”地禁止补课，这对学习上暂时处于“弱势”的孩子公平吗？

第四，如何从根源上真正实现“双减”？稍微想想，孩子的负担是什么造成的？表面上看，是因为老师布置的作业多了、考试多了、补课多了，是社会上各种培训机构推波助澜……但为什么老师要布置那么多作业，安排那么多考试，又为什么会有那么多花样百出的补习培训机构呢？答案显而易见，是因为小升初、中招、高考压力大……说到底，还是高考制度没有改变，本来是最后一关的高考压力，却层层传递到了小学甚至幼儿园。如果不改变高考制度，只要求学校少布置作业，只取消补课培训机构，难道孩子和家长的负担就减轻了吗？如何让高考选拔制度更科学，让社会用人体系更合理，这才是解放孩子、解放教育的关键。

不过我想，路只得一步一步走，欲速则不达。党中央既然已经有了“减负”的战略部署，走出了“双减”的第一步，那么“以人民为中心”的教育，必然走向包括完善高考制度在内的根本的改革。

和以往不以为然的心态不同，这次我乐观地期待着“双减”所带来的中国教育新的春天——也是孩子的春天。

2021年8月6日

评鹤壁高中违纪通报

今天，一则《1 月 18 日—1 月 24 日违纪情况通报》(简称《通报》) 火了。这是鹤壁某高中对该校高三学生一周违纪情况的通报。

该《通报》都通报了哪些违纪情况呢?

大多是“迟到”“上课睡觉”之类，这些情况确实违反了学校纪律，而这样的违纪现象可以说几乎所有学校都会有。但今天这则《通报》之所以引起轰动，原因在于至少有两点“超越”了中国其他学校:

第一，每一个 (毫无例外是“每一个”) 违纪学生的违纪行为记录得非常精准，包括细节。比如，“迟到”“睡觉”“做小动作”“吃方便面”“没穿校服”，等等。而且同样的违纪还分等级记录，比如“坐姿不端”“坐姿极为不端”……莫非这就是学校的“精细化管理”?

第二，将所有记录在案的违纪现象连同违纪者的姓名一律公开在学校的微信公众号上，而如今的公众号则名副其实的是公众都可以围观的信息平台，那等于就是将这些孩子蒙面 (毕竟没有贴照片) “游街示众”——我一点都没有夸张!

我仔细看了看，发现《通报》中对学生违纪行为的描述细致入微到了极点:“在梳头”“哈欠不断”“抹护手霜”“拖 (疑似‘托’字之误) 着胳膊睡觉了”“腿上放棉袄”“向别人传爆米花”“在纸条上罗列明星”“上课五分钟还没有进入学习状态”，等等。

有的表述简直就是散文笔法，颇为生动形象:“和同桌说话，眉来眼去”

“头发像窗帘一样挡住脸，手也不动，好像睡着了”……可以想象，有关教师得多么耐心而又细心地观察，才能描绘得如此具体、翔实而又栩栩如生啊？

曾经有人说“中国教育的目的就是把孩子变傻、逼疯”，我还与说这话的人争论，说他偏激，现在这则《通报》告诉我，他一点都不偏激！中国的某些教育者不把孩子整成机器，决不罢休！

以前我们说中国教育扼杀孩子的个性与创造力，更多的是针对教学过程中只准孩子背标准答案而不许有自己的见解，而现在我们惊恐地发现，我们的一些教育者不但要摧毁孩子的精神个性，而且还要强制孩子的行动自由。

学生当然要守纪律，课堂秩序当然要维护，这是不需要论证的常识。说实话，如果我是高三班主任，发现学生在课堂上“抹护手霜”“吃爆米花”也会提醒甚至批评，但前提是不能伤害学生的自尊心。

将所有违纪学生的姓名一一罗列，并公之于众，请问，这样的教育有没有一丝对“人”的尊重？

学生毕竟是活生生的人，尤其是青春期的孩子，怎么可能每一分、每一秒都如“木偶”一般？

但我们的这所高中偏偏不信邪，试图挑战人性，把“不可能”变成“可能”！

其实很多老师也不愿意这样做，但领导的意志岂敢冒犯？

那么请问校长，让老师对着满教室的“兵马俑”上课，你觉得开心吗？

让我更感到不安的是，这样的《通报》在该校没有遇到任何人的质疑——当然，也许是不敢。有一位朋友在微信上对我说：“我觉得奇怪的是，这个学校从管理者到教师没一个人是醒着的吗？”

是呀，不仅是违纪学生“上课睡觉”，而且是所有人都“睡着了”“没有一个人是醒着的”！相当多的教育者居然一点没有意识到这样做是很不妥的，相反，他们都认为这是应该的，理所当然的，这才是最可怕的！

也许像这所学校这么极端而精致的“管理”并不多见，但虽然没这么严苛却同样体现如此严苛思维的学校却绝非个别。如果说这所学校是“百步”，那么“五十步”的学校遍布华夏大地，实在太多。

刚才一位朋友给我发短信：“李老师，看到这样的名单，有很多老师已经麻木了，领导为的是简单粗暴的管理，或者说控制学生，让学生听话。我们学校每一个年级的楼层都设有一块黑板专门拿来公布这些，领导要求我们班主任老师每天每一节课后去看黑板，但很多老师不愿意，领导就给老师施加压力，动不动就说你一个人的工作会影响全校老师的绩效考评。领导要老师听话，不能有自己的想法和思考。还批评老师，说不听领导的，你怎么给学生做表率，让学生听老师的?”

我估计依然会有不少人为这则《通报》辩护，包括今天这篇短文后面的留言区，可能也有不少朋友会为类似的做法找出种种“合理性”。无非就是“把板子打在校长和老师身上是不公平的，只能怪高考”“高考制度没改，只好这样”“如果不如此，会影响高考成绩”“老师也是为了学生好”“为了将来的幸福，现在做出点牺牲是迫不得已的选择”，云云。

这些辩护本不值一驳，但我还是想引用杨东平先生的话作为反驳：“如果我们给学生以尊严、给他自由和健康反而会降低他学习的效果，这就说明所有的教育规律、学习科学都是胡说八道，最野蛮的管理才是最高明的。”

我认真统计了一下，这则《通报》所公布的102人的违纪，最多的是“上课睡觉（瞌睡)”，多达30人，占30%。然而，这上课睡觉的背后，是多少孩子熬夜至凌晨的疲倦啊!

即使有孩子没有睡觉，只是哈欠不断——可这依然被定为“违纪”，连闭目养神都不行!因此再困也不敢睡，只好一边偷偷睡觉，一边装着听课，但依然被老师的火眼金睛所发现，于是才有了这样的“记录在案”：“拖（疑似‘托’字之误）着胳膊睡觉了”“头发像窗帘一样挡住脸，手也不动，好像睡着了”……

可怜的孩子，可悲的教育!

难道，中国的孩子只配“享受”这样的教育吗?

突然想起了著名的“钱学森之问”——为什么我们的学校总培养不出杰出的人才？

今天，在某某中学的《通报》上，我找到了答案。

2021 年 1 月 28 日

怎样才能既批评了犯错的学生，又能维护其尊严？

如我所料，在我批评某某高中那则《通报》的文章后面，果真有不少老师为这种“教育”辩护。

对此我无话可说，唯感悲哀……

还有不止一位老师在留言区问我：“难道违纪学生就不该批评了?”对此我倒愿意认真回答。

说我持“违纪学生不能批评”的观点，显然是一种误解。我从来就没有说学生不能批评，相反，我认为（也多次写文章说过）没有惩罚的教育是不完整的教育。据《中国教育大辞典》（顾明远主编，上海教育出版社 1999 年版，第 30 页）解释，教育惩罚中最轻微的做法就是批评，所以说，离开了批评——包括严厉的批评，还叫“教育”吗?

再顺便说一下，我一直认为，“教育惩罚”这个词很好，现在有些人非要回避“惩罚”而用“惩戒”这个词，我觉得完全没有必要。教育惩罚，理直气壮。

这是常识，不言而喻。

但批评是否就一定要以损害学生尊严为代价呢?

我们必须承认，批评就肯定会让学生产生难受、紧张、羞愧等感受，这是人的正常心理反应。从某种意义上说，这也正是批评应该产生的效果。如果一个学生挨了批评却无动于衷，那这批评可能就是失败的。

我所说的“不损害学生尊严的批评”，至少有两个含义：一是无论多么严厉的批评，都不能有人格侮辱的言辞；二是尽可能（我说的是“尽可能”）不要当众严厉批评学生。

但是，这做得到吗？

我今天以我的两个亲身经历的故事来回答这个问题。

1983年的一天，我站在操场边看班上的学生做课间操时发现一个叫耿梅的女生在队列里有说有笑，不认真做操。于是，我当即高声批评她：“耿梅！什么事儿那么高兴？有什么话说不完？为什么不好好做操？”之所以要高声批评，是因为我站在操场边，而她在操场中央的队列中，我必须提高声音她才能听到。

她果然听到了，但周围其他同学也听到了。虽然广播里播放着课间操音乐，但我的声音气势磅礴、雷霆万钧，以耿梅为半径，至少周围二十米内的学生都听到了我的批评，并转过身去看她。

耿梅一下便处于众目睽睽之下，本来性格比较温和的耿梅却当即和我顶嘴，因为她的声音不大，我没有听清她说了什么，但肯定是在顶撞我。于是，我勃然大怒，用更高亢的声音骂她：“你怎么连一点自尊心都没有？脸皮不要太厚！”

现在想起来，第二句话与其说是在批评她违纪，不如说是在捍卫我作为教师的尊严，因为我一个小伙子居然被一个小女生当众顶撞，太丢人了！

这才是我那一刻的真实心理状态。

当时我也的确把耿梅“收拾”下来了，把她的“嚣张气焰”打了下去。虽然她的表情明显不服气，但至少嘴巴给我闭上了。

师道尊严得以维护，但当时我没意识到，我为此付出的代价，是损害了学生的尊严。

两年后，毕业前的最后一天，我让即将离开我的学生给我写信提意见，我说：“你们是我教的第一届学生，我以后还得继续带班，还得教许多学生。这三年来，李老师肯定犯了许多错误，有的我知道，有的我不知道。请同学们帮李老师一一指出。大家一定不要有顾虑，我今天让你们写这封信，就是想让大家没有压力，反正毕业证已经在你们手里了，就算李老师读了你们的信不高兴，也拿你们没办法。而你们这些意见，将帮助李老师成为一个好老师!”

耿梅的信写得尖锐而又诚恳。她说的正是两年前在操场被我高声呵斥脸皮太厚那件事：“当时我不认真做操的确错了，您批评我也是应该的，但您不应该当着全校师生的面呵斥我，后来还骂我‘脸皮太厚’，当时我真的有一种羞辱感，恨不得有个地缝钻进去。今天，李老师让我给您提意见，我就提这个意见，希望李老师以后批评犯错误的同学，能够注意方式和语言。”

读了这封信，轮到我恨不得有个地缝钻进去了。我想，如果时光倒流，回到两年前那一刻，我还是会批评耿梅的，但我会走进队列，来到她的身边，小声地批评她：“为什么一边做操一边说笑？请认真做操!”这样，既批评了她，又没损害她的尊严。

三十多年后，在广州工作的耿梅回四川看我。我主动说起三十多年前我犯的错误，并拿出了我珍藏的她初中毕业前夕给我写的那封信，说：“这封信，我已经写进了《做最好的老师》一书。感谢耿梅教我当老师!”

她说：“李老师，您真的是最好的老师!”

两年后，耿梅又专程带着刚刚结束高考的儿子回四川看我，听我退休前上的“最后一课”。

2012年的一天，我在成都市武侯实验中学当校长时——这时距离我当年骂耿梅脸皮太厚已经三十多年，一个男生在课堂上违反纪律被年轻的女教师批评，这个男生公然辱骂女教师。我非常生气，在我看来，如同孩子的尊严必须维护一样，教师的尊严也同样不可侵犯。这个孩子犯的错误，是不可原谅的。我先把这个孩子请到我办公室，严肃而耐心地和他谈了整整一个中午，最后他诚恳地表示错了，愿意给老师道歉。后来，他的确主动去给那位女教师承认错误，并诚恳地道歉。

但这事还没完。为了教育全校学生，我决定让他在全校师生面前道歉。他犹豫片刻，表示同意。可他的犹豫让我想到，孩子毕竟是未成年人，哪怕是犯了严重错误，也要考虑他的自尊心。

于是，在第二天课间操的时候，面对全校三千师生，我匿名宣读了犯错学生的道歉信。这样，既教育了全校学生，又保护了孩子的面子。

前后三十年，我同样是批评犯错误的学生，做法却不一样。第一次虽然批评了犯错误的学生，但损害了学生的尊严；第二次批评了犯错误的学生的同时还维护了学生的尊严。

这算得上是我教育工作上的进步吧！

回头再说某某高中的《通报》。从《通报》中看，除了有些“腿上放棉袄”之类不属于违纪行为之外，有的现象的确属于违纪行为，批评这些学生是没有错的，但是不是连“坐姿不端”“上课吃方便面”等的违纪学生的姓名都要公之于众，这的确是值得探讨的。

当然，教育是复杂的，在特定情境中，在情急之下有时教师会情绪失控，批评时的言辞有损学生人格，甚至忍不住动了手，这是难免的。正如我犯过的错误一样，只是对于真诚的教育者来说，要尽量避免这种情况。教师既严厉批评学生，又真诚尊重学生，这是做得到的。

不过，如果有老师非要认为，“这是对学生心理素质的培养”“高三学生连当众批评都受不了，以后还能成什么大器”云云，那我就无话可说了。

我的《评鹤壁高中违纪通报》一文措辞激烈，这是对某某高中那则《通报》本身的评论，只是就事论事，不是对该校的全面评价。我相信这所学校也有很多值得肯定甚至赞赏之处，我也相信这次事件的发生，的确是老师“好心办坏事”。

只是，真正的教育，不能仅仅凭“好心”。

2021年1月30日

课堂一定要“高效”吗？

不久前，我的朋友柳袁照写了一篇评论“高效课堂”的短文，他以欣赏风景作类比，提出“风景是需要慢慢欣赏的”。虽说课堂教学与旅游赏景不完全一样，但他对“高效课堂”的质疑，引起了我的共鸣和思考。

最早提出“高效课堂”并非无的放矢，而是有着鲜明的针对性。多年来，确有不少课堂低效甚至无效。早在20世纪80年代，就有专家批评课堂教学中的“少慢差费”。世纪之交，以山东杜郎口中学校长崔其升为代表的一批有识、有胆之士，通过实践探索出“高效课堂”的模式，取得了显著成效。对此，我一直充满敬意。就一些人对杜郎口中学的误解和对崔其升的非议，我曾公开发表过《善待杜郎口》《保卫崔其升》等文章，旗帜鲜明地表达了对“高效课堂”的支持。

这份敬意和支持，至今不变。

但这不妨碍我对“高效课堂”的思考。

杜威曾说：“我们并不去强调不需要强调的东西——这就是说，有些东西已经很受重视，就无须强调。我们往往根据当时情境的缺陷和需要来制定我们的目的；……在一定的时期或一定的时代，在有意识的规划中，往往只强调实际上最缺乏的东西，这并不是一个需要加以解释的矛盾。”翻译成大白话，就是在某个特定阶段，我们往往只强调当时最缺乏的东西，而不同的阶段所强调的不同重点，恰恰是同一事物的两端。

杜威这段话同样适合于我们对“高效课堂”的评论。

当课堂教学普遍低效或无效的时候，我们必须大声疾呼“高效课堂”——

为了强调“高效课堂”，甚至可以忽略这个概念本身的先天缺陷；而当一刀切的“高效课堂”铺天盖地席卷而来的时候，我们应该提醒人们注意“高效课堂”的“过度泛滥”，这正是课堂教学改革的理性精神。

今天，我想着重说说后者。

“高效课堂”之“高效”，主要是指在教学时间、教学任务量、教学效果等三个要素方面有突破，以追求“轻负担、低消耗、全维度、高质量”的教学效果。

但我们是和儿童的大脑打交道，而且是和一个班几十个有着不同个性的大脑打交道，教育和教学的复杂性就在于此。尽管“高效课堂”鼓励并指导学生自主学习，而且在评价检测上都力图个性化、多元化，但对课堂上的每一个孩子来说，我们如何能够真正准确地衡量他们是否负担轻、消耗低、维度全、质量高呢？这依然是一个没有彻底解决的难题。

其实，在“高效课堂”提出之前，就有许多类似的追求了，比如“堂堂清”“日日清”“周周清”“一课一得”等，这些都是基于对“低效教学”“无效课堂”的反思与否定。这些理念和做法有一个不言而喻的默认前提：教学就是装知识和技能，而儿童的大脑就是容器。尽管倡导者也说，教学不仅仅是教知识，还有培养能力、情感、态度、价值观，但这些非知识的内容，如何“堂堂清”？如何“一课一得”？

“高效课堂”在本质上也是这个逻辑。“高效课堂”在克服“无效教学”并追求“教学效率”的同时，模糊了大脑和容器的界限，忽略了农业和工业的区别。

教育是“农业”，是“好雨知时节，当春乃发生”。

因为是“农业”，所以人们现在喜欢用“不同的花期”来形容不同孩子“教育接受力”的不同，用“静等花开”来表述对不同孩子的不同期待。而“高效课堂”在实践上则忽略了每一片心灵的田野和不同的花期。

教学乃至教育当然应该“有效”，否则就可以取消教学和教育；但教育的“有效”应着眼于孩子一生的成长历程，而不应该着眼于具体每堂课究竟学了多少知识。

何况，不同的学科，对课堂教学的要求也应该不一样。

粗略地说，中小学的学科教育可以大体分为三类——人文类学科：包括语文、政治、历史等；知识类学科：包括数学、物理、化学等；技能类学科：包括体育、音乐、美术等。（需要特别解释的是，这个分类不那么准确，比如语文也有知识，美术也有人文，但我只是为了说明问题而大体如此划分而已）

一般来说，知识类学科更多的是识记积累，人文类学科更多的是熏陶感染，技能类学科更多的是操作实践。那么我们怎么能一概而论地要求所有学科的每一次教学都追求“高效课堂”呢？

比如我熟悉的语文教学，如果是纯知识教学或技能训练，而且暂时不考虑学生之间的差别，也许可以做到“高效”，甚至可以当堂检测；但语文课更多的时候并不是知识教学或技能训练，而是文字感染，是情感熏陶，是精神舒展，是心潮起伏，是灵魂飞扬，是“迎面吹来凉爽的风”，是“诗和远方”……

请问，这样的课，如何“高效”？

更让人担忧的是，实际上这种担忧在某些课堂上已经成为现实，“高效课堂”成为助长教育急功近利的工具。这当然绝非“高效课堂”的本意，但由于理论上的不严密与表达上的不严谨，教育改革最后违背了改革者的初衷，令人叹息。

我想到了苏霍姆林斯基的话：“决不允许热衷于那些‘高效快速’的教学法，因为那些教学法是把儿童的头脑当作能够无限制地贮存信息的电子机器来使用。儿童是有生命的东西，他的大脑是最精密、最柔嫩的器官，我们应该小心翼翼地对待和爱护它。”

所以我建议，慎提“高效课堂”，其实“有效教学”就很好了。

2019 年 11 月 24 日
于厦门至成都的航班上

未成年人犯罪，其家长应不应该承担相应的责任？

一个初三男生，用砖头对准其老师头部狠狠地连砸九次，导致该老师昏迷倒地，最后被送进医院 ICU（重症加强护理病房），到现在还没苏醒。

现在还不知道事情的前因，但无论什么原因，用砖头砸老师的行为是令人发指的。而行凶者竟然是这个老师的学生，就更加让人震惊！

其他的我不想多说了，我只是想说，无论最后这位老师受伤情况如何，作为年仅十五岁的行凶者，都不可能承担成人犯罪所应有的惩罚。那么，他的家长呢？家长应不应该承担相应的责任？

前段时间我写了一篇文章《学校教育非常重要，但无论多么重要，也只是家庭教育的重要补充》，有人认为我是在推卸学校教育的责任。我在那篇文章中指出，孩子无论如何首先是家庭教育的产物，是其父母的作品。一个对社会有杰出贡献的成功者，我们首先会想到其家庭教育，比如于漪老师，我曾经专门撰文谈她的家庭教育，她谈到自己的成长时也首先提到自己的母亲。同样，一个给社会带来危害、给他人带来伤害的罪犯，我们也首先会想到其父母的教育，比如这个用砖头砸老师的学生，我们首先想到的就是他的家庭教育，难道这个孩子的行为我们能够归咎于他老师的教育吗？

既然“子不教，父之过”，那么儿子犯法，难道父母一点责任都不承担吗？

其实这个问题，我在两年前就提出过，当时是针对湖南沅江三中鲍老师被自己学生杀死的恶性事件有感而发提出的。

当时我写了一篇短文，我说："作为死者的同行，我的悲愤难以尽诉。我向被自己学生刺死的鲍老师表达真诚的哀思，向他的亲属表达同样真诚的慰问，虽然这都是苍白的、无力的。"

现在被砸老师还在医院昏迷不醒，我真诚祈祷他能够醒来，并恢复健康！虽然我的祈祷同样苍白无力，甚至无济于事。

在我两年前的文章中，有这样一段话引起了激烈的争论——

> 我国刑法规定，已满14周岁不满18周岁的人，犯故意杀人、故意伤害致人重伤或者死亡、强奸、抢劫、贩卖毒品、放火、爆炸、投毒罪的，应当负刑事责任，但应当从轻或者减轻处罚。杀死鲍老师的学生只有16岁，这意味着他将被从轻或减轻处罚。法律这样规定当然是有其道理的，但我想，其监护人——也就是其父母该不该承担连带的刑事责任？好像现在法律并没有明确规定子女犯法，父母同罚。但我认为未成年人犯法其监护人被追究相应的连带刑事责任，并接受法律惩罚，也是有道理的。这道理就在"子不教，父之过"，难道还需要我旁征博引地论证吗？孩子首先是家庭教育的产物，是父母"养"和"育"的成果。如果说孩子有出息了，父母感到无比荣耀，脸上会有无限的光彩；那么孩子犯罪了，父母却不必承受耻辱和惩罚，这说得过去吗？无论孩子是光荣还是耻辱，父母都受"株连"——既和孩子一起领奖，也和孩子一起坐牢，这将有助于千千万万个家长的自我学习与成长，有助于千千万万个家庭的家庭教育的提升。

当时，我这个观点不但引起了激烈的争论，甚至遭到了一些朋友严厉的批评，认为我是在搞封建株连，与现代法治精神相去甚远。

后来我意识到，我的说法的确不妥，我在激愤之中失去了理性，我真诚接受批评，并收回这个观点。

但我现在依然在想，家长不能替犯罪孩子承担刑事责任，那能不能受到应有的处罚呢？当然这个“处罚”不能人为地随心所欲，而应该通过程序修改相应的法规然后依法实施。

我又想到了几天前大连的一则新闻，一位十岁女孩被残忍杀死，但因为凶手未满十四岁被释放了。这个问题再次浮现在我的脑海，挥之不去。

和两年前不同，我今天重新提出“未成年人犯罪，其父母应不应该承担相应的责任”这个问题，不是想重申两年前的糊涂建议，而是想提出一个开放性的思考题，供大家思考，以健全我们的法制和法治。

我估计，这次老师被学生用砖头砸这件事会引起广泛讨论，“老师普遍失去安全感了”“教师是高危职业”“现在没有老师敢管学生了，因为不知什么时候这个砖头就会砸在自己头上”之类的说法又会多起来。

我充分理解这些言论，因为我理解一线教师的感受。但我愿意重申两年前我文章中的这段话——

> 鲍老师被自己爱的学生杀死了，这悲剧的讽刺意味无以复加。但我不主张将这一极端的恶性事件扩大为一种“上纲上线”的担忧，认为当老师已经普遍失去安全感了。正如我们不能因为个别老师恶性体罚学生，就断言中国的所有孩子都失去了安全的学习环境一样；我们同样不能因个别学生杀死了老师，便断言“现在教师生存环境普遍日益恶化”。我们当然需要反思，需要总结，但具体到这个案子，还是就事论事的好。

其实，通过这次学生砸老师的暴行，我更愿意强调的还是家庭教育的极端重要性。

文章写到结尾，我又看到媒体报道说，这个用砖头砸昏老师的学生，其父母忙于经商，平时在家里父母都不管他，也管不了他。

面对血淋淋的事实，家庭教育远胜于学校教育的重要性，还需要强调吗？

2019 年 10 月 26 日

为什么要同情未成年犯罪嫌疑人？

那篇文章《未成年人犯罪，其家长应不应该承担相应的责任?》推出后，许多网友都认为孩子犯罪，其父母应该承担相应的责任。大家强烈的反应完全在我意料之中。但出乎我意料的是还有这样的留言——

李老师您好！

拜读您这篇文章，我对您的观点、您的思想不敢苟同。不幸的事件发生在我们的家乡仁寿，这位老师及其家庭应当得到同情，您也表达了深切的怜悯。但对于那个“坏孩子”——老师的学生，您表达的却是极其厌恶，甚至希望其父母“连坐”。可是李老师有没有想过，这个孩子其实一生也差不多毁了，孩子的家庭受的打击又有多大？如果老师成了植物人，这个经济赔偿又有几个家庭能担负得起？孩子一家又岂不是受害者？这恶果背后的原因难道只是“家教”二字？

李老师作为优秀老师、校长、专家，应该比我们更明白当前教育的现状。在学校和教师、学生和家长这两个群体之间，一个是有组织，一个是无法组织，孰强孰弱，谁的发言权大，谁的影响力深，我想李老师是明白的。即便如此，在“教”与“学”这个体系暴露出的“教”方强势犯罪在数量上和影响上比“学”方犯罪要多得多，也没有看到有人说要“连坐”。有多少孩子被毁一生，他的学校、害他的人连经济赔偿也不见得会给。当然，株连九族，本来也是封建皇权用来维护最高统治的极端手段，只是当

今的历史应该不会倒退，李老师也不至于位高到要为恢复这样的手段而摇旗呐喊！

一

如果这只是个别观点，我大可不必放在心上，问题是类似的留言还不止这一条。比如还有一个网友反复追问原因，问被害老师是不是有什么教育方式上的问题，刺激了这个学生？

这就让我不得不认真写一篇短文谈谈我的看法，也算是对这些网友真诚的回复。

这位朋友说："株连九族，本来也是封建皇权用来维护最高统治的极端手段，只是当今的历史应该不会倒退。"这句话我百分之百地同意，我坚决反对株连。但是，说我要为恢复封建株连而摇旗呐喊，则是误解——不只是对我的误解，更是对"株连"这个词的误解。

什么叫"株连"？"株连"就是"连累"，而只有把无责而无辜的人牵连进来，才叫"株连"，比如丈夫犯罪，妻子本来并不知情更没参与，但因为是夫妻关系，所以妻子也一起坐牢。这就叫"株连"。但如果和相关案件本身就有脱不了的干系，并非无责和无辜，也依法处理，这也叫"株连"吗？当然不是。比如，为犯罪分子提供各种条件，甚至不同程度直接参与犯罪而被追究刑事责任，这显然和"株连"沾不上边。

那么，未成年人犯了罪，其父母有没有责任呢？从具体案件本身来说，父母也可能并不知情，更没参与，但"子不教，父之过"，家长难道没有教育责任吗？好，可能争议就出现在这里：仅仅有教育责任就该和孩子一起坐牢吗？

是的，我两年前的文章曾经有过这样的想法——据说在有的国家法律就是这样规定的，父母有教育的责任，未成年人犯罪，其父母要承担刑事责任。但我在上一篇文章中已明确将两年前的想法否定了，也明确说明：我今天提出"未成年人犯罪，其父母应不应该承担相应的责任"这个问题，不是想重申两年前的糊涂建议，而是想提出一个开放性的问题，供大家思考，以健全我们的法制和法治。

也就是说，这个问题是可以纸上谈兵式地讨论的。赞成追究犯罪的未成年人父母的刑事责任，或反对追究犯罪的未成年人父母的刑事责任，或有其他的想法……都是可以百家争鸣的。当然，所有的讨论意见，最后变成实施的行为，必须通过对相关法律法规的合乎程序的修改。不然，将有违法律的公正与严肃。

二

但是，无论怎么讨论，将同情心倾斜于用砖头砸昏老师的学生，而不是至今还在 ICU 依然昏迷不醒的老师，这是我无论如何不能接受的。我也难以理解这位朋友的思维和逻辑。

虽然这位朋友也说了“这位老师及其家庭应当得到同情”的话，但后面更多的话将这本来就轻描淡写的一点点“同情”冲得干干净净。

这位朋友对行凶者倒是充满同情。留言道：“对于那个‘坏孩子’——老师的学生，您表达的却是极其厌恶，甚至希望其父母‘连坐’。”看，“坏孩子”还特意加上引号，这个引号显然不是引用，而是否定，意即这孩子其实并非真正的坏孩子。但我的看法不同，这个学生——我现在说学生，而不是“孩子”，虽然在年龄上他的确还是孩子，但这种行为，已经不是一般意义上的孩子了。

我对用砖砸昏老师的学生岂止是厌恶，简直就是深恶痛绝！我不知道这位朋友说我希望他“连坐”是什么意思，他犯了法，不需要“连坐”，直接承担法律责任即可。只是由于他未成年，他所受到的惩罚将大大减轻。

所以我提出，有没有可能让其家长也承担相应的责任，并接受惩罚。这里的“惩罚”我曾经想过是代受刑事处罚，现在我拿不准，但我总觉得，这样的家长不依法受罚，天理难容。

这位朋友说：“李老师有没有想过，这个孩子其实一生也差不多毁了，孩子的家庭受的打击又有多大？如果老师成了植物人，这个经济赔偿又有几个家庭能担负得起？孩子一家又岂不是受害者？这恶果背后的原因难道只是‘家教’二字？”

我真的难以理解，面对这血淋淋的事件，略有良知的人首先应该想到的是受害的老师，可这位朋友却首先想到的是“这孩子其实一生也差不多毁了”，即使提到“如果老师成了植物人”，也是为了说明：“这个经济赔偿又有几个家庭能担负得起？孩子一家又岂不是受害者？”

置受害人危在旦夕的生命于不顾，却单单忧虑行凶者的一生被毁和其父母的赔偿能力，同情为何如此倾斜？这已经超出了我的想象。

这个学生已经不是一般意义上的犯错了，是杀人，而且是故意杀人！他的未来当然已经被毁了，但毁他的不是他杀的老师，而是他自己，也是没把他教育好的父母。这才是正常的逻辑。

当然，事情将依法律程序处理，就算这个少年犯罪嫌疑人被从轻处罚，将来他重新做人，但他这个罪恶的污点是永远抹不去的，如果他的前途因此受到影响，也是他必须付出的代价！

三

让我同样震惊的，还有这位朋友接下来的评论——

> 在学校和教师、学生和家长这两个群体之间，一个是有组织，一个是无法组织，孰强孰弱，谁的发言权大，谁的影响力深，我想李老师是明白的。即便如此，在“教”与“学”这个体系暴露出的“教”方强势犯罪在数量上和影响上比“学”方犯罪要多得多，也没有看到有人说要“连坐”。有多少孩子被毁一生，他的学校、害他的人连经济赔偿也不见得会给。

这位朋友居然说学校是“强势”，说“教”方的犯罪在数量和影响上比

“学”方的犯罪要多得多！

我想，其他读者已经目瞪口呆了吧！

其实，仔细琢磨，这位朋友的话并非没有一点道理。因为现在学校教育问题的确很多，课程开设、教学方法、班级管理、学生教育等方面的问题，导致剥夺学生心灵自由、阻碍学生创造力，甚至还有体罚、侮辱学生等现象（居然还有教育者为此叫好）。教育弊端给我们国家的发展包括每一个孩子未来的发展造成了许多负面的影响，从宏观上说，这也是中华民族虽然经济已经强盛，但至今还不能说已经以一流强国屹立于世界强盛民族之林的重要原因之一。

但是，请问这位朋友，教育弊端的危害能够和具体的杀人事件相提并论吗？我们当然可以分析反思这件恶性事件背后的深层次原因，包括受害人本人的原因，但这能得出“‘教方’强势犯罪在数量上和影响上比‘学’方犯罪要多得多”的结论吗？

还有留言者强调，要了解一下这个受害的老师，有没有不当的教育行为？是不是为了成绩而不择手段伤害了学生的自尊心？是不是因为老师的教育方式不当而使这个学生行凶？云云。

说实话，我也想过这些问题，但我想受害教师即使有千般错，比如教育方式粗暴，甚至还体罚了这个学生等，但是这都不是这个学生用砖头砸老师的理由！

四

我想引用一位叫“燕燕于飞”的网友的留言——

很奇怪为什么发生这样的事，居然有人为这个学生去辩解？中间的过程也许复杂，也许简单，除非这名教师真的无底线得犯下不可饶恕的罪恶，否则这都不是该名学生采用这样极端手段（漠视生命，毫无敬畏之心）的理由。按照某些人的逻辑，所有犯罪者因为他们犯罪的同时，他们的一生也毁了（被人唾弃，还可能承担赔偿……），所以他们也是“受害者”吗？什么神逻辑?！受害者是被动地受到伤害，犯罪者是主动去伤害别人。主动伤害别人会造成什么后果，难道他不知道吗？他有恃无恐罢了。学校教育很重要，但是一个老师面对几十个学生，难免有忽略的地方。如果一个家庭都教育不好一个孩子，怎能把一个老师当成一个“神”，教育好所有学生？我太赞同李老师的观点了，老师是孩子一生中的过客，虽然很重要，但万不及家庭教育（作为根源）的重要。

这段留言我完全同意。

文章写到这里，我看到了被害老师的最新官方消息：目前生命体征平稳。我略微舒了一口气，然后暂停写作，特意和我老家仁寿的一位老同学联系，问他这位老师的伤情。老同学通过医院的医生了解情况后告诉我，这个老师依然在昏迷中，医生说，即使生命抢救过来了，也有可能是植物人，因为他的后脑勺的骨头几乎都被砸碎了。医生还说，现在最好暂时别让他醒来，因为如果醒来，将痛苦不堪，后脑勺骨头已碎，那种剧痛是常人受不了的……

我不忍再写了……

这篇文章我写得很克制，我一直提醒自己，留言的这位朋友一定是一位很善良的人，只是认识不足，我不应该把这篇文章写成痛骂他的文字，所以我一直注意措辞和分寸。

但我还是要说，不用刻意煽情，请问这位同情未成年犯罪嫌疑人的朋友，如果你知道了这位受害教师此时此刻的情况，你还会那样想吗？

2019年10月27日

于北京至汉中的高铁上

如何重铸教师的尊严？

写本文之前，我再次问了仁寿的朋友："那位老师情况怎样了？"

朋友的回复是："还是那样，深度昏迷，没有脱险。"

因为是周末，一直有学生去看那位老师，虽然学生不能进病房，但病房外摆满了学生送的鲜花。

我真的动了去看这位受害同行的心思。但想了想，现在去看也不允许我进病房，还是过段时间再说吧。

下午看到一个新闻，美国的一个十三岁女孩捅死闺密被判二十五年。令人感叹！我真心期待中国的法律也能让每一个杀人凶手（不论年龄大小）都受到应有的严惩。

昨天的文章反响依然强烈，截至此刻，文章下面的留言已达446条，但我太忙了，根本没有时间看，所以后来我干脆不管了。知道这样很对不住留言的网友们，但请理解我的无奈。给你们赔罪了！

在我准备推出新的文章时，偶然看到署名为"木蓝"的网友的几条留言，该留言的每一个字我都同意！我的观点是，严惩罪犯和反思教育不矛盾。我征得"木蓝"的同意，将其留言公开，并谈谈我的看法。

"木蓝"的留言全文如下——

李老师您好！

虽然我们素昧平生，未曾谋面，但我已把您看作良师益友，咱们民族历来推崇尊师重道，在这样环境下生活的我，对您这样杰出的教育者也是心生崇敬。看了您公众号文章里学生把老师打成重伤的事，虽然您说留言已满，但我还是想和您说说自己的看法，不然如鲠在喉。

那个把教师打成重伤的学生，做法令人发指，这是毫无疑问的。到了这个程度，必须严惩！愤怒之余，也让我深思，怎么老是出这样的事：持刀闯进学校报复社会的，有个叫李心草的女学生被人侮辱导致自杀的，等等，这些人心里得有多大的恨意！包括此次事件中的中学生，他们都是身强体壮的人，他们有能力实施暴力。他们的恨从哪儿来的？这个问题先放这儿，我想说说我孩子的一件事。我孩子是个女孩，心思细腻敏感，上周五她在学校排演运动会开幕式节目时，在队伍中被老师推搡了一下，差点摔倒，她感到那老师是用责备她的心态推她的。老师对她怒目，她又当众踉跄了一下，她感到在同学中丢人了，栽面儿了。当时她没有什么反应，只用手表给我发了个尴尬的表情包，回家后才将自己的情绪发泄出来。她发泄的方式就是坐在她桌子前揉了两小时彩泥，没做别的事。双休日她没做作业，我理解她，提醒她做作业后就不再强求她，还和她去爬山。

我说这个事想表达的是，小学期间的学生都是年幼的孩子，她们心智都不成熟，没有能力包容教师那些属于个人的情绪化的行为，他们有的会逆反，有的会嫌弃自己。我们把孩子送到学校，一整天孩子都要面对老师，对老师有着绝对的信赖。

可是有一些人当了小学教师，却并没有意识到孩子们的纯真和信赖，因为孩子年纪小，就随意不尊重孩子，居高临下垂眼看孩子。孩子年纪小，没有能力理论，有些孩子心里会不会积累委屈、积累恨？长大了会自己开解吗？且不说那些伤害别人的人，就说李心草这个女孩，把别人对她的伤害变成了自己对自己的伤害，这正常吗？

一个人在幼时遇到的人对他影响是最大的，这就需要面对小孩子的教师们有着高素质，而我们国家正相反，大学老师地位挺高，幼儿教师、小学教师却只是一些人谋生的职业，认为就是看管一下小孩！我当然不是指所有老师，我知道很多老师还是很爱孩子的，但的确有的老师是不称职的。我从您的文章中知道了有李希贵这样的校长，有北京市十一学校和成都先锋教育学校这样的学校，但他们是皓月当空照，我是微虫在苍茫，北京去不了，成都先锋教育学校毕竟是小众学校，普通人没法企及的，那我们大多数普通人的孩子就只能这样了吗？

您可能会说，还有家庭教育。是的，我们为人父母的，也是要学习，但我们这是自我学习，连专业的教育从业者都这样，那不用考核就当了父母的普罗大众又能好到哪儿去呢？今年国庆阅兵我看了，国富兵强！我为自己的国家自豪，但是在教育上，却有这么大的缺陷，我为我们孩子的将来担忧。崔永元说："爱我们的国家，就要把不对的事儿说出来，要她改正，使她更好。"

可我们老百姓说有什么用呢？年初我给教育部网站发了个问题，问：为什么我们国家规定，非得要适龄孩子上学校学习？我们有能力教育自己小学阶段孩子的家庭怎么就不能选择在家学习？可是石沉大海，没人理我。

再回到开头说的把老师打进 ICU 的学生，他心里的恨哪儿来的？这真值得深究。

我的感想——

个别学生用极端手段伤害乃至残害老师，不能和师德建设简单地相提并论，或直接归为因果关系。而且在我们惦记并祈祷仁寿被害的老师创造生命奇迹、重新站起来的时候，在我们同声谴责那个少年凶手的时候，突然说起个别教师的师德问题，似乎是不合适的。毕竟具体而个别的凶杀事件和宏观而普遍的师风建设是两码事。

但是由这件恶性事件而联想到师生关系、联想到教育弊端、联想到一些教师自身存在的问题，也是很自然的。

从这个意义上说，我们呼吁严惩凶手与强调反思教育，是不矛盾的。

微妙之处在于，可能有些人会习惯性地认为被害的教师“自己在教育方式上有什么不妥或过失”才导致学生行凶，进而把受害人当成了谴责对象，而凶手似乎反倒成了“被逼上梁山”的“好汉”——有些人的逻辑正是这样的。

在真相没有调查出来之前，我们不能对受害人“有罪推定”，这是极不公正的。

我在昨天的文章中就说过，即使（我说的是“即使”）被害教师在教育方式上有不妥，甚至很不妥，也不是那个“学生”（我认为这里必须加上引号）残害老师的理由。一个是错误（假如老师真的有不妥行为的话），一个是犯罪。

昨天在留言中还有网友口口声声说“先别忙着选边站队，一切等真相出来再做结论”，这是什么逻辑？表达对罪恶的谴责，要求严惩凶手，这是任何有良知和正义感的人自然的反应，和“选边站队”一点关系都没有。事件的来龙去脉当然要调查，但结局就是谋杀，无论原因是什么，这个真相是无法改变的。

但是作为教育者，我们的确要反思我们的教育是不是无意中助长或滋生了某种戾气？现在那么多的老师理直气壮主张体罚，这说明了什么？

其实，真正体罚学生的老师是个别的，但冷漠、蔑视、有意无意伤害学生的自尊心……这恐怕就不是个别老师身上才存在的问题。

昨天我文章批驳的那位网友，他认为这件事毁了那个孩子的一生，这个逻辑显然是违背常理的，因为他没有考虑被害教师可能会失去生命，而且他的家庭一样被毁了。但是，我认为，他不合情理的留言中，也有可以理解的因素，那就是教育不应该培养仇恨，而应该充满爱和宽容。只是他这个抽象的正确观点，放在那个具体事件中的行凶学生身上，就显得荒唐了。

“木蓝”以女儿为例，说明老师的一言一行会给孩子心灵造成老师都不一定觉察得到的阴影，的确如此。

我常想，挥刀杀老师的学生有没有？当然有，甚至有连父母都杀的孩子，但绝对是极个别的。粗暴体罚学生的老师有没有？当然也有，但也是极个别的。然而，像“木蓝”女儿的老师这样带情绪地推了学生一下，这个细节简直是微不足道，有人可能会以“老师也是人，也有自己的情绪”为老师辩解，同时会说现在的孩子心理承受能力太差，一点委屈都受不了。

可是我要说，正是无数这样微不足道的细节，损害着教育的品质，损害着教育者在儿童心目中的形象，损害着孩子的身心健康成长。

我想起了我十分崇敬的教育家苏霍姆林斯基对教师的叮咛：“亲爱的朋友，请记住，学生的自尊心是一种非常脆弱的东西。对待它要极为小心，要小心得像对待一朵玫瑰花上颤动欲坠的露珠，因为在要摘掉这朵花时，不可抖掉那闪耀着小太阳的透明露珠。”

只有以这样的态度对待我们眼前的每一个孩子，我们的教育才是充满人性的教育，我们培养的学生才是充满人性的人。否则，我们的教育将有悖我们每一个有良知的教育者的初心。

家庭教育当然重要，我前段时间还写文章强调过，但我从来没有因此轻视学校教育的责任。即使我在强调家庭教育极其重要的时候，也说了学校教育是“不可缺少的重要补充”。

我不知道“镇西茶馆”的关注者有多少是教师，有多少是非教育者，但我估计还是老师多。所以我特别不希望我们的老师因为这次或以往的伤害老师的恶性事件，而对所有的学生都充满警惕，并让“教师是高危职业”之类的危言耸听的言论成为我们放弃教育或懈怠教育的理由。这样做只会让人们更看不起我们。

比严惩一个少年犯罪嫌疑人更难的，是恢复教育链条中教师、学生、家长还有社会之间的互相尊重与彼此信任。

这个话题太复杂，远不是我三言两语能够说清楚的。但我愿意抛出“木蓝”今天的留言，呼呼我们每一个人都来思考——如何重铸教师的尊严？

2019 年 10 月 28 日夜

我该如何给学生讲于欢？

“于欢辱母杀人案”（也称“辱母杀人案”或“于欢案”）已家喻户晓，具体案情我不说了，也不忍重复那恶心的细节。不过虽然恶心，可我相信，稍微有点人性、有点良知的人，了解案情后都会情不自禁把自己“摆进去”——如果我置身于欢的境地会怎样？虽然，这样的“设身处地”实在太“不堪设想”，但这种“设想”完全是下意识的。

人同此心。我坚信，把自己“摆进去”之后，所有正常的人都会和我做出一样的选择：杀人！杀了杜志浩那“恶狗”，包括另外的十个“畜生”！

心同此理。请法律不要说我失去理性，请“济南公安”不要劝我“情感归情感，法律归法律，这是正道”（这句话选自“济南公安”的微博）。我只想问问判决于欢无期徒刑的法官：如果你的母亲也遭此凌辱，你做何选择？

请正面回答我！

代表“法律”的山东省聊城市中级人民法院的法官判了保护母亲、为民除害的于欢无期徒刑，理由是他“不能正确处理冲突，持尖刀捅刺多人，构成故意伤害罪……”法官，你是不是要逼我骂人啊！看着母亲忍受长时间那么龌龊下流的侮辱（我实在不忍重复那些恶心的细节），而且警察也不作为，你让于欢如何正确处理冲突？

我当然没有忘记我是教师，正因为如此，我才会在即将退休的年龄，发现在我三十六年的教书生涯中从没遇到过这样的“教育空白”或者说“教育困惑”——我该如何给学生讲于欢？

1999年，我曾经给初二学生开过一个班会，主题是“要爱你的妈妈”。我给孩子们讲了一个发生在美国的真实的故事——

1980年的一天，在美国得克萨斯州的一个农场，农场主把他10岁的儿子洛迪叫到身边说：“孩子，我又要出远门了。现在你便是家里唯一的男子汉了，你一定要照顾好你的妈妈！”洛迪庄严地回答说：“您放心吧，爸爸！”父亲走后不久，一场罕见的暴风雨降临了，洪水卷走了他们。在与洪水的搏斗中，母亲受了伤，她的左臂骨折了，洛迪也已经精疲力竭。可是，洛迪想起了父亲临走前嘱咐自己的那句话，他便拉着母亲的手，勇敢地同恶浪搏斗。三个小时过去了，他们到达了浅水区。洛迪再次想起了父亲的话，他把母亲放进一间小屋，母亲躺在地上，很快睡着了，可他无法入睡，也不能入睡，他告诫自己：“一定要照顾好妈妈，我要保护好我的妈妈！”过了很久，母亲醒了，洛迪搀扶着母亲走上公路。警察发现了他们，用救护车把洛迪的母亲送进了医院。洛迪看到母亲被送进手术室后，才放心地松了一口气，然后回到家中，倒在床上沉沉地睡着了。后来，人们在他的枕头前发现了一张纸条，这是洛迪临睡前写的，上面是一行大字：“我是一个男子汉！”

当时，我对学生说：“作为母亲的儿子，‘我是一个男子汉’，这意味着责任——母亲生病时，你要去照顾；母亲危难时，你要去保卫！”

如果按照这个逻辑，当母亲遭受侵犯时，做儿子的，理应挺身而出，拼死保护自己的妈妈，比如于欢。

可是聊城市法院的判决告诉我们：当母亲受到侵犯时，做儿子的，是不能轻易保护自己母亲的，弄不好会被判无期徒刑，比如于欢。

请别跟我说，洛迪仅仅是保护母亲，于欢却捅刺了他人，所以没有可比性。我认为，他们都是保卫自己的母亲，都是冒着生命危险付出了代价，都是大孝子！

1993年，我当高一班主任时，曾给学生读过《中国青年报》报道的徐洪刚的故事——

身为济南军区某红军团通信连中士班长的徐洪刚，从家乡返回部队。当他乘坐在大客车上时，车内的几个歹徒突然向一名青年妇女强行勒索钱物，被拒绝后，歹徒一边对妇女耍流氓，一边把她往疾驶中的车外推。见此情况，徐洪刚冲上前去，大吼一声："住手，不许这样耍横！"歹徒看到有人干预，便把注意力集中在徐洪刚身上。面对4个歹徒，徐洪刚只有一个念头：和他们拼了！经过一番搏斗，歹徒纷纷逃窜，而徐洪刚身中14刀，肠子流出体外达50厘米，却还以惊人的毅力去追歹徒……

当时我对学生说："面对黑恶势力决不屈服，挺身而出，与之斗争，这就是见义勇为！"后来，我还给学生读了一篇题为《呼唤"男子汉"》的文章，希望男同学多一些正义的血性。

按照这个逻辑，当黑恶势力就在眼前、正在犯罪时，无论遭受伤害的是陌生人还是亲人，都应该拍案而起，制止犯罪，比如于欢。

可聊城市法院的判决告诉我：面对罪犯的行凶作恶，应该"正确处理冲突"，否则，很可能会犯"故意伤害罪"，比如于欢。

别跟我说，徐洪刚是为素不相识的群众搏斗，于欢却是为自己的母亲出手，所以"不好放在一起说"。我认为，他们都是和凶恶歹徒拼死抗争，都是为民除害，都是好男儿！

恕我是"法盲"，说实话，我到现在都不知道于欢何罪之有。看着母亲一再遭受令人发指的凌辱，在警察来了都无法解救其母的情况下，作为儿子，奋起反抗，怒而挥刀，将流氓恶棍一一刺倒。从小处说，这是一个儿子唯一的，应该说也是必须做出的选择；往大了说，这正是一个民族应有的血性！

在我看来，于欢不但无罪，反而因为彰显大孝，因为见义勇为，应该入选"中国道德楷模"！

对，以后我就这样给学生讲于欢！

但是，我怎么给学生讲这次案件中相关的警察和法官呢？

是的，写到这里，我突然更加困惑了——以后，我不好给孩子们讲“人民警察”“人民法官”了！我当然知道，这几个渎职的警察只是个别，不公正的法官也是个别，中国绝大多数警察和法官都是称职而值得老百姓信任的——其中包括我的好多朋友和学生。可在苏银霞和于欢受辱的那一刻，来了又走了的警察，在母子俩眼中，就是最后的依靠，可以保护他们！那做出不公判决的法官，就是最后的托付，可以给予他们公平正义！对大多数老百姓来说，一辈子能与之打交道的警察和法官有限，可一旦接触就是他们的“全部”。

时至今日，媒体常有“某些人民教师违背师德”的报道，但我从不觉得自己受辱了，因为个别教师绝不代表整个教师队伍。我坚信，教师高尚伟大的职业精神自有千千万万真正的人民教师铸就。同样，警察的荣光只能靠警察来缔造，法官的尊严只能靠法官来维护。所以，老百姓对法律的信任乃至信仰，取决于司法的真正公正。

2014年10月，习近平总书记在关于《中共中央关于全面推进依法治国若干重大问题的决定》的说明中指出：“司法是维护社会公平正义的最后一道防线。我曾经引用过英国哲学家培根的一段话，他说：‘一次不公正的审判，其恶果甚至超过十次犯罪。因为犯罪虽是无视法律——好比污染了水流，而不公正的审判则毁坏法律——好比污染了水源。’这其中的道理是深刻的。如果司法这道防线缺乏公信力，社会公正就会受到普遍质疑，社会和谐稳定就难以保障。因此全会决定指出，公正是法治的生命线；司法公正对社会公正具有重要引领作用，司法不公对社会公正具有致命破坏作用。”

习近平总书记还说：“努力让人民群众在每一个司法案件中都感受到公平正义。”可山东省聊城市中级人民法院的这个判决，让每一个人都感受到了不公平、不正义。

常听到某些“专家”说：“法律不要被民意左右。”我却认为，法律从根本上讲，应该体现人性、凝聚公正、代表正义；如果法院的判决让几乎所有人都感到了愤怒，那么，这要么是法律有缺陷，要么是法官有问题。

如果说，杜志浩是用肮脏的手段羞辱了一个母亲的尊严，并激怒了她的儿子，那么，聊城法官则用“庄严的判决”羞辱了一个国家的法律，并激怒了他的公民！

2017 年 3 月 26 日

做一枚高贵的鸡蛋

——关于“于欢案”的答疑

一

问：作为教师，你如此给学生讲“于欢案”恐怕不妥吧？这不是赤裸裸地宣扬“不要法律，只要暴力”吗？

答：所谓“我该如何给学生讲于欢”，是一个假设的情景。我快退休了，也很难再有学生问我此案。所以我不会有机会给学生讲。之所以这样假设，是基于一种“教育视角”的写作构思。因此这并不是在展示一个“谈话技巧”。写这个话题的人太多，我不想重复别人的套路，于是便以这个角度行文，而并非真的是要给学生这样讲。当然，如果以后真的有机会给学生讲这个案件，我会非常谨慎地给学生讲，可以给他们讲的“法”“理”“情”之间的关系，但无论如何谨慎，危急关头一定要保卫母亲，这是一定要强化的理念。

二

问：你了解全部事实真相吗？最近几天又有新的“内幕”被披露，事件似乎正在走向“反转”，说不定最后会“惊天逆转”。你在没有全部了解真相之前，凭什么要评论“于欢案”呢？

答：什么叫“全部事实真相”？除了现场亲历者，恐怕没有一个人敢说自己了解了“全部事实真相”。媒体和法官所依据的都只是事后以各种方式尽可能“还原”的“事实真相”。我了解这个案件并写成文章，所依据的是媒体的报道和一审判决书。有人说二者有差异，说实话，我看不出有什么本质的差异，行文风格有差别，那是因为各自得符合各自的文体。事实上，目前包括法官在内的专业人士和许多法律专家，他们判断、评论这个案件所依据的都是同一来源的“事实真相”。在这一点上，我和他们没有区别。

至于说“惊天逆转”，我不是预测未来的算命先生，也不是见风使舵的投机分子，因此对这几天一些“音频曝光”“重磅黑幕”不做评论。如果真的有什么之前一直被隐瞒的“真相”足以颠覆此前包括一审判决书在内的事实陈述，也推翻了我此前的认识，那么我愿意向“真相”投降，并承担应有的责任。

三

问：这么一个严肃的法律问题，你不觉得你的那篇文字太情绪化，甚至太煽情了吗？

答：是很有情绪，义愤填膺的我无法没有情绪。我写的不是法律文书，就是一篇随笔或者说是一篇杂文，我没有想过要抑制自己的情感。至于“煽情”，没想过。如果读者也激起了情绪，那叫“共鸣”。当然，因为义愤填膺，所以措辞比较激愤，甚至比较极端，比如“应该入选‘中国道德楷模’”之类的话，的确不够严谨，这点我承认。但要求义愤填膺的我冷静写文，我做不到。我不是法官，我只是一个公民（教师）在表达自己的看法和情感，没有必要像法官那么冷静理智——何况法庭上的法官也不是绝对没有情绪。作为前省人大代表，我曾经旁听过法庭审判，法庭上，法官义正词严的陈述和宣判，充满正气的声音，不也蕴含着情感吗？

四

问：作为一个教师，你为什么在文中自称“法盲”？你并非法律专业人士，你为什么认为于欢无罪呢？

答：说我“自称‘法盲’”是“误读”。我原文中的“法盲”特别加了引号，表示是别人眼中所谓的“法盲”。紧接着我说“我到现在都不知道于欢何罪之有”，这在认为于欢是有罪的人眼中，我自然就是“法盲”。但是，岂止是我这个“非法律专业人士”不知道于欢何罪，还有许多法律专业人士同样认为于欢无罪。本来，对同一个案件，就算是“事实清楚”，就算是依据同一部法律，也依然见仁见智，有人认为有罪，有人认为无罪。中外皆有这样的例子，这不很正常吗？

至于我为什么不认为于欢有罪，那是我基于自己对法律的应然理解所得出的结论，“道德是最高的法律，法律是最低的道德”，于欢的行为在我看来，显然是符合道德规范的，自然也应受到法律的保护。法律界人士（包括一些德高望重的法律专家）也有认为于欢应该无罪释放的，他们的理由更专业。我就不用举例了。

五

问：你是不是宣扬“以暴制暴”？

答：当然不是。在法律健全、司法公正、公权力保障有力的文明时代，我坚决反对私力救济、以暴制暴。但如果不得不用私力救济的方式制服暴力不法侵犯者，那么这不应该被视为“以暴制暴”，而应该是受法律保护的“正当防卫”。

六

问：你看了一审判决书吗？判决书已经事实清楚，你怎么能质疑判决呢？

答：虽然枯燥冗长，而且难以辨认（因为是影印件），但我还是认真看完了。判决结果与我基于道德、常识、常理的判断结果截然不同，所以我不自觉地开始质疑法院判决了。所谓“事实清楚”，这四个字可没那么简单。历史上那么多的冤案，当初不都是说“事实清楚”“证据确凿”吗？如果一审都“事实清楚”，怎么经常看到上一级法院以“事实不清”为由驳回重审呢？

七

问：在法院没有终审此案之前，你这样评论合适吗？你有权质问一审法官吗？

答：是的，我不止一次在文章中质问聊城市法院的法官，并要求他们正面回答我。这是宪法赋予我以及其他任何一个公民的权利。宪法第二十七条中写道：“一切国家机关和国家工作人员……必须倾听人民的意见和建议，接受人民的监督……”宪法第四十一条写道：“中华人民共和国公民对于任何国家机关和国家工作人员，有提出批评和建议的权利。”这里，可没有“法院和法官除外”的说明啊！所以且不说在“法院没有终审此案之前”可以评论，就算是终审了，执行了，公民必须服从判决，也依然可以评论，这同样是宪法赋予任何一个公民的神圣权利。

八

问：你不认为法官应该独立办案，法院应该排除法律以外的干扰吗？你难道认为“法律应屈从于民意”吗？

答：法官当然应该独立办案，法院当然应该排除法律以外的干扰。但这里的“干扰”不仅仅是舆论的干扰，还有权力的干扰。请问，为什么有人仅仅强调“法律不能受舆论干扰”，却不说“法律不能受权力干扰”呢？这么多年来，司法究竟是受舆论干扰多一些，还是受权力干扰多一些？

我当然认为法官判案不应该简单地被舆论左右，但从根本上说，应该符合民意。“舆论”和“民意”不完全是一回事。我说过：“法律从根本上讲应该体现人性，凝聚公正，代表正义；如果法院的判决让几乎所有人都感到了愤怒，那要么是法律有缺陷，要么是法官有问题。”什么叫“民意”？人性、公正、正义，就是民意。难道法律不应该满足这个“民意”吗？

有人说：“法律是法律，情感是情感，道德是道德，不能混为一谈。”我不敢苟同。从法律精神的层面说，法律不应该与情感、道德截然对立。法律的基石应该是人性，法律体现人民意志。卢梭有一句名言：“一切法律中最重要的法律，既不是刻在大理石上，也不是刻在铜表上，而是铭刻在公民的内心里。”

九

问：有人说，如果非杀人救母不可，正确做法应该是杀了辱母者，然后服罪坐牢。这样，既不违孝道，又尊重了法律。您认为呢？

答：这里把法律与道德对立起来了。貌似情是情、法是法，其实并非如此。如果属于正当防卫而杀凶手，自然不会坐牢。“宁肯坐牢也要杀人”这种极端做法，也许只在某种特殊的情形下可能发生。

其实，一千多年前的柳宗元曾就“礼”和“法”的统一说过一段非常精辟的话，翻译成白话文大意就是：礼和法的根本目的是一致的，都是维护秩序、伸张正义、防止生乱，只是采取的方式不同罢了。所以，表彰和处死是不能同时施加在一个人身上的：处死一个应该被表彰的人，叫乱杀，属于乱用刑罚；表彰一个应该被处死的人，这就是过失，严重破坏了礼法。如果这样，追求道义的人就不知道前进的方向了，想避开刑罚的人也不知道该怎样立身行事了。

这话放在今天依然有意义。只是我想问，难道今天的国人，对“礼”与“法”的理解还不如古人吗?

十

问：你作为一名教师，应该多谈教育，跨界谈法律，往往容易说外行话。你为什么喜欢对社会问题发表评论呢?你多写一些教育文章，可能对中国教育的作用更大一些。写这些容易引起争议的时评，有多大意义呢?还容易给自己惹来麻烦，何苦呢?

答：真诚感谢您以及所有朋友对我的关心!不过，我还是要说，我是教师，也是知识分子，更是公民。谁规定了教师只能谈教育?何况在教师眼中，一切都是“教育”。法官判案自然具有广义的教育功能，如果错判，那是糟糕的示坏;只有正确的裁判才能引导公众抑恶扬善。我没有参与侦破案件，没有参与审问嫌犯，没有参与分析案情，更没有参与起草判决文书，不存在也没有机会“说外行话”。我之所以评论一些社会现象，是因为我就是社会的一员。他人今天的不幸遭遇，很可能就是我明天的遭遇。面对强大的不公，我们都是潜在的受害者。

前几天看了一篇非常棒的文章，题目是《在鸡蛋和石头的较量中，我永远站在鸡蛋一方》。文章的开头两段是这样写的——

> 2009年，村上春树领取耶路撒冷文学奖时，说了一句让所有人震撼不已的话：“在高大坚硬的墙和鸡蛋之间，我永远站在鸡蛋那方。”
>
> 村上春树为何要这么“蛮横”地永远站在鸡蛋一方?因为——“我们每个人或多或少都是一枚鸡蛋，我们都是装在脆弱外壳中的灵魂，很多时候都必须面对一堵冷酷的高墙。”这堵高墙可能是恶势力，这堵高墙可能是行政体系，这堵高墙可能是司法体系……“这堵墙实在太高太坚硬，在不明真相之际，如果我们不站在鸡蛋一边，鸡蛋立马就被撞碎了。”村上春树说。

“我们每个人或多或少都是一枚鸡蛋。”这话让我怦然心动。

我愿意做一枚高贵的鸡蛋。

仅此而已。

2017 年 3 月 31 日

于深圳北至长沙南的高铁上

今天过“父亲节”，就丧失“文化自信”了吗？

今天早晨，一打开手机，整个微信朋友圈都在发感恩父爱的图片和文字，浓浓的人情味扑面而来。我想，任何有着正常情感和思维的人都觉得这是很自然、很真诚的情感表达。

但有的人脑子里总是“紧紧绷着阶级斗争的弦”，他们以敏锐的嗅觉闻到了“阶级斗争的新动向”。有一篇文章，批评许多国人过“父亲节”。作者说，1972 年美国总统才签署正式文件，将每年 6 月的第三个星期日定为全美国的父亲节，至今不过四十多年。而我们中国早在 1945 年就正式将 8 月 8 日设为“八八节”（谐音“爸爸节”）。我们忘记了自己的“爸爸节”却过美国的“父亲节”，崇洋媚外，丧失了文化自信。

我坚决不同意这篇文章的观点。“父亲节”也好，“爸爸节”也罢，表达的都是对美好亲情的感恩。为什么一定要分是“中”是“西”，要问姓“社”姓“资”呢？什么都要扯到“文化自信”，恰恰是文化极不自信的表现。

说实话，我以前真不知道中国有自己的“父亲节”（“爸爸节”）。我赶紧查资料，果然发现，1945 年，当时的上海各界名流如吴稚晖、潘公展、杜月笙等人（这些都是反动分子，应该说“之流”）联名呈请政府准予规定每年 8 月 8 日为父亲节，通令全国遵行。后来呈请获准，于是 8 月 8 日就正式成为我国的父亲节。但 1949 年新中国成立后，中央人民政府便废除了国民党反动政府确立的“爸爸节”——放在当时的历史背景下，这是可以理解的。所以我和许多新中国成立后出生的中国人是不知道“爸爸节”的。现在有人居然用这个被我们自己曾经废除的节日来抵制“西方文化”。这不是具有讽刺意义吗?

和“爸爸节”类似，还有民国时期的教师节、儿童节，后来都被废除了。

史料记载，民国时期，中国的儿童节是4月4日。1931年3月7日，当时的中华慈幼协会“建议将每年的4月4日确立为儿童节”的提案由上海市政府转呈国民政府，获得批准。但这个节日，在新中国成立后也被废除了。新中国成立后以每年6月1日的“国际儿童节”作为中国的儿童节。我们“与国际接轨”(我这里没有调侃的意思，而是严肃的表达)，新中国也想融入世界。

还有“教师节”。其实我们以前也有专门的“教师节”——在1932年，民国政府曾规定每年的6月6日为教师节。新中国成立后，中央人民政府废除了6月6日的教师节，改用“五一国际劳动节”为教师节。你看，又“与国际接轨”，同样是以开放的姿态与世界各国人民共同过节。直到1985年9月10日，新中国才有了专属于教师自己的节日。

如果按照某些人的逻辑，我们中国本来有自己的“四四儿童节”，为什么偏要在每年的6月1日过“国际儿童节”?我们明明有自己的“六六教师节”，为什么要将其归入每年5月1日的“国际劳动节”?这都是缺乏文化自信的表现啊!照此推理，元旦也应该废除，只保留农历大年初一;废除西医，治病只用中医;废除汽车、飞机，恢复马车、黄包车，废除电灯，重燃蜡烛……这样是不是更能彰显我们的“文化自信”?

我是教师，我更多地想到了教育。是的，作为中国人，我们理应让我们的下一代了解、熟悉中华优秀灿烂的文化，让他们以此自豪，并将其发扬光大，但这绝不意味着重回夜郎自大的封闭时代。不错，中国特色社会主义教育事业的培养目标是社会主义事业的建设者和接班人，可要完成中国特色社会主义的伟大使命，并最终实现共产主义的伟大理想，只需知道本国的传统文化就够了吗?我从小就熟悉伟大的列宁的一句名言:“只有用人类全部知识武装头脑，才能成为共产主义者。”邓小平同志也说过:“教育要面向现代化，面向世界，面向未来。”难道列宁和邓小平都分别失去了对俄罗斯文化、中国文化的自信了吗？

中国的现代教育的发展，就是包容世界先进文化的结果。20世纪初，废科举、兴新学——这里的“新学”其实主要是“西学”。一百多年过去了，新文化及其新教育带来的是一个屹立于世界东方以至让某些西方大国都感到不安的现代化社会主义中国。难道中国教育只能有孔子、孟子、二程、朱子和王阳明，而不能有苏格拉底、夸美纽斯、卢梭、爱尔维修和苏霍姆林斯基？如果按某些人的逻辑，干脆取消现在源于西方的班级授课制，回到过去的私塾制，这岂不更能彰显文化自信吗？

就在今天发行的《求是》杂志上，敬爱的习近平总书记发表了署名文章《坚定文化自信，建设社会主义文化强国》，他再次阐述了“文化自信”的重要性。我注意到，在强调建设中国特色社会主义文化时，习总书记用了“面向世界”这个词。他的原话是：“发展面向现代化、面向世界、面向未来的，民族的科学的大众的社会主义文化……”

因此，我有理由坚定而自信地认为——

真的文化自信应该是，既背靠祖国又面向世界，既扎根本土又拥抱天下；远溯大汉盛唐，近看改革开放。正是这种胸襟，才带来了中国的强盛和真正的自信。

愿意过中国父亲节当然可以，愿意过美国的父亲节也没有什么问题，甚至每年过两次父亲节，也很好呀！这完全尊重个人的自由意愿。就像一个人得了病，他愿意看中医或西医，是他自己的选择，别人管不着。这和文化自信没有关系。

那种唯我独尊、连一个表达人类共同情感的“父亲节”都无法容忍的极端狭隘之人，不是文化自信，而是文化自卑、文化愚蠢！

2019年6月16日晚

我对这条规定表示“想不通”

今早喝中药时，没想到几个小时后我会写这篇文章。

其实我不常服中药，主要是嫌麻烦，还有就是效果慢，但有时喝中药确实比服西药有效。在我小时候，已经被发病危通知书的父亲，就是被一名老中医悉心治疗而起死回生的。不过，总的来说，我看西医的时候多一些，毕竟更方便。

但是，我对中医和西医没任何倾向。我的原则是：什么有效就吃什么药，管他中医还是西医！

虽然态度上一视同仁，不过内心深处，其实还是偏爱中医的——我这里主要是从感情上说的，毕竟中医是我们先人的智慧，是我们中国的哲学，是我们华夏的文化。

如果有人不喜欢中医，甚至批评中医，那是他的权利，我表示尊重，但他们的言论并不会影响我继续喝中药。

然而昨天看到的《北京市中医药条例（草案公开征求意见稿）》中的几句话，让我大吃一惊：“不得以任何方式或行为诋毁、污蔑中医药。”“诋毁、污蔑中医药，寻衅滋事，扰乱公共秩序，构成违反治安管理行为的，由公安机关依法给予治安管理处罚；构成犯罪的，依法追究刑事责任。”

看到最后一句，我不寒而栗。

有人说：“人家说的是‘诋毁、污蔑中医药’，并没有说不要你质疑啊！”

问题是，什么叫“诋毁”和“污蔑”？谁来定义？谁来判断？这和“诽谤”

不一样，“诽谤”要有具体的证据，而是否“诋毁”“污蔑”只需凭感觉。正常的学术批判显然不属于“诋毁”和“污蔑”，但到了权力者手里，对“诋毁”和“污蔑”的定义往往就会带有很强的主观性。

还有人说：“中医毕竟是我们中华传统文化的载体之一，关系着中华民族的形象。”

我承认，中医药体现了中华民族独特的文明智慧，但尊严不是靠行政权力来维持的，更不是靠带有法律效力的管理条例来强化的。就像一个人的尊严不能靠拳头来赢得与维护一样，一个民族的尊严，同样不能靠强权来树立。

关于中医的科学性，一直有争议。我是外行，难以置喙。但我知道一个常识：真理是不怕批评的，相反，真理欢迎质疑。任何一门科学的发展，都离不开争论、批评乃至批判。这是真理和科学的自信和尊严所在。

对中医的“诋毁”与“污蔑”从来就没有停止过。比较著名的“诋毁”与“污蔑”无疑是鲁迅和郭沫若了。但至少我不会因为崇拜鲁迅而连他对中医的不屑也全盘接受，我依然该看中医还看中医。祖国的中医药事业，也不会因为这些文化巨匠的“诋毁”与“污蔑”而失去自己本身的尊严，更不会停止自己的发展。

2020 年 6 月 3 日

教育的公益性质天经地义且不可动摇

从前天晚上起，“成都七中实验学校食品问题”迅速成为全国舆论的热点。连教育部陈宝生陈部长在“两会”对“减负”等热点问题的答问，都没人再关注了。是呀，比起孩子在学校食堂吃“猪食”，孩子的作业多一点简直就不算什么了，至少那些过多的作业不会马上危及孩子的生命安全。

凡有良心者，无不愤慨不已。但我在这里不想谴责涉事者“良心何在”，因为对他们大谈“良心”显然是鸡同鸭讲，不，是人同狗讲——明明就没有良心，你却要用“良心”去质问，岂非缘木求鱼？

对这种“人”，除了依法严惩，别无选择。

至少据我目前得到的信息，这次成都市政府的反应非常迅速。2019 年 3 月 13 日下午，成都市委市政府在温江区召开了由市委副书记、市长罗强主持的专题会，部署做好七个方面的工作，第一条便是：“认真负责地开展调查，无论涉及谁，无论涉及什么单位，都要一查到底、依法依规、严惩不贷。”

围绕此事，我也听到了不少荒诞可笑的谣言，但消除谣言的最好方式，是让真相跑在谣言前面。应该说，事件的调查才刚刚开始，我们相信政府会给社会一个公正的答复。一切谣言必将止于真相，让我们拭目以待吧。

涉事学校是一所私立学校。据《财经》记者了解，成都七中实验学校是一所大型民办学校，该校对外宣称是“不要求合理回报的非营利性学校”，但另一方面，却签有业绩对赌协议，且在 2015 年净利润达 7296 万元，2016 年净利润达 8688 万元，2017 年前三个月净利润 2112 万元。每年如此高的净利润从何而来？

这个问题的确是善良的普通百姓永远搞不懂的。我只知道，无论公办学校还是私立学校，教育的公益性质是天经地义且不可动摇的。我所了解国外的一些私立学校都是公益性质的，出资人办学绝不是一种希望高回报的投资，而就是一种慈善行为，不图回报。我当然不是说，资本主义国家的私立学校都是慈善机构，但我说的这种不图回报只做慈善的学校，绝不是个别。

去年我两次去丹麦考察教育，很惊讶地得知，丹麦政府对所有私立学校都有经费补贴——学生负担一半费用，国家负担一半费用；初级小学国家补贴的比例更高。当时我很不理解，可我在丹麦的一个学生告诉我："丹麦教育真的是为国家做贡献式的教育!"这就是教育的公益性质，哪怕私立学校。

按说，社会主义国家的教育，无论公办还是私立，更应该体现出公益普惠性质。几年前，江苏某市教育局局长带着一位企业家来我办公室找我，希望我出任该市即将兴办的一所私立学校的校长，而那位企业家正是这所学校的出资人。我现在还记得，当时这位企业家说："我办了一辈子企业，的确赚了不少钱。我打算在有生之年将这些钱全部回馈给社会，办一所学校和一座医院，我不是投资，就是做公益，学校无偿地交给办学者，不求一分钱的回报。"当然，我不知道后来他是否真的如此，因为我思考再三还是没去那所学校任校长，但这位出资人的话当时让我很感动，毕竟教育就是公益，这个理念是对的。

但现在国内为数不少的商人办私立学校，一开始就是一种基于市场原则的商业行为，办学就是为了赚钱——虽然有的学校表面上说自己"不以营利为目的"，宣称自己是"不要求合理回报的非营利性学校"吗？无论多么冠冕堂皇的理由，资本一旦攻陷了学校，等待孩子们的就只能是榨取。即使没有读过《资本论》的人，估计也熟知马克思关于"资本"的一段精彩评论："像自然据说惧怕真空一样，资本惧怕没有利润或利润过于微小的情况。一有适当的利润，资本就会非常胆壮起来。只要有10%的利润，它就会到处被人使用；有20%，就会活泼起来；有50%，就会引起积极的冒险；有100%，就会使人不顾一切法律；有300%，就会使人不怕犯罪，甚至不怕绞首的危险。"（见《资本论》第一卷，人民出版社1958年版，第839页）

由此可见，那些本来就毫无良知可言的办学投资者，眼中只有“收回成本”“赚取利润”，为了达到这个目的而不择手段，自然是再“正常”不过的了——这就是“资本”的逻辑。

所以杜绝类似的学校食品安全问题（当然，私立学校远不止这个问题），强调“加强监管”“依法严惩”，固然是必须的，但愚以为，从制度上杜绝办学的盈利行为，保证并维护教育的公益性，才是最根本的举措。

这次涉事的学校成都七中实验学校其实和成都七中是两个学校，并非一个法人代表。但舆论传播过程中，“成都七中”几个字却率领这个“实验学校食品问题”而风靡全国。一夜之间，许多人都认为是成都七中出事了。许多媒体在报道时，标题都简称“成都七中食品问题”，可这次爆发的食品问题和成都七中确实没有关系。

但既然成都七中将“成都七中”这个品牌名字卖给了这所私立学校，自然就要承担风险。这个现象已经存在很多年了，许多私立学校都喜欢在自己校名前加一个名校的名称，显示自己的“高贵血统”，以忽悠老百姓。对此，名校应该谨慎出售自己的品牌，否则相关的私立学校一旦出事，名校的声誉必然受损。对此，名校不能不慎重。

2019 年 3 月 14 日晚

民办学校一样可以闪耀着公益的光芒

二十多年前，中国大陆的私立学校（民办学校）还不多。程红兵和我说了这么一件事——

山西某地一所私立学校的校长，收到了一封家长的来信。信中说他的孩子来自南方，吃不惯北方的饭菜。校长当即吩咐食堂，每顿都给这个南方的孩子单独做符合他口味的饭菜。当时我很感慨，如果是公办学校，恐怕这孩子享受不到这种“特殊化”——其实是人性化的服务。“不是说以人为本吗？这个学校做到了！”程红兵说。

公办学校做不到的，为什么这所私立学校做到了？原因很简单，当时私立学校还不多，且处于被边缘化的弱势状态，要想崛起，要想赢得家长的信任，必须在人性化服务上下功夫，因此该私立学校做到了“私人订制”的服务。

可见，私立学校未必就为了利润而不近人情。事实上，尽管最近出现了“成都七中实验学校食品问题”，但公正地说，我知道的许多（没有调查数据，我不敢说大多数，只能稳妥地说“许多”）私立学校食堂饭菜是不错的。

昨天我在文中引用了马克思的话，谈到了资本的罪恶。这里的“资本”二字是有特定含义的。关于“资本”的定义比较复杂，但基本意思无非是经营工商业的本钱，或谋取利益的凭借，我们平时抨击资本的罪恶更多是在后者意义上说的。比如我上一篇文章中所说的：“资本一旦攻陷了学校，等待孩子们的就只能是榨取。”什么叫“攻陷”？就是以逐利——而且是暴利为唯一的办学目的，办学者矢志不忘赚钱这个“初心”，学校的一切都是为了赚钱而不择手段地榨取孩子，扭曲教育。这样的学校，就是我说的被资本“攻陷”了。

但我并没有因此否认民办学校存在的合理性。如果私人出资办学，初衷是为了实践教育梦想——有这样教育情怀的大有人在，那么他投入的资金是为了办学，而非我们所抨击的“资本”。为了学校发展的正常运营而略有盈利——这个“盈利”既被法律许可又被限制，是办学者应该依法保障的权益，我们反对的是“教育暴利”。

二十多年的民办学校的发展已经证明，民办学校的存在的确丰富了中国的教育生态，为广大家长提供了多元化的教育选择，同时民办学校还补充了许多公办学校的不足，有时候甚至还促进了公办学校的改革，比如教师待遇的提高，比如课程开发和设置的丰富性，等等。尽管从理论上说，似乎公办学校更具公益性，而民办学校更具市场性，但实际上教育的公益性，与学校姓“公”姓“私”没有必然联系。前些年，许多公办学校都热衷于“教育市场化”，让老百姓苦不堪言，怨声载道；而与此同时，不少私立学校却以优质的教育服务让家长更放心，这是不争的事实。

事实上，尽管不乏黑心的民办学校，但已经有一批办学灵活、课程丰富、充满人性、成果显著的民办学校——为了避免广告之嫌，我就不一一点名了，越来越赢得良好的口碑。

上一篇文章中，我转述了我的丹麦朋友提供的丹麦政府对所有私立学校补贴的材料，但有一个数据我弄错了，为了避免再错，这里我直接引用她发给我的微信：“丹麦私立学校的学生费用政府承担 75%左右，就是 100%的公立学校的‘人头费’，孩子到哪里钱就跟到哪里。”我这位朋友的孩子就读于丹麦一家非常著名的私立学校，她以自己的感受这样评价道：“丹麦私立学校比公办学校更加注重学生个性的成长，小班级上课，课程设置更加宽泛。丹麦社会的中坚力量基本是由 30%的私立学校培养出来的。私立学校很难申请，基本上孩子一出生就要申请排队，还不保证能够申请到。一般送孩子去私立学校的家庭都对教育有更高的诉求。私立学校的学生一般更有自律精神。”

不能因为这次“成都七中实验学校食品问题”就否认所有民办学校。孩子在校的食品安全当然应该依法监管，其监管的力度无论如何强调都不过分——我从来就没有否定过监管的重要性。但我还是那个观点，必须通过法律和制度让公益性回归教育，这才是根本——决不能让教育成为某些人攫取暴利的工具，无论公办学校，还是民办学校。

2019 年 3 月 15 日

把朴素还给校园，把天真还给儿童

李克强总理在一次国务院常务会议上指出："我看到有些城市，街边到处是小店，卖什么都有，不仅群众生活便利，整个城市也充满活力。但有的城市规划、管理观念存在偏差，一味追求'环境整洁'，牺牲了许多小商铺。这样的城市其实是一座毫无活力的'死城'!"

总理说，没有百姓便利的生活条件，大城市就会萎缩，流通业发展也就失去了根基。

是呀，一座城市要是没有了烟火气，那就失去了勃勃生机。所以成都市开放地摊经济的做法，最近在网上也火了起来。

作为一名教育工作者，我很自然地想到学校。

在各种"迎检""验收""创卫（文)""督导"越演越烈且源源不断的背景下，现在的学校越来越不像学校了。从进校门开始，一切都是那么一尘不染的"整洁"，那么整齐划一的"有序"。标语、挂图、橱窗、雕塑，还有"文化墙"之类，设计制作得那么精致而典雅。整个学校除了花园几乎没有一寸土，道路全是水泥地甚至是水磨石地面。教学楼过道也布置得很有"文化气息"，墙上贴满了已经"工艺品化"的学生书画作品。校园的某个角落或许还有开放式书架，但这个书架更像一个精致的小摆设，因为每一本书都是崭新的，书架也是一尘不染的。校园处处弄得像音乐厅一般的高雅，像美术馆一样的圣洁，好像随时都在待命，迎接着国家级的检查团的到来。

我曾去过一所小学，校方安排一个三年级的小姑娘为我解说，校长和学校中层干部和我一起跟随这个小姑娘转校园。漂亮可爱的小姑娘先给我行了一个少年队队礼，然后开始讲解："各位领导，各位来宾，欢迎来到某某学校！我们学校建校于……年，距今已有……年历史。在悠久的办学历程中，我们秉承……的理念，发扬……的传统，形成了我们学校……的办学理念，开发了许多基于核心素养的现代课程……"整个过程，小姑娘字正腔圆、抑扬顿挫、一气呵成，但说的全是社论语言。我疑惑了：这是孩子吗？这分明就是央视《新闻联播》的播音员啊！结束的时候，我由衷赞美小姑娘："记性真好！"

还有不少学校明文规定，校园里不许打闹，学生之间嬉戏打闹要扣操行分。学校提倡"文明休闲"——如果这"文明休闲"的含义是指不追逐低级庸俗趣味，不妨碍他人，那我双手赞成。但我看到有些学校的"文明休闲"就是"三轻"：轻手轻脚，轻言细语，轻拿轻放。学生并非是养老院里七老八十的爷爷奶奶，而是本来就应活蹦乱跳的十几岁的孩子，这"三轻"能做到吗？能。因为有一系列考核和评比的激励机制，那可是赏罚分明呢！

这样的校园，没有朝气；这样的学生，没有孩子气。

这样的校园，还叫"校园"吗？这样的学生，还叫"孩子"吗？

陶行知在谈到校址的选择时，曾把自然环境作为极其重要的因素。他认为"天然环境和人格陶冶，有密切关系"，他认为校址的选择应满足这样的标准："一要雄壮，可以令人兴奋；二要美丽，可以令人欣赏；三要阔大，可以使人胸襟开拓，度量宽宏；四要富于历史，使人常能领略数千百年以来之文物，以启发他们光大国粹的心思……"苏霍姆林斯基也特别重视自然质朴的校园环境对孩子的美的感染与熏陶。我曾两次去过他曾担任校长的帕夫雷什中学，校园里有根植大地的参天大树、枝繁叶茂的丰盛果园、洒满树叶的泥土小径、野趣盎然的如茵草坪……让人感到这就是孩子们的天地。

就像都市街头有点小摊无伤大雅一样，校园里有一点点"脏乱差"也不要紧的——其实，并非"脏乱差"，只是不符合"创卫"标准罢了。在这样的校园里，孩子们既不用小心翼翼地害怕把这儿弄脏了，也不用战战兢兢地担心把那儿碰坏了，完全可以无拘无束地奔跑，自由自在地嬉戏。孩子们可以蹦跳，可以打闹，可以摔跤，可以叽叽喳喳，可以嘻嘻哈哈，可以你推我一下、我蹭你一下；推着蹭着，上课铃响了，彼此开心一笑，马上从地上爬起来，然后拍拍身上的灰，朝教室跑去。当然，孩子之间偶尔也有打闹过分的，真的生气了，谁也不理谁了，可是没关系，他们过一会儿就好了。长大后回想起类似的小纠纷、小矛盾、小别扭，不就是“童年趣事”吗？我们不就是这样长大的吗？

我当然知道这有安全隐患，但这不是禁止孩子们嬉戏打闹的理由。我当班主任时，是这样对孩子们说的：“男生们喜欢打闹，可以。但是得遵守两个规定：第一，请到操场和校园里开阔的区域去打闹，教室里不能打闹，教学区也不能打闹；第二，请徒手打闹，决不能带着器械或其他‘武器’打闹。”另外，孩子在学校活蹦乱跳，家长也要理解和尊重，不能以“安全”为由动辄就来找学校“算账”。

教育不应该剥夺孩子的天性。让孩子接待来访者，这个创意非常好，但能不能让孩子说他自己的话？或者，让他以自己本来的样子接待叔叔阿姨？比如，不要用公文化的成人语言介绍学校，不要以校长的身份谈学校的宏大理念，不要以播音员的仪态背诵他自己都未必理解的话。孩子嘛，说错了没关系，搔搔小脑袋，翻着眼睛想一想，还是想不起来，就尴尬地笑笑，或者禁不住伸个舌头，这都很正常，也很有趣，这才是孩子。有的学校开个少先队会议，都要排座次，并依据座次放名牌；少先队干部的发言稿得分管德育的副校长审核，十来岁的孩子在主席台上一坐，一开口就俨然是党代会报告：“让我们团结在……努力奋斗！”这样的教育，怎么看都很别扭。

更不要说孩子们在我们的授意和训练下，搞了多少成人化的大型活动，说了多少成人化的豪言壮语，背了多少他们根本就不懂的至理名言，包括“六一”儿童节的演出，有多少东西是我们大人强加给孩子的？

孩子是祖国的未来，将他们培养成社会主义建设者和接班人，无疑是教育者神圣而伟大的使命。问题是，这培养过程是不是应该符合儿童的心理和生理规律？人的一生，在不同的阶段有不同的年龄特征，也有不同的成长主题，只有符合并顺应儿童的天性，教育才可能真正有效。

学校可以有音乐厅和美术馆，但校园本身并不是音乐厅和美术馆，它应该是允许孩子撒野的地方。教育不能没有伟大和崇高，但这份伟大和崇高应该通过孩子能够接受的方式呈现在孩子面前，以剥夺孩子天真烂漫的真性情换来孩子的“成熟”与“庄严”，这样的教育，是可怕的。

几年前，我曾写过一篇文章《校园，请给孩子一片撒野的空间》。有读者说：“‘撒野’不好，改成‘撒欢’吧!”我说：“不，就是‘撒野’!”毛泽东在1917年所发表的文章《体育之研究》中，曾提出：“文明其精神，野蛮其体魄。”2019年4月8日，习近平总书记参加首都义务植树活动时，又引用了“文明其精神，野蛮其体魄”来勉励身边的少先队员。

教育不是拿来欣赏点赞的，校园不是拿来参观验收的，孩子不是拿来表演接待的。因此在“六一”儿童节前夕，我再次呼吁——

教育，请诚实些，再诚实些!

校园，请朴素些，再朴素些!

孩子，请天真些，再天真些!

2020年5月30日

JIZHUO YU YANGQING

激浊与扬清

教育是她的“宗教”

——张桂梅老师戳中我泪点的六个瞬间

这是去年 7 月 10 日写的文章，刚好一周年。当时，我想去看看张桂梅老师，想为她做点什么。于是我和张桂梅所在的华坪县教育局局长联系，我甚至连往返日程和支教团队都确定了，但因为张桂梅老师那段时间特别忙，我只好延期。这一延就是一年。

这一年来，我了解到张桂梅老师更多的情况，她也获得了更多的荣誉，可以说除于漪老师之外，她是获得国家最高荣誉的老师（没有之一）。就物质而言，她的学校并不是特别迫切需要我原来想象的帮助和资助。因为现在有整个党和国家做她的后盾，无论在哪方面，她都不是需要我帮助的“弱者”。再加上她那么忙，我去了只会添忙。所以我渐渐打消了去看她的想法。

这并不意味着我对张桂梅老师的赞美有丝毫的减弱，我愿意在远处心怀敬意地凝视着张桂梅老师！

我知道的“张桂梅现象”比我最初知道的她的事迹要丰富且复杂得多，包括她对“全职太太”的批评，还有她的学校管理方式。对此，我也听到了不同评价的声音，我当然也有我的看法，并不完全赞同。然而——

第一，我把我对张桂梅老师所具有的伟大奉献精神的崇敬之情与对她一些具体操作的不同看法区别开来；

第二，我对她的那些具体做法，包括她对“全职太太”的态度，放在她所处的“此情此景”中，予以充分的理解，我不忍心貌似“理性”地予以简单的臧否；

第三，张桂梅老师对教育所做出的超出常人甚至近乎超越人生理极限的牺牲，我绝对做不到，我相信许多人也做不到（所以我坚决反对一些领导以张桂梅老师作为标杆去苛求所有老师），但这不妨碍我发自内心地崇敬她、仰望她。如果说，这是张桂梅自愿的选择，我们任何人都无权不尊重她的选择。

所以我愿意重申，我对张桂梅老师的敬意丝毫不减。这也是我今天一字不改重新推出一周年前写的这篇文章的原因。

无须煽情，泪如泉涌。从教几十年来，听过太多催人泪下的教育故事之后，能够戳中我泪点的教育故事已经不多了。但几天前看张桂梅老师的故事，她的六个瞬间却让我热泪盈眶——

一

由于条件太艰苦，学校建校不久，好多老师走了，只有八个老师留了下来。眼看学校办不下去了，正在县教育局准备将学生分散到各个学校去的时候，张桂梅看教师档案，偶然发现八个人中有六个党员。

于是，她将所有党员集中起来，说："如果在战争年代，阵地上剩一个党员，阵地都不会丢掉。"言下之意就是我们有六位党员，能够将这块教育扶贫的阵地丢下吗？

张桂梅领着党员重温入党誓词。她回忆说："我们没钱买党旗，就在二楼墙上画了一面党旗，把誓词写在上面，面对党旗宣誓，没宣誓完，就都哭了。"

华坪女子高中后来所有的辉煌，都可以在这里找到悲壮的起点。

看到这里，我也流泪了。

我一点都不责怪离开的老师，因为每一个人都有权选择自己的生活，如果要强迫每一个人都奉献，那就是道德绑架。但如果走的人里有党员，他就应该受到谴责。因为你不是普通的人，是举起右手宣过誓的中国共产党党员，是承诺过"随时准备为党和人民牺牲一切"的，现在贫苦人民需要你在这里教书，你却不愿意做出"牺牲"，你的宣誓还算数吗？

而对中国共产党党员张桂梅和她的党员同事来说，当年的宣誓永远算数，且永不过时。

多年来，我见过太多的“重温秀”，但这是我见过的最真实、最动人的重温入党誓词场面。但愿张桂梅和几位党员的“重新举起右手”，会让绝非个别的、不作为的党员无地自容。

二

记者问：“您的学校可不可以简单称其为‘给贫困山区的女孩专门上的高中’?”张桂梅回答：“不，我们没提‘贫困’两个字，因为我觉得贫困对女孩子来说，也是一种隐私。所以我们不叫贫困女孩，而叫大山里的女孩。”

看到这里，我眼眶湿润。

同时我也怦然心动：不说“贫困”，不是鸵鸟心态，不是掩耳盗铃，而是对人的尊重。张桂梅在每一个细节上，都体现出她对每一个女孩的尊重。

而且在她看来，贫穷只是暂时的客观现实，不是一个人永远的标签，更不是一个人用以博得天下人怜悯的“资本”。

的确有这样的人，以“贫穷”为不由分说的索取理由，甚至“秀贫穷”，逼着别人“献爱心”；还有一些媒体在报道相关新闻事件时，也刻意用“贫穷”作为“看点”来抢读者眼球，或者在文章中渲染悲情，铺叙贫穷，全然不顾主人公的尊严。

对比张桂梅回避“贫穷”二字，用切切实实的行动帮助女孩子们改变贫穷，她堪称伟大。

三

为了筹集办学经费，张桂梅在街头“乞讨”。其实，她当时已经是获得过各种荣誉的优秀教师了，还曾当选为党的十七大代表。她对大街上来来往往的行人说："我想办一所学校，你能不能支持我五块十块?"当有人骂她是"骗子"时，她便拿出早已准备好的各种荣誉证书和关于她的优秀事迹的报道。

看到这里，我鼻子发酸：为了女孩子们的尊严，她宁愿让自己的尊严破碎一地。

当然，最终她也赢得了更神圣的尊严!

我估计有人要说了：让一个优秀教师做"当代武训"，行乞办学，这是耻辱!

如果在过去，我也会这么"深刻"地斥责。但是在云南大山深处金沙江畔的华坪县，经济并不发达，要办一所张桂梅所期待的免费高中，对华坪县政府来说，也确实困难，就是在经济发达地区也不容易。

然而，2008 年当地政府还是做到了——丽江市和华坪县各拿出一百万，帮助张桂梅办校。2008 年 9 月，华坪高中正式开学，教师工资和办学经费均由县财政保障，学校建设由教育局负责。

抗战时期，毛泽东曾用愚公移山的神话故事来激励中国人民，"挖山不止，感动了上帝"。六十多年后，张桂梅也感动了"上帝"：全国第一所免费女子高中，在大山深处诞生了。

多年前，我对学生说过："做到了该做到的，算不上高尚；但如果连该做到的都没做到，则绝对可耻!"

丽江市和华坪县出资办女子免费高中，似乎是人民政府应该做的，但我依然要为之大大点赞!

四

在重男轻女的大山深处，每招一个女生都十分艰难。好不容易招来了，又跑了。"孩子没来，我去找，跑到大山里，才十几岁的姑娘，已经被嫁走了。"张桂梅回忆说："我对孩子父母说，这个孩子我是一定要领走的！一定要让她读书的，反正不要你出一分钱，你不出钱，我把她领走了，你还不愿意啊？你让我把孩子带走吧!”

心肠再硬的人，看到这里也会忍不住泪目。

按说，老家在东北的张桂梅，和这片贫瘠土地上的任何一个人都没关系，但她却把每一个孩子当作自己的孩子来牵挂、来担忧。

这份无私的情怀一般人做不到，也不应该强迫每一个人都做到，但张桂梅做到了，我没有理由不对她肃然起敬。

张桂梅的一个学生对记者说：“我考大学想考到东北去。因为那里比较远，我想走出去，靠学习改变命运。”

帮助女孩们走出大山、改变命运，这是张桂梅的梦想。在一般人看来，这永远也只是一个梦想，但张桂梅将这梦想变成了现实。

2008 年，华坪女子高中首届招收 100 名女生（中途走了 4 个），绝大多数是少数民族，分数没门槛，基础很差，但在张桂梅和她同事们的努力下，2011 年第一届毕业生 96 个考生中，本科上线 69 人，其中一本率是 4.26%，综合上线率达 100%。到了 2019 年高考，华坪女子高中共 118 名毕业生，一本上线率达 40.67%，本科上线率达 82.37%，排名丽江市第一。

这是奇迹，这是神话!

须知华坪女子高中不是北京人大附中，不是河北衡水中学，不是上海中学，不是成都七中……

有人说：这些女孩考上大学就幸福了吗?

这是一个伪问题。人生的幸福当然不是绝对由上大学决定的，但至少女孩们走出大山、走进大学，她们未来的选择更加丰富，她们收获人生幸福的概率无疑是大大提高了。

而如果不上大学留在山里，她们的人生之路只有一种选择：操劳的妻子、操劳的母亲、操劳的奶奶……

以考上大学“未必幸福”为由，怀疑张桂梅的奉献，进而否定她的伟大，我为张桂梅抱不平。

五

张桂梅领着记者去她的宿舍，其实也是学生宿舍，因为她一直和孩子们住在宿舍里。

看着张桂梅吃力地爬楼，知道张桂梅身体不好的记者问："你完全可以在一楼找一间宿舍住，为什么要住在三楼呢?"

张桂梅说："我要一个房间一个房间地查呀，这样我上楼的时候，就把每间宿舍都查到了。"

进了张桂梅住的宿舍，记者问："你住哪儿?"

张桂梅指着最靠门的床："住这儿。"

记者问："你为什么守着门口啊?"

张桂梅说："有什么事，我不就可以第一个跑出去，为学生挡点什么。"

看到这里，我的眼眶再次发热。

因为张桂梅说的"第一个跑出去"，不是发生危险时第一个逃命，而是说当外面有了危险时，她可以第一个冲出去为孩子们"挡点什么"。也就是说，体弱多病、走路像风中随时都要熄灭的蜡烛的她，却是这间宿舍里孩子们的"保镖"。

当然她不仅仅是宿舍孩子的"保镖"，还是全校的"保安""门卫""勤杂工"。当看到天还没亮的早晨，张桂梅手持话筒在催促"起床喽，姑娘们"时，很难让人想象她其实是这个学校的校长。

和张桂梅一起奉献的，还有她的同事们。张桂梅在讲述学校时，总是满怀感动地讲起老师们的故事：有一位小伙子结婚，办完仪式就马上回学校上课。一位女教师做肿瘤手术，张桂梅说："你请假吧!"那位女教师说："只要医生说能穿衣服，我就回来，我不请。"

张桂梅没有自己的生活，她说："我也不是不想要自己的生活，只是每天在学校做着做着，忘记了时间，把自己的生活给忘了。"

建校十二年，华坪女高已经有1645名大山里的女孩走进了大学。

记者问："为此，您要付出什么?"

张桂梅说："我付出的几乎是生命。"

记者问："您说这一辈子活的是什么?"

她回答："当我的学生大学毕业，走出大山为社会做贡献的时候，我就觉得自己值了。"

我想，读到这里，可能有人又要说了："教师也是人！为什么一定要让教师放弃自己的生活，像清教徒一样生活呢？这不是道德绑架吗?"

的确，教师也是人，也要养家糊口，完全应该获取自己依法获得的物质待遇，更不能要求每一个教师放弃甚至牺牲自己的家庭生活，来成全学生将来的幸福。

但是对张桂梅和她的同事来说，她们自愿选择了这种生活方式和人生状态，有问题吗?

我们做不到无须内疚，也无可指责，但我们应该尊重张桂梅们的选择。

何况，我们学不会也无法学她的这种做法，但其教育精神的十分之一、百分之一、千分之一甚至万分之一……我们或许可以学习吧?

对我说来，不只是尊重，不只是学习，还有敬仰。

六

可是面对人们的敬仰，张桂梅却说，她所做的一切都不过是感恩而已。

1997年，失去丈夫不久的张桂梅遭遇一场大病，无钱治病的她准备放弃，这时候，父老乡亲们伸出了援助之手说："别怕，有我们！我们再穷也会救活你!"

张桂梅回忆说："那年县里开妇代会的时候，大家就给我捐钱，一个山里的妇女，仅仅只有五块钱，这本来是她留着回家的路费，也全捐给了我。"

张桂梅的声音哽咽，我蓄满眼眶的泪再次夺眶而出。

病愈后的张桂梅一下子有了责任感："我没有为这个小县城做过一点点贡献，却给这个小县城添了这么大的麻烦，他们把我救活了，我活着要干什么，我就想做点事。"

我想起了我经常给我的学生说的爱因斯坦的一段话——我每天上百次地提醒自己：我的精神生活和物质生活都依靠别人（包括生者和死者）的劳动，我必须尽力以同样的分量来报偿我所领受了的和至今还在领受的东西。

毫无疑问，感恩是张桂梅献身创办学校、帮助大山里的女孩走进大学的精神源泉。

但是张桂梅却从不要求孩子们感恩自己和学校。

她说："我总是对孩子们说，你们毕业了，就不要再回学校。"

这刚好和我的一个观点相吻合：教师，一定不能强迫学生感恩。

只要一个人真正善良，他对别人的感激之情和回报之责，就是发自内心的，是自然而然的。

张桂梅是这样的，她的学生也是这样的。

她的许多学生一直记着张桂梅，记着母校，所以她们把大学毕业后第一个月的工资捐给学校。但张桂梅不收，县委书记也说，政府有能力养活这所学校，让孩子和他们的家长享受这份工资吧！

没有刻意的"感恩教育"，不强迫学生感恩自己，但善良的学生却时时想着"滴水之恩，涌泉相报"，这样的感情才是纯净的。

否则，靠各种大张旗鼓的"感恩教育"培养出来的"感恩者"，很可能是善于作秀的伪君子。

七

2002 年，我曾千里跋涉来到被网民称为"滇南布衣"的学校，那是一个山坡上的小学，只有十来个学生。当时，附近的小学老师听说我来了，便请我给他们作报告。

记得当时是在一间简陋的屋子里，光线也不太好。面对脸色黝黑但表情纯朴的老师们，我真诚地说："在座每一位老师的环境都比我差，但你们在现有条件下所做的一切都非常令我感动。实话实说，如果让我来到这里工作，我肯定不如你们！我坐在省会城市最牛的学校的办公室里，无论谈爱心还是谈新课程，都是很容易的。说心里话，要让我现在就抛弃我现有的工作条件和生活环境到这里来，我做不到。但是今天我真的受到了心灵的震撼，我从老师们身上看到了许多非常可贵的品质。我愿意珍惜我现有的一切，把我的工作尽可能做得更好，同时尽我所能为广大乡村教师做些呼吁，为改善山区孩子们的学习条件做点力所能及的贡献。"

此刻，面对张桂梅和她的同事们，我依然是如此心情。

我曾经说过，对教育的态度有三种：把教育当饭碗，把教育当事业，把教育当"宗教"。

我还说过，即使是把教育当饭碗也不可耻，只要老师的一言一行能够对得起饭碗，真正敬畏饭碗，也问心无愧。但如果能够再进一步，把教育当事业，可能你所获得的就不只是饭碗赋予你的那些，还有精神上的成果。

坦率而不谦虚地说，我做到了把教育当事业。

但和张桂梅比，我还差一个档次，因为她是把教育当"宗教"。

当我们觉得"那么艰苦，还那么干，你图个什么呀"的时候，她却沉浸其中，甚至沉醉其中，她不为什么——当然，也为着什么，那就是张桂梅说的："当我的学生大学毕业，走出大山为社会做贡献的时候，我就觉得自己值了。"

我上面所引述的爱因斯坦的话其实并不完整，接着爱因斯坦还这样说——现在，大家都为了电冰箱、汽车、房子而奔波、追逐、竞争。这是我们这个时代的特征。但是也还有不少人，他们不追求这些物质的东西，他们追求理想和真理，得到了内心的自由和安宁。

张桂梅因把一批批大山里的女孩送进大学而"得到了内心的自由和安宁"，这就是"宗教"。

我承认我不如张桂梅老师，哪方面都不如；她所做的一些事，我做不到，我相信很多老师也做不到。但这不妨碍我向张桂梅老师深深鞠躬，表达敬意。

不仅仅是鞠躬和表达敬意，我还打算为张桂梅老师做点什么。

我已经和华坪县教育局说好了，暑假去看看张桂梅老师，看看她的学校，真诚地向张桂梅老师学习！同时看看我能够为华坪的教育怎样效力——或捐款，或捐物，或支教，或送教，我一定尽我所能。

2020 年 7 月 10 日

“我很热爱班主任工作，可我几乎无法坚持下去了……”

——和马老师的聊天记录

马西洛老师是一位中年女教师，几年前我曾应邀去她学校讲课，所以认识了她。当时，校长这样给我介绍马老师：“这是一位很受学生欢迎的班主任，她非常有爱心！”据校长说，马老师在学校从来都是兢兢业业的，与世无争，她曾对德育副校长说，希望一直安排她当班主任。她善良、脾气好，加上从不在乎名利，所以在学校无论与领导还是和同事，关系都处得很好。可是，也许校长不知道，马老师虽然淡泊名利，但她很在乎学生，她的内心经常在“为了学生”和“为了学校”之间挣扎。最近我去她所在的城市讲课时再次见到了马老师。她请我喝咖啡时，向我倾诉了她的苦恼——

一

李：你工作快二十年了吧？

马：是的，李老师。时间过得真快！感觉刚从大学毕业呢，可再过十多年我都该退休了。唉！

李：叹息什么呢？你应该对自己的工作感到满意呀！学生爱戴，领导认可，家长满意，同事敬佩，难道你对自己还不满意吗？

马：两年前的一天，我忽然意识到，我都工作快二十年了，我获得了什么呢？从物质待遇来说，作为一名教师，无论我如何努力，我也不会致富；从荣誉来说，虽然不多，但我也不愿意再争取更多的荣誉了——如果能被动得到实事求是的荣誉，我倒很愿意，如果要我自己去搜罗证据、去争取荣誉，我感到羞愧。既然我很难再获得让人艳羡的名利，那我为什么还要被名利左右呢？

李：我知道你是从不在乎名利的，所以你的荣誉称号不多，但据我所知，你的每一届学生及其家长对你评价都很高，这可是一个老师最高的荣誉啊！

马：但李老师，说实话，我却越来越感到对不住学生了！

李：啊？你说你对不住学生？为什么？

马：因为我越来越无法做到“一切为了学生”，心里有愧。本来，我绝对同意“为了一切学生，为了学生的一切，一切为了学生”这三句话的，但作为一个普通的教师、普通的班主任，现实告诉我，三个“为了”其实很难做到，不过是口号而已。

李：三个“为了”当然是口号，但这个口号应该成为我们努力的方向。在我看来，你应该是那种服从学校安排的老师，你会尽心尽力地投入工作中，是学校领导很放心也很信任的那一类老师。

马：这个我承认。的确，我其实自己内心认可的做法并不多，绝大部分的工作只是听从安排并努力做好。但我现在越来越感到，如果我坚持遵守学校的规定，就会伤害我的学生。

李：为什么呢？

马：学校的教育教学活动，更多的是从学校整体的发展考虑，这样的考虑往往是短期的，比如学校迎接各种评比、争取各种荣誉、提升升学考试的重点率等。虽然这样的活动也会考虑学生整体的利益，但一般来说不会顾及学生的个体利益。也就是说，学校的教育教学活动，往往是“只见林不见木”。

李：同意。有时候我们一些校长心里想的往往是学校发展、教育创新、课程改革、教学模式、彰显特色、争创品牌……却忘记了具体的人。

马：但是作为一个普通的教师，尤其是班主任，往往面对的是一个个鲜活的面孔、一个个具体的人和一件件具体的事情。如果一位普通老师想做到“为了学生的一切”，有时候必然会和学校的要求不一致。

二

李：能不能说点具体的例子？

马：太多了。比如我很重视班级阅读，因为我相信，真正的教育就是自我教育，而阅读就是一个人最廉价且最容易的学习和自我教育方式。朱永新老师也说过，一个人的阅读史就是一个人的精神发育史。阅读得越多、阅读质量越高，一个人的精神发育也就越健康。所以每届带班，我都要有序推进班级集体阅读活动，阅读的书目主要是新教育阅读研究所推荐的读物，阅读的时间主要是每天中午午餐后的自习时间。

李：这样做是很好的！

马：但是刚刚从六年级升到初一的学生，有的就是不喜欢阅读经典，或者说他们读不懂经典，他们就喜欢读一些漫画、玄幻小说之类的。我知道每个学生的阅读基础、阅读趣味不一样，不能“一刀切”地要求他们必须阅读经典名著。在阅读的最初阶段，我允许同学们自由阅读，可以阅读任何自己喜欢的书籍。所以在初一第一学期，我告诉学生，他们可以在课间阅读漫画或者自己喜欢的小说、杂志。但我通过“阅读分享”引导同学们尽可能地多阅读经典名著。

李：很好！你这样引导学生的阅读应该受到领导的好评。因为现在似乎所有学校都在打造“书香校园”。

马：但是有一次我们班一个学生找我诉苦说，他在下课后阅读漫画的时候，被德育处巡视的老师没收了。第一次遇到这种事情让我有些哭笑不得。我一边安慰学生，一边思考如何给德育处的老师解释并要回学生的图书。虽然沟通也容易，学生的书籍也要回来了，但过了一周，我们班另一个学生在课间看杂志时被德育处另外一名老师没收了，当学生解释说班主任允许他们课间看杂志的时候，还被狠狠地批评了。

李：恕我直言，这些德育处的老师有些武断。

马：是呀，学生委屈，我也委屈。

李：这让你也很为难。

马：我只能又去找没收书的老师解释并要回图书。虽然这样很麻烦，但我还是告诉学生，课间放心阅读你们喜欢的读物，如果被没收，及时告诉我，我帮你们要回来！

李：你确实是为了学生，但和德育处的理念发生了冲突。

三

马：我希望我们班学生的课间活动是丰富多彩的，可以阅读，可以聊天，可以下棋，可以掰手腕，等等。只是教室内杜绝追逐打闹，因为教室桌椅板凳多，人也多，追逐打闹容易发生碰伤。

李：在现行体制下，特别是在不少学校主张“严格规范”学生行为的背景下，你这样的做法，恐怕连学生也难以相信。

马：是呀！记得我说这一条的时候，还有几个男生不相信，还和我反复确认了课间是否真的可以下棋、掰手腕。第二天，有学生就带了象棋在课间下，我就是围观者之一。

李：你真的和学生打成一片了。

马：一天中午午自习的铃声响了之后，我从办公室往教室走，从三楼就看到副校长和年级主任刚刚巡视到一楼的我的班。年级主任进教室后很快就出来了，从神态看，多半我们班纪律不好被批评了。我走到教室门口才发现，有人把象棋丢在了教室门口。我问了情况才知道，几个喜欢下棋的同学废寝忘食，都上自习课了还在继续，年级主任发现后批评他们不能下棋，并抓起象棋丢了就走。

李：这样处理也太简单化了吧？

马：我安慰学生说，年级主任的意思是，课间下棋可以，但不能在自习课或者正课下棋。但过了几天，这副被重新捡起的象棋，最终还是回到我的办公桌上了。我估计，多半是学生在课堂上下棋被老师没收了。碰到年级主任才知道，是他在课间巡视的时候没收的。唉，我该如何给年级主任解释，我们班课间，学生可以下棋呢？

李：这个问题我也无法回答。只能叹息！我们的教育、我们的管理，有时候只着眼于看上去“井井有条”，而完全无视孩子的需要。学校，就是这样渐渐失去了对孩子的吸引力！

四

马：还有关于学生的头发，尤其是男生的头发，一直困扰着我。

李：又怎么了？

马：《中学生日常行为规范》中的第二条是“穿戴整洁、朴素大方，不烫发，不染发，不化妆，不佩戴首饰，男生不留长发，女生不穿高跟鞋”，明确规定了“男生不留长发”。但是对于这个头发的长度，“仁者见仁，智者见智”。我觉得男生的头发只要“前不过眉后不过颈”，两侧不遮住耳朵就行。但我校的德育处规定，男生的头发要更短——伸开五指插入头顶头发，握拳抓不住才算合格。

李：这就有点过分了吧！

马：上了初中的男生，越来越注意自己的形象，虽然故意留长的不多，但没有多少人愿意把头发剪得太短。在有些班级，如果男生的头发超过规定的长度，班主任会采取强制措施，更过分的就亲自操刀剪。但我对自己的底线是，绝不亲自下手给学生强制剪头发——首先，我对学生应该有最起码的尊重；其次，我也不会剪头发。

李：你是一个心肠柔软的老师，一直坚守着你的善良。但有些老师虽然本来也善良，可被学校的某些规定逼得心肠越来越硬了，对学生也越来越狠了。

马：可是，作为一个小小的班主任，我也不敢违反学校规定呀！我该怎么做才能对学生有起码的尊重又能配合学校的要求呢？首先，我只能苦口婆心了。我对学生说，学校之所以要求男生头发短，是因为对你们有好处：头发一长，你得勤洗，你还得弄个好看的发型，这些都会分散在学习方面的注意力；头发短的话，不会遮挡你的视线，打理也更加方便。如果学生还是不愿意，我就和家长沟通。我这样说，大部分男生会比较配合剪成短发的。

李：我很感动，为了在学生和学校之间找到“平衡点”，你真是煞费苦心了。

马：我想不通，《中学生日常行为规范》明明说的是男生“不留长发”，但绝对没有说男生的头发必须剪得很短呀！

李：我们有些领导在落实中央指示精神时，往往“层层加码”“变本加厉”，却丝毫不顾及孩子的心。

五

马：初二上学期的时候，我发现我们班有一个重度抑郁的女生。这不是我观察的结果，而是医院诊断的结果。看着家长给我发来的医院诊断结果和服用药物的照片，我不知道如何处理，只能马上联系心理老师，上报年级组和德育处。之后，我对这位女生多次进行观察和沟通，一旦发现问题，比如情绪失控、自残，就及时给家长、心理老师、年级组和德育处上报，并听从心理老师以及领导的建议。

李：你这样处理很好呀！难道还有什么问题吗？

马：但是有些问题我不知道如何处理。一方面，医生的确给这位女生的诊断结论是重度抑郁，但没有说“住院治疗”或者说“停课休息”。另一方面，学校和家长多次沟通后，虽然签署了安全协议，安全协议中也明确说明要“家长陪读”。但是家长从来没有到校陪读过。从领导的意思来看，家长能不能到校陪读，主要看我这个班主任的执行力了。

李：又把责任全部压在你身上了。

马：我了解这个女生的家庭，家长忙于生意，对女儿的关心很少，他们也基本上不相信是心理疾病。所以让他们放弃生意到学校来陪读，那是不可能的！虽然我多次根据安全协议要求家长到校来陪读，但家长都是避而不谈。家长不到校陪读，我只能上报领导，但我不强迫家长到校陪读。

李：学校要求家长到校陪读，无非也是怕孩子出事，而让学校担责。其实从教育的角度看，家长到校陪读，未必有效。

马：您说得太对了！经过我长期的了解，这个女生的抑郁症主要和家庭教育有关，如果家长到校陪读，我担心这个女生更加容易出问题。但是领导认为，这个女生在学校就像一枚定时炸弹一样，不知道什么时候会出事，建议我尽快让家长送到医院治疗。但是医生再次的诊断也没有要求住院治疗，家长和学生也不愿意住院治疗——家长和学生希望继续正常上学，如果不舒服就请假在家休息或者再到医院治疗或者咨询。

李：你是为了学生的健康成长，学校是为了“管理方便”和“别出事”。所谓“一切为了学生”，学校是写在墙上的口号，而你却真是想“一切为了学生”。

马：然后我却被卡在中间，真的不知道如何做。本来我对班主任工作一直充满兴趣和热情，可这些事多了，我在内心深处产生了动摇。

六

李：理解理解。类似的情况很多，这样的现象正挫伤着许多本来爱孩子的班主任们！我觉得，学生不是一个抽象的概念，而是一个一个具体的孩子，每个孩子都不一样。我们的教育就应该针对每一个具体的孩子，少来些“一刀切”。

马：现在以班级授课制为主的学校教育，一个班级基本上是同样的教学内容、同样的要求。但是几乎每个班级总有这样的一两个学生不能适应这种“一刀切”的教育教学模式。因为不能适应，所以也就被称为“差生”。

李：孔夫子早就说过要“因材施教”，如果真正“因材施教”就不会有

“差生”。

马：大概十年前我带过的一个班里，有一个男生既贪玩又不合群，上课老是迟到，上课时注意力难以集中，课后作业经常完成得不好，和同学关系也不是很融洽。所以他经常被老师批评，经常被班委批评，和他玩的学生也不多。我多次和他沟通之后逐渐对他有所了解：父母离异，跟着母亲生活。母亲是一个小会计，工作不稳定，为了工作东奔西跑，还得照顾儿子的学习和生活。记得一次他在小组日记中写道：“我相信我的妈妈一定会找一个好工作的！”由此可见，这母子二人的生活还是比较艰难的。

李：而且从这句话可看出，孩子是非常懂事的，至少对妈妈很孝敬。

马：是呀！作为班主任，对这样的孩子你越是了解就越难以批评，我尽可能想办法多帮助他。我让他当我的课代表，负责收发作业，上课前帮我拿教具，记录上课各小组的评分；有时候事情太多做不完，我就让他给自己找一个帮手。虽然他因为作业问题或者课堂违纪还是经常被老师批评，但班委对他的批评少了，和他一起玩的同学也多了几个，除了生病外，再也没有有意旷课了。

李：这孩子后来怎样呢？

马：初一结束，我们这个年级重新分班，他到了其他班级。他的新班主任是一位要求严格的老师，无法容忍他的不良行为，对他“赏罚分明”。但是这些不但没有效果，反倒让他“更坏”，经常请家长也无济于事。最后他发展到经常不上课在校园里逛，还偷东西。

李：有时候，一位班主任就会改变一个孩子。如果孩子继续在你班上肯定不会是这样的。

马：问题是现在他不在我班上了。面对这些情况，我非常着急，可真的不知道如何去帮助这个孩子。虽然我和这位年轻班主任委婉地交流过，也和这个孩子私下交流过几次，但他还是那样。他的妈妈在我面前哭过几次，但我真的无能为力。初三开学不久，他妈妈就让他去读职高了。一次碰到他妈妈，她高兴地告诉我说，她的儿子在职高变化很大，不但不逃课，还喜欢学习，自信心也增强了。

李：找到了适合他学习基础的学校，自然就有信心了。如果继续拿考大学甚至考重点大学去要求他，他依然不会有自信心。

马：我想，如果这孩子跟我三年，成绩好起来的可能性比较小，但至少能平稳地度过初中三年吧。

七

李：我以前也遇到过类似的学生，我的想法和你也是一样的，就是尽管我无法保证这样的孩子考上重点高中，甚至可能连高中都考不上，但我一定要尽量让他在我的班上有尊严地存在，受到尊重，并留下温馨的记忆。这是我们每一个教育者的良知所在。

马：是的，虽然我经过努力也做不到绝对地“为了学生的一切”，但作为一名普通教师，我的最高价值在于尽我所能——我的教育教学理念，要真正从学生的角度思考；我的教育教学行为，要真正为了学生的发展。受全球敬仰的特蕾莎修女说过这样一句话：“我们都不是伟大的人，但我们可以用伟大的爱来做生活中每件平凡的事。”作为一名普通人，特蕾莎修女的这句话就是我追求的理想。

李：马老师，你真的让我感动。面对强大的学校行政管理力量，你是无法硬抗的，但你已经尽可能用自己的肩膀为孩子撑起一片保护的天空，哪怕一点点，你班上的孩子们也会因你而比其他班的孩子多获得一些宽松、一些自由的空间。

马：我也只能如此了，反正我又不想评职称、当先进了，不在乎学校领导怎么看我，我就在乎学生。

李：当然，最根本的解决办法，还得靠制度的改革。我们的教育管理、教育评价，应该真正体现“一切为了孩子”，而不是“一切为了领导”或“一切为了管理方便”。唯有这样，孩子们才不会受到伤害，而且许多像你这样的热爱教育、热爱孩子的老师也不会受到伤害。

马：李老师，我特别信任你，所以与你聊了这么多，虽然知道你也无奈，说了也无用，但向你倾吐，我心里好受多了。

李：我的确也很无奈，但我可以做一些呼吁。今天的聊天，我准备整理一下，发在“镇西茶馆”上，你同意吗？

马：当然同意，因为我相信，有我这些苦闷的班主任肯定不止我一个人。只是，请你在公开发表时，不要说出我的真名。

李：那是当然，我会给你取一个化名。

马：谢谢李老师！

2020 年 8 月 20 日

教育，请别与孩子过不去

——与马老师聊天的感想

一

和马老师聊天的时候，我的心情就很复杂。在整理聊天记录的时候，我问过马老师，是否同意我公开这份聊天记录。她表示同意，只是希望化名。她说："和我有相同苦恼的老师肯定还有很多，希望我的吐槽能够引起有关领导的重视，让热爱班主任工作的老师不再有来自领导的烦恼。"

我之所以说我的心情很复杂，是因为我也担任过学校的管理者，知道站在不同的角度对同一现象会有不同的看法，因而会有不同的处理。

马老师肯定没有错，相反，我认为马老师是一位真正把孩子放在心上的老师，如果不是这样，她怎会有这么多的苦恼呢？坦率地说，我从马老师身上看到了我年轻时的影子。我当班主任时有一个原则，如果因为学生的原因和学校领导发生了冲突，我肯定是站在学生这一边——当然，前提是学生的确没错。只是马老师没像我当年一样公开和领导"对着干"。但深入骨髓的学生立场，这是非常可贵的教育品质，也是教师素养的核心。

二

但也很难说马老师学校的领导有什么错，他们不过是从管理者角度出发，希望学校更加有序，教育教学秩序能够得到保障。制度一旦建立，当然就得有执行力，否则一个学校岂不乱套？而且在管理者看来，有时会为了整个学校的利益，不得不“损害”甚至“牺牲”个别学生的利益，而从长远看，这样的管理正是为了保证全校学生的健康发展。

那么，问题出在哪里呢？

我不愿意貌似公允地“各打五十大板”，说一些“一方面……另一方面……”之类正确的废话，我想旗帜鲜明地说，不能说马老师没有要改进之处，但总体上说，更应该改进的，是学校的管理，而改进管理的前提，是改变学校领导的观念。

不，我这样说还不准确。与其说是“改变领导的观念”，不如说是让包括学校领导在内的所有教育者回到教育的“起点”，或者说回到“初心”。

那么，教育的“起点”在哪里？教育的“初心”是什么呢？

就在许多学校的墙上：一切为了学生，为了学生的一切，为了一切学生！

三

类似的口号显赫地镌刻在许多校园里，但往往是作为“文化打造”来呈现的，或者纯粹是为了表明这个学校有“办学理念”，却很少有人追问两个问题——

第一，“学生”是什么？第二，“一切”又是什么？

第一个问题的答案似乎比较简单：“学生不就是学生吗？已经说得很明确了呀！”不对，同样是学生，在有的教育者眼里，是一片森林，而在有的教育者眼里，则是一棵一棵的树！对前者来说，口口声声的“学生”不过是写文章、做演讲时的一个概念，而对后者来说，“学生”则是每天面对的一个个天真活泼的孩子：“王玲玲”“李超伟”“张小凤”“黎茜”“凌越”……如果“学生”只是一个集合概念，那么必然习惯于学生的服从与标准化，如大型团体操那般整齐划一；如果“学生”是一个个具体的人，那么以后更多地就要考虑每一个孩子的个性与特质及其心灵的舒展与自由。

第二个问题的答案略微复杂一些。“一切”似乎包罗万象，但同时似乎又什么都没有。当然，有的教育者会解释说：“‘一切’就包括了学生的德智体美劳方方面面的发展。”这样肯定没错，但还停留在教育的社会功能上，也就是说，所谓“德智体美劳全面发展”是国家、社会赋予教育的使命，即将学生培养为服务国家、振兴民族、推动文明的建设者、接班人和公民。这绝对没有错。如果教育不能完成这样的使命，就是失职。但教育还有一个功能，就是为“人”本身的发展服务。任何一个人都是社会人，具有工具属性；但同时任何人都是他自己，其发展就是目的本身。因此让人在最大程度上成为人自己，或者说，“成为最好的自己”，这也是教育的使命。

应该说，教育的“服务社会”和“发展个人”这两种使命和功能是统一的，并不矛盾。但侧重有所不同——前者更多的是考虑国家和社会需要怎样的“人才”，后者着眼于怎样才能成就一个完整的“人”。如果说，在教育功能与目的上，我们以前更多的是出于经济发展的考虑而强调社会本位，那么中国发展到现在，我们应该强调教育本来就有的个人本位——人本身的丰富多彩的发展。因此作为关注人本身发展的“一切”就不仅仅是“德智体美劳”了，还有每一个孩子的特质以及他们精神世界的丰富多彩，还有源于不同个体的所有需求……其中最核心的因素，就是个性的张扬、心灵的舒展与精神的自由。所谓“为了孩子的一切”之“一切”首先就应该包括这些内容。

简言之，让每一个学生健康、自由而符合个性地发展，成为一个既有社会理想和建设能力又有自己精神生活的幸福的人，就是我们的教育初心。

四

遗憾的是，目前我们一些学校的管理思路，往往是着眼于学生的“听话”“服从”“整齐划一”“循规蹈矩”。这显然是与我们的教育初心相悖的。而如果站在教育初心的高度——其实这个“高度”不过是我们的教育起点而已，自然就会明白，教育的目的，不是培养“听话”的庸人，而是造就“创造”的公民。

以这个立场来简单分析一下马老师说的那几个例子——

班主任提倡并创造条件让孩子们课外阅读，这是多好的事儿啊！可是孩子们课间阅读时却被没收了书籍。也许没收书的老师认为学生阅读的书还不够“正能量”，也许他认为学生阅读这些与考试无关的书会影响考试，且不说这些“认为”是否有道理，就算这些担心是成立的，那也应该在对学生多一分理解的前提下，尽可能充满尊重地引导，而不是简单地没收。在这里，教育者还是习惯于学生对自己“说一不二”的服从，完全没考虑过孩子的感受。

学校倡导积极的审美观念，包括通过学生的发型来引导学生形成健康的生活方式，这都没错。但“倡导”不等于强制，学校规定男生的短发必须短到伸开五指插入头顶头发，握拳抓不住才算合格，就有些过分了。更过分的是，有些学校对发型“不规范”的学生采取包括班主任亲自操刀剪发的方式，予以粗暴“强制”，这严重伤害了学生尊严。

五

曾经有一个高一学生告诉我，他的班主任规定，课间除了上厕所，一进教室就必须学习。他说：“我们连上厕所都得小跑。有时候看见班主任老师不在教室，我们便放松说笑起来。一旦看到班主任进来了，大家就赶紧坐好，装作在做作业的样子！”我不知道这个孩子说的是否具有代表性，反正我听了特别心疼。所以马老师允许学生课间下棋、掰手腕，就让我特别感动！然而孩子们课间的这点娱乐也要被干涉，我真不理解这“教育”为什么要与孩子们过不去！我很想问问没收孩子象棋的老师，你怎么下得去手？当然，学生上自习课也下棋那肯定是不对的，该遵守的纪律还得遵守，问题是，简单粗暴地没收就能解决问题吗？何况有的孩子是课间下棋也被没收了象棋。有老师会说：“课间下棋，会影响上课的，因为十分钟很难下完一盘棋，上课后学生还会继续想着下棋，这就会影响听课。”以想象中的担心为由，粗暴践踏孩子的课间娱乐，我实在看不出这样的教育有半点温度。何况，我认为这是一种被夸大了的担心，照这个逻辑，孩子什么都不能做，因为他上课会继续想啊！

与抑郁症学生的家长签订责任协议，并要求家长到学校来陪孩子读书，我完全理解学校的做法，因为我也当过校长。问题是，我们的着眼点应该是更细致入微地关心孩子，而不是仅仅为了别在学校出事。遗憾的是，我们很多时候就是因为怕担责任而简单处理。当然，一般来说，学校应该考虑绝大多数学生的学习环境、条件，但同时我们同样应该关注具体的“这一个”抑郁症患者，“为了一切孩子”不就包括这个患抑郁症的孩子吗？一般来说，家长陪读是应该的，问题是这个孩子有其特殊性，她与父母的矛盾只会加重她的病情，所以对她的关照就应该更细致一些，一切以有利于她的学习和生活为准。当然，这会给学校领导、老师额外增加许多工作或者说“麻烦”，但平时所说的“一切为了孩子”就应该体现在这里。

六

“因材施教”说了两千多年了，我们也经常挂在嘴上，但一遇到具体的学生就忘得一干二净了。需要说明的是，“因材施教”之“材”不是一个标准意义上的“成才”，而是每一朵花儿都有自己独特的芬芳。非要让所有学生都削足适履地被同一个模子塑造，这是教育的悲剧，更是教育给孩子造成的悲剧。马老师说的那个学生也许永远都不可能在学习成绩上让老师满意，或达到某个统一的标准，但他有自己的独特的禀赋等待我们去发现，除此之外，马老师所发现的他的“孝顺”与“懂事”等品质，都是他做人的优点。如果我们关注“这一个”孩子，他完全可以成为一个“最好的自己”，从而赢得属于自己的成功。但学校为了“升学率”并以“分班”为由将这个孩子换到了新的环境，完全打断了原来有利于他的成长环境，于是出现了让人感到很心痛的后果。在这里，站在保“升学率”的“大局”角度，学校没有错，无可厚非，但换个角度，站在有利于“每一个”孩子成长的角度，问题就出来了。我们的教育有时候就在这里背离了自己的初衷。应试教育的坦克突飞猛进，它在攻占“升学率”高地的同时，必然碾压着无数升学无望的“小草”。“为了一切学生”在这里成了一句漂亮而苍白甚至具有讽刺意味的口号。这才是教育真正的悲剧！

说了半天，朋友们最关心的是怎么办及该怎么做。

七

说实话，我不是教育决策部门的管理者，我所写所说的不一定管用，但我还是愿意以一名心怀初心的老班主任的名义提点建议——

对普通班主任来说，应该像马老师一样，尽可能在自己有所作为的范围内“枪口抬高一厘米”，或者说，守好自己的“一厘米主权”。前年，我在一篇文章中这样写道——

> 我们老师有没有自己的“一厘米主权”呢？当然有的。在应试压力下，我们无法改变教材、改变考试、改变评价，但我们至少不要变本加厉，相反我们应该尽量通过自己的教育智慧，适当给孩子减轻点来自学习的恐惧，用我们成人的肩膀为孩子承受住一些来自各方面的压力，让他们能够在课堂上开心一些，在班级里快乐一些，我们应该对他们说话柔和一些，对他们的眼光温暖一些……这就是我们的“枪口抬高一厘米”。

当然，这样做需要良知、需要勇气、也需要智慧，但并非做不到。至少，马老师就做到了，虽然她在做到的同时很痛苦，但她让自己的学生少了许多痛苦。

另外，我还建议班主任多和学校领导沟通，这里的“沟通”不仅仅是发生冲突后的解释和声辩，而是平时找机会多和有关领导聊天，聊教育观念，聊儿童立场，聊教育的人性与温度……好的老师要善于“转化”或“感化”自己的领导。我以前当班主任就是这样做的，而且多次成功。

当然，我很清楚，并不是所有校长都具有从善如流的民主胸襟，所以我这个建议在许多老师那里可能并不可行。

八

其实，我一开始就说了，更应该改进的，是学校的管理，所以，我特别想对校长、分管校长和德育主任提两条建议——

第一，让学校的所有规定都尽可能符合儿童的特点，让教育管理成为每一个儿童个性自由发展的保障而不是阻碍。

作为几百上千人的学校，当然要有秩序；作为成长中的孩子，当然要有规则。所以我从来就不反对学校的纪律和班级的规章，因为学校不是为某一个孩子而开设的，而是为所有学生而存在的。关于纪律和规章的重要性无论怎么强调都不过分，对此我不必赘述。

问题是，纪律和规章永远只是手段，而不是目的。康德说："人是目的。"苏霍姆林斯基说："人是最高价值。"所以作为教育手段的纪律，一定要尽可能符合儿童的特点，考虑儿童的尊严。当然，面对所有学生的纪律，不可能照顾到每一个学生的实际情况，但儿童共有的特点，完全应该在纪律制定者的视野之内。问题是，我们现在一些学校的规定，恰恰无视儿童的特点和他们的天性，甚至无视孩子的存在。

举个例子。我在不少学校都看到这样的规定："校园内不得高声喧哗""校园内不得追逐打闹"。我想，儿童的特点和天性不就是欢声笑语、活蹦乱跳吗？即"纪律"中所指的"高声喧哗""追逐打闹"。你禁止了这种活泼，就是扼杀了儿童的天性。

我不止一次在文章中引用苏联教育家阿莫拉什维利这段著名的话："谁爱儿童的叽叽喳喳声，谁就愿意从事教育工作，而谁爱儿童的叽叽喳喳声已经爱得入迷，谁就能获得自己的职业幸福。"每一个读到这段话的老师都会感动。

可是，现在学校不许孩子们“叽叽喳喳”，你让热爱教育的老师们到哪里去“获得自己职业的幸福”?

如果校园没有了“高声喧哗”，没有了“追逐打闹”，没有了“叽叽喳喳”，那么，这是医院，还是教堂?

当然，举止文明的习惯养成，也是孩子成长的必修课，但得分清时间和地点。所以在我的学校和我的班级，我是这样规定的：“上课和集队集会以及其他庄严场合，不得高声喧哗”，“教学区内不得追逐打闹”。除此之外，就是孩子们的自由。

另外，任何规定都无法排除特殊孩子的特殊情况。当特殊孩子的某种特殊情况和学校相关规定发生冲突时，教育者的人道主义情怀就发生作用了。这里，我不是说刻意迁就学生而网开一面的意思，我是想说，孩子毕竟不是成人，成人世界的“法律面前人人平等”，有时候（注意，我说的是“有时候”）并不能同理可推地“兑换”成“纪律面前人人平等”。教育公平的含义之一，恰恰是差别化对待。“因材施教”正是教育公平的体现。所以在一定条件下，对特殊孩子“特殊关怀”一下，没有什么不好。当然，这需要教育的智慧、艺术，更需要教育者的初心。

第二，应该给班主任尽可能多的自主权，让班主任真正成为自己所带班级的“国王”，而不是校长和德育主任的“助理”或“干事”。

学校管理者应该从教育理念上为教师定向，在大的方面做一些符合教育特点的导向性规定，为包括班主任在内的教师提供教育教学的帮助、创造宽松和谐的工作环境，而不必巨细无漏地将管理的触角伸到每个班级，比如连学生课间下棋都要管，这样的领导就有些太“呕心沥血”了；连学生的发型都要亲自操刀“搞定”，这样的领导也太“身先士卒”了。你把什么活儿都干了，要班主任干什么呢?

而且领导们的“率先垂范”往往干的都是“消灭”的事，即将一切与众不同掐死在萌芽状态。因为我们的教育总是习惯于一切都整齐划一。所以在很多时候，即使教育思想完全一致，班主任和学生在表现形式上的任何一点“与众不同”也会遭到扼杀。于是，班会的主题是统一的，墙报的内容是统一的，教室的布置是统一的，教案的写法是统一的，教学的程序是统一的，学生的评语是统一的，歌咏的曲目是统一的，学生的服装是统一的，课桌的套布是统一的……教育失去了个性，也就失去了生命！

像马老师讲述的那些事儿，如果她的学校给她一点自主权，那些事儿就不是事儿了，她也就少了很多烦恼，当然，她的学生也就会幸福得多，他们的成长也会顺利得多。

九

我们总习惯于对“所有学生”都统一要求，但忘记了，“所有”是由许多“单个”构成的，没有了“单个”，所谓的“所有”便不存在。我希望所有的教育者永远记住：学生不是概念，而是你每天面对的一个个模样和性格都千姿百态的孩子。不是简单地规范他们的行为，而是进入、倾听并影响他们不同的心灵，真正的教育才可能发生。

也许领导有一万个理由证明“严明规定”“严格要求”“严肃处理”的必要性，但一个理由就足以让这些“理由”都站不住脚：“教育——这首先是人学。不了解孩子——不了解他的智力发展，他的思维、兴趣、爱好、才能、禀赋、倾向，就谈不上教育。”（苏霍姆林斯基）

2020年12月28日

溶入生命的“盐”

——我在盐外的日子里

一

2003年8月，我博士毕业回到成都，成都市教育局把我安排在市教科所，还专门为我成立了“成都市教育发展研究室”，让我当主任。领导认为让博士做研究工作顺理成章，希望把我安排在合适的位置。

但我很快便感觉我并不适合这个位置。每次被召集开会，那些宏观高论我听着头晕；每次奉命撰文，那些时髦概念我怎么也写不顺溜。记得有一次，我向领导诉苦：“我实在不会写文章啊！”领导眼睛瞪得宛如金鱼眼睛：“你，你，你不会写文章？那十多本书不是你写的吗?”我只好直言：“我只会写我想写的……”

于是，我三番五次给杨伟局长写信或打电话，恳请他让我回学校。终于，杨伟局长答应我重返校园。

他安排我去当时还比较薄弱的盐道街中学外语学校（简称“盐外”），并说：“以你的影响带动一下这个学校的发展。”于是，2004年3月24日，成都市教育局副局长蒋平亲自把我送到了盐外。

二

写到这里，我不得不说一个庄严的误会（也可能是误解）。当时，我是以“副校长”的名义走进盐外校园的。后来知道，这个所谓“副校长”是一个温馨的“笑话”——实际上，成都市教育局从来没有下达过我任副校长的文件。但校长谢丹琦兄却真的把我当成“副校长”，因而给了我超过副校长规格的礼遇。

当时，盐外刚刚从一所几乎已经倒闭的民办学校蜕变为“灵活体制”的“国有民营”学校，虽然更名时前缀了一个“盐道街中学”的名号，但名校牌子作用毕竟有限，谢校长依然要为招生操心。我去了之后，他便让我以“副校长”的名义到各地巡回做招生宣传。

我的招生作用如何，我不太清楚，但我很清楚的是，我在网上认识并神交已久的一批非常优秀的年轻教师纷纷来投奔我这个“副校长”：铁皮鼓（魏智渊）、桃夭（严莹霞）、摩西（夏昆）、毓君（陈玉军）、瘦羊（文永振）……其中的摩西，就是现在因身为《中国诗词大会》擂主而名重一时（我想绝不会仅仅是“一时”）的夏昆。当年的瘦小伙子，现在已经美髯飘飘，俨然诗词界的“一代宗师”。

但事实上，我在学校没履行过所谓“副校长”的职能，我知道我回学校是来教语文和当班主任的，所以见到丹琦兄的第一面便说：“请安排我当班主任!”

三

说实话，我第一眼见到丹琦兄，印象最深刻的就是他那张“黢麻打黑”（四川方言，意为“黑到了极点”）的脸，我甚至怀疑：他去照相馆拍证件照，会不会无法曝光？我这个人最大的自卑就是皮肤黑，结果那天见了丹琦兄，顿时觉得自己细皮嫩肉，甚至“肤如凝脂”，一种“皮肤自信”油然而生。

“请安排我当班主任!”这是给校长谢丹琦兄提的第一个要求。我这里没有标榜我多么高尚的意思。正如我在教科所给杨伟局长写信要求回学校时说的:“纯属个人爱好,我就喜欢研究学生!”

但在许多人眼里我是所谓“教育专家”,所以我这个要求,让丹琦兄有些意外的感动,不过他非常理解我,当即很爽快地说:“要得要得!莫得问题,莫得问题!”而且他的双手握住我的右手,使劲地摇呀摇。

透过他黑黑的脸蛋,我看到了他红红的心。真诚、热情而豪爽,这是丹琦兄给我的第二个深刻印象。

四

当时的盐外校园,谈不上多么美丽。进大门就是一个被围起来的荒地,真正进校园还得往左边沿小路进去。进去之后,整个校园一览无余:葱茏的树木环绕着一个大操场,操场旁边矗立着几座楼房。这就是盐外。

我有点被“流放”的感觉。

其实我是第二次进这校园,这里以前叫“嘉好学校”。1992 年 5 月,当时刚刚兴办的私立嘉好学校招聘教师,我曾动过心去看过,踏进过这片土地。

十多年过去了,校园没多大变化;学校却“天翻地覆”——几年前,因既不“嘉”也不“好”,嘉好的“天地”被“翻覆”,实在办不下去了。为了社会稳定,成都市教育局毅然决定接过这个烂摊子,将其改造为国有民营(当时的政策是允许的)的学校。

记得当时市教育局杨伟局长对我说:“之所以调你去这所学校,主要考虑到你是专家,这个学校刚刚兴建,还多多少少受前身嘉好学校的负面影响,你去了可以正面提升盐外的形象;另外我晓得你有教育情怀,有自己的想法,这所学校体制比较新,你搞改革有一定的空间。”

来收拾烂摊子而出任盐道街中学外语学校校长的就是谢丹琦兄。

也真为难他了。

五

写到这里，我掐指一算，丹琦兄受任于败军之际，奉命于危难之间，尔来一十有九年矣。

十九年啊，在历史的长河中不过一瞬，而我们的丹琦兄硬是把一个摇摇欲坠的私立学校脱胎换骨为一所成都名校。

这当然需要有“几把刷子”（成都方言，意为“几个绝招”）。我去的时候，盐外还处于“初级阶段”。丹琦兄的“几把刷子”正在虎虎生风地“刷着”。其中有“两把刷子”吹糠见米，收效甚快。

这“两把刷子”主要针对学生和教师。对学生实行“小班化”，对教师实行“能师制”。前者方便关注学生个性，后者利于激活教师队伍。

“小班化”在今天看来实在不算什么，别说私立学校，连许多公立学校也在“小班化”，但在21世纪初（哈哈，这个表述比2002年的说法要有“历史感”），丹琦兄提出“每班学生不超过35人”，虽不敢说是唯一的，但至少是罕见的，他算是最早的“吃螃蟹者”之一吧！

而“能师制”则是在收入分配上彻底打破论资排辈，他制订了“月评期调定档”，即根据每月对教师工作的评价，做适当调整；一学期之后，根据综合情况再进行一次调整，到了年终确定其工资档次。也许我这样说，大家感到比较复杂，其实就是打破资历、职称等束缚公平竞争的机制，不仅多劳多得，而且优劳高酬。这不仅让中老年教师重新焕发了激情，也让年轻教师大显身手。

“小班化”让学生得到更细致的关注，“能师制”让教师感到更公平的尊重。

就凭这“两把刷子”，盐外很快在成都站稳了脚跟。

六

丹琦兄虚怀若谷，时不时还问我“有啥子想法”，我自然给他“兜售”新教育实验——如此如此，这般这般，说得丹琦兄心花怒放，黑黑的脸上泛起了光亮。

那时，刚刚萌发三年多的新教育实验还只有六大行动，但丹琦兄硬是做了起来：书香校园、共写随笔、外窗声音、理想课堂、卓越口才、数码社区……他请来了朱永新老师，为盐外的老师做培训。

盐外由此成为中国最早的新教育实验学校之一，也是成都市乃至西南地区的第一所新教育实验学校。朱永新老师亲自授牌并揭幕。

2004 年 8 月，盐外成功承办了第四届全国新教育实验研讨会（俗称“年会”），主题是“新教育 · 新德育”。我记得那次钱梦龙老师参加了我们的研讨会，还上了一节公开课。

一时间，盐外随着“新教育”三个字频频出现于媒体，有了几分“知名度”。

新教育带给盐外的当然不仅仅是一块牌子，更有新教育的灵魂，这灵魂实实在在地影响了学校的办学理念以及发展方向。

几天前和丹琦兄聊起这个话题，他动情地说：“说起新教育，我有很多心里话要说。盐外兴办之初，刚好也是新教育兴起不久之时。你带来了新教育的火种。现在盐外的学校文化、教育思想，以及所有的课程架构还是新教育。比如晨诵、午读、暮省，比如我们现在的教师评价体系等，都是源于这个新教育的启迪。新教育对盐外有潜在而深远的影响，实际上指引着盐外这么多年在风风雨雨中成长，我们骨子里有很多东西是新教育的。”

我对丹琦兄说：“新教育的发展史上，绕不开盐外的名字。”他当即纠正道：“不对，应该倒过来说，盐外的成长史上永远绕不过新教育。”

七

现在的盐外和当年相比，岂止是鸟枪换炮？简直就是天上人间。

从最世俗、最功利的角度，我似乎应该展示盐外的升学率——丹琦兄当然有着同样骄人的数据，但我不想罗列。因为这样的数据几乎所有学校都可以拿得出来——任何一所学校都可以从最有利于自己的角度拿出“再创新高”“名列第一”的升学率数据。

两年前 7 月上旬的一个早晨，我去盐外找丹琦兄。那天，是盐外小升初面试的第一天。

早晨七点过，不少家长已经到达校门口，一下就显示出竞争的硝烟味了。一位妈妈说，娃娃填了三个志愿，其他学校通知了面试也不去，只来盐外。这次面试只能成功，不能失败。我娃娃只读盐外！

一位甘孜州过来的妈妈很疲惫，说来成都两天了。本来娃娃在当地已经被最好的学校录取，而且校方答应让她的孩子进最好的班，但她依然来盐外“碰运气”。她说：“听说这学校风气好，不比吃穿，学生成绩也很好……”

这就是口碑。

而如此口碑是多年来丹琦兄率领其团队艰辛而执着地推进教育综合改革的结果。他的改革涉及学校管理、课程开发、德育创新、教学变革、文化建设、队伍提升等方面，这方面的情况，见诸从中央到地方的各大媒体，一套一套的，就算大家没看过，也可以到网上去查查，有“关怀心灵，关注个性，和谐融合，成就未来”的理念，有“适融课程体系”，等等。那些报刊媒体的“通稿”，在此我就不复述了。

八

我在盐外的时间不长，但简直开心得“不摆了”（四川方言，这里指非常开心），因为我太自由了。

是的，我当班主任时，作为校长，丹琦兄对我的支持就是给我自由，我想怎么带班就怎么带班，我想怎么上课就怎么上课。我喜欢带着学生到野外去踏青、去上课，年轻时还因此和别的校长发生冲突，但在盐外，丹琦兄充分尊重我，从不给我“做脸色”（四川方言，意为“满脸不高兴”）。

有一次上语文课，我看外面阳光明媚，油菜花更是金光灿灿，我禁不住“金色的诱惑”，没请示任何领导，便即兴把学生带出校园，在油菜花地里大讲陶渊明的“归去来兮，田园将芜胡不归”。

事后有一位同事告诉我，有人曾在校长面前对我此举表示不理解，谢校长对他说：“人家是专家，有他的道理嘛！”不知道丹琦兄是否真的这样说过（这个细节我至今没有跟他核实过），但我知道的是，他从来没有批评过我，当然喽，也许他根本不知道。不过，以他的性格，知道了说不定会在我的裹挟下扑进油菜花地里——因为他也是一个经不起“色诱”（美好景色诱惑）的家伙。

2005年元旦前夕，我想带学生出去聚餐迎接新年，学校有关部门考虑到学校不止我们一个班，我们出去聚餐，可能会引起其他班的“连锁反应”，便没有同意。于是我直接找丹琦兄——我当然知道这样“越级”非常不妥，但想到学生，我顾不了那么多了。丹琦兄略有些犹豫，但最后还是痛快地答应了，并表示替我去给学校主管部门做工作，最后我和学生在学校外面的一处农家乐“放肆”地度过了一个美好的夜晚。我致辞时特别对学生们说：“我们要感谢谢校长！”

我这些做法，肯定是违规的，年轻时为此吃过不少苦头；但我一直没改，直到我后来当了校长，经常也不听教育局的话，做些“打擦边球”的事。我这个性，是否吃苦头，全取决于我遇到怎样的领导。

还好，我遇到了丹琦兄，“运气来登了！”（四川方言，意为“幸运极了”）

九

在盐外的日子很开心，这开心也来自我和我的学生。

翻开我当年的日记，2004 年 9 月 9 日有这样的记载——

我今天晚上要进城去锦江边的音乐广场参加“成都市首届十大教坛明星”与公众见面会，最初主办单位只允许我带少数学生去，但同学们都强烈要求去，我真是一个都不忍心丢下，于是我决定让全班孩子与我一起去！和我们一起去的，还有孩子们同样爱戴的副班主任王晓丹老师和教他们历史课的林老师。

我们在学校匆匆吃完饭，便上了学校的大巴。夕阳中，大巴载着我们行驶在洒满秋光的原野上，向市区开去……

这是我们全班同学的第一次外出活动，车厢里大家兴奋得不得了。同学们唱起了一支又一支欢快的歌，歌声感染了我，我对同学们说：“李老师给大家唱一首我幼儿园时唱的歌，好吗?”

“好!”同学们的声音简直要把车顶掀翻！我唱了起来：“戴花要戴大红花，骑马要骑千里马，唱歌要唱跃进歌，听话要听党的话……”歌声刚落，同学们已经笑得前俯后仰。我看我的演唱引起了如此轰动，便乘兴继续唱：“日落西山红霞飞……”当我唱到“mi so la mi so”时，同学们很默契地齐声应和“la so mi do re”，我们的歌声和笑声飘出窗外，在成都的大街上回荡。“让我们荡起双桨，小船儿推开波浪……”学生们又唱起了久违的儿童歌曲，优美的旋律穿透了市区的大街小巷……

晚上七点，见面会开始了，缤纷的色彩、华丽的灯光、悦耳的旋律、欢快的舞蹈，把音乐广场变成了让人目眩陶醉的天堂。当选的“十大明星”一一上台亮相，主持人要我说一句话，我对着台下的学生大声说：“我很庆幸我是一名教师，因为与青春同行，我将永远不老！和孩子们在一起，我将永远快乐，永远年轻！”我的话音刚落，台下37位学生一起喊了起来：“李老师！我们感谢您！”

我手捧奖牌和奖品走下舞台，同学们用最热烈的掌声向我表示祝贺！

是的，那一刻，我真的很幸福。眼前锦江两岸的灯光，仿佛都是为我而璀璨的。

晚上九点过，我们回到了学校，聚集到了教室里。我对大家说：“今天我很幸福，因为我被授予‘教坛明星’称号。但我要说，再过十年二十年，我坚信，在座的同学们也会成为我们国家各行各业的耀眼的明星！”掌声再次响起，同学们这次的掌声，是献给他们自己的未来！

晚自习还有半个钟头才下课，按学校宿舍管理规定，同学们现在又不能提前回寝室，他们便要求我继续朗读《在困难的日子里》。

此刻，窗外秋夜的天幕上，挂着一弯新月，习习凉风不时吹进教室，拂动着我们还在剧烈跳动的心。于是，在这美好的时刻，我开始了朗读，随着我的朗读，我和我的37个孩子再次进入了路遥的世界：“是的，我们正在离开孩子的时代，走向成人的阶段。在这个微妙的也是美妙的年龄里，将会给我们以后留下多少微妙而美好的回忆啊！”

十

在盐外的日子很开心，这开心还来自盐外的同事们。

应该说，盐外的每一个老师都很敬业，都有爱心，对我都很好。但我印象最深的莫过于王晓丹老师。记得我刚到盐外时，丹琦兄安排我给老师们做了一场讲座。讲座一结束，王晓丹老师就很激动地给我说她的感想，其实是说她的教育理想。她很真诚，当时我就被这位年轻人感动了。后来，我和她一起带班，她很谦虚地说是“向我学习”，其实她很有能力，我不在班上的时候，她创造性地做了许多事，也深受学生们的爱戴。

盐外还有一群自称“追随”我的哥们儿，我们经常互相听课，一起聊天，真的是志同道合。

下面的两段文字选自我2004年9月1日和9月18日的日记——

这几天听了摩西（夏昆）的课，和他一起研究、讨论教学，真是一种精神享受。像昨天，我听了摩西的课，他讲《诗经》上的两首诗，看得出来，摩西很有功底，而且语言富有感染力。但我评论摩西的课时，却着重谈他的不足（当然是我认为的不足）。我们由评具体的课，谈到语文教学，谈到文学，谈到阅读，谈到许多许多……好久没有如此酣畅淋漓的教学交流了，真是痛快！

上午语文课我讲穆旦的诗《赞美》，这篇课文很难上，学生也很难理解。但这堂课上得比较令我满意。今天刚好是“九一八”纪念日，我把这个特殊的日子和诗中表达的对民族精神的赞美之情合在一起，配上钢琴协奏曲《黄河》的音乐朗诵，朗诵时我完全忘记了是在上课，我把自己当作流亡的诗人，我的眼前是美丽而又多灾多难的土地，是一群又一群逃难的民众……学生被感染了，听课的铁皮鼓、摩西、初雪霁后来也对我说，他们被我的朗诵感染了。这样全身心投入的课，我上下来很累，但心里很愉悦。

当时，我每次上课，魏智渊（网名“铁皮鼓”）几乎都坐在后面用笔记本电脑记录。他打字很快，一堂课下来，略加修改，一篇完整的课堂实录便出来了。几年后，我出版的课堂实录《听李镇西老师讲课》一书中，许多篇目都来自魏智渊的现场记录。近二十年过去了，对魏智渊老师，我不仅有想念，更有感谢。

应该说，在二十年前的盐外校园，因为丹琦兄，因为我们这一群哥们儿以及学校所有老师，教育理想主义的旗帜得以高高飘扬——当然，至今还在飘扬。

十一

有人或许会问："你如此开心，可为什么后来却离开了盐外呢？"

这和当时的大环境有关。那段时间，由于种种复杂的外部原因，学校发展又面临危机。"国有民营"由合法变为"违规"，上面要求学校改制，但怎么改？不但前途不明，而且危机四伏。

我刚才查阅2005年11月10日那天的日记，有如下记载——

早晨，谢校长碰见我对我说："学校改制前景非常堪忧！"

我问怎么回事，他说市政府决定整体转让出去，挂牌拍卖给私人老板。他希望我能够离开学校，另外寻找发展的学校，他说："你在这里是一种浪费！"

的确，目前学校处于一个发展的困难时期，也是体制转型的关键时期。说心里话，我现在对学校的前景也没有底。上学期，上海、苏州等地就不断有人给我发出邀请，要我过去办学。西部在各方面都比东部差很大一截，无论从哪个方面说，如果我去上海或苏州办学，条件要好得多。但有三个原因，让我暂时不考虑离开这里。第一，谢校长和我们这个班子正在齐心协力地共渡难关，我不能拆台，不能辜负谢校长对我的信任。第二，因为我，学校来了一批非常优秀的老师，如果我离开，他们怎么办？我不能做对不起朋友的事。第三，我走了，学生怎么办？虽然会有未必不如我的老师继续教他们，但毕竟这份感情是难以割舍的。

丹琦兄越是为我着想，我越是不能离开他。至今想起来我依然感动——既为丹琦兄感动，也为自己感动，更为我俩的肝胆相照感动。

当然，以今天的眼光回望，当时的所谓"前景非常堪忧"，不过是学校发展历史长河中的一个小小漩涡，最多有那么几下惊涛骇浪，但"沧海横流，方显英雄本色”，这恰恰为丹琦兄展示其化险为夷的意志、豪情与智慧提供了“历史的机遇”。今天的盐外已经声名鹊起，成为广大家长首选的名校之一。

虽然后来我服从教育局调令，出任成都市武侯实验中学校长，不得不离开待了两年零三个月的盐外，但盐外的“盐”已经溶入我的生命。

十二

今天回看，应该说，在我整个教育生涯中，盐外是一个转折——

第一，这是我博士毕业后重返校园之地，无论是教育理念还是实践操作，都有别于读博之前。比如我的班主任工作，就直接将我的博士论文《民主与教育》中的一些思考实践于班级管理，且颇有成效；又比如在师生关系上我更加注重向学生学习，提倡师生共同成长，当时我在《人民教育》发了一篇文章，题目即是《学生教我当老师》。

第二，因为有了魏智渊、夏昆、陈玉军、文永振等人，我的语文教育也有了明显的进步。表面上看，他们都是从全国各地“投奔”我而来，但他们不但比我年轻、有朝气，而且在学问上也比我强，对语文教育的思考比我深刻，我们互相听课，课后一起讨论乃至争论，的确让我的语文教育提升了许多。

第三，在盐外，我向丹琦兄学到了学校管理的智慧。我前面说了，我是以“副校长”的名义走进盐外校园的，但根本没有管理过学校。若干年后，因为填什么表，有关部门专门去查了成都市教育局的档案，结果根本没有找到我的所谓“副校长”的任命书。所以我是从教师直接走上校长岗位的，一天中层干部都没当过。但之所以能够胜任（不敢说当得有多么好），原因就是丹琦兄给了我榜样。我在成都市武侯实验中学当校长时，经常想到丹琦兄。特别是遇到难题时，我会情不自禁想：如果是丹琦兄，他会怎么办？

十三

十五年前我离开时，记得盐外学生仅有区区四五百人，而现在已经有三千多人。这个数字足以说明盐外在市民中的声誉，还用得着罗列什么有关高考录取的诸如北大、清华、“985”“211”等高考录取率的数据吗？完全不用了，虽然这些数据是现成的。经常都会有朋友托我“走后门”进盐外，每一位希望让孩子进盐外的家长，都是盐外最好的代言人。

一个叫唐溶婧的女生，曾写了一首名为《从盐外出发》的歌词——

……

我多么希望守护这里，直到我变老。

我浑身上下是母校力，希望她因我自豪。

也常和别人去比高低，想要她为我叫好。

我庆幸做个盐外人，能成为她的骄傲。

……

在盐外走过烂漫春日，

也在盐外度过青春年华。

纸短情长，道不尽求学回忆。

曲到终了，唱不完盐外情真。

我侄女大学毕业想教书，我想到了盐外，便向丹琦兄推荐。侄女到盐外工作仅一个月，就爱上了那里。

我对她说：“当年我欠盐外的，你帮我还上。”

2021年6月29日

民主校长，从小事做起

学校民主，当然主要有赖于校长创建一个民主的治理体系，让每一个教师的主人地位来自制度的保障，而不是源于校长的个人作风。在这方面，北京市十一学校的李希贵已经做出了有益且有效的尝试。但民主不仅仅是一种制度，也是一种生活方式。

这个观点最早是杜威提出的。在杜威那里，“民主”的含义是很宽泛的。他认为民主不仅仅是一种政治制度，而且还是一种生活方式，并渗透于人们生活的方方面面。我认为，这是杜威对民主更为深刻的理解。将民主看作一种个人的生活方式，即认为民主不只是一种形式或者说外在的东西，还是一种内在的修养。这种内在的修养体现于日常生活和与人交往的过程中：相信人性的潜能；相信每个人不分种族、肤色、性别、家庭背景、经济水平，其天性中都蕴含着发展的无限可能性；相信日常生活与工作中，人与人之间是能够和睦相处、真诚合作的。民主的生活方式，意味着自由、平等、尊重、多元、宽容、妥协、协商、和平等观念浸透于社会的每一个角落，体现于生活的每一个细节。

既然民主也是一种生活方式，那么它就不仅仅是一个孤立的“制度”。因为作为一种生活方式的民主和作为政治制度的民主不是割裂的，更不是对立的，而是互为因果、相辅相成的。民主的政治制度需要社会土壤，这个社会土壤便是民主的生活方式；同样，民主的生活方式需要制度保障，这个保障制度便是民主的政治制度。好，还是回到学校民主这个话题。作为一个富有民主情怀的校长，他除了追求学校制度中的民主含量，还要把民主精神通过日常生活自然而然地表现出来，并渐渐化作全校师生的生活方式。

比如称呼。我之所以建议把包括校长在内的所有行政管理者都叫“老师”，正是基于“平等与民主”的理念：就一般意义而言，校园的所有从业人员都是教育者——不仅仅是每天上课的教师，也包括所有行政管理者和后勤人员，不然怎么会有“全员育人”一说呢？既然如此，用“老师”取代行政职务而成为校长、副校长、主任的称呼，不是很自然的吗？对此我已经写文章做过专门论述，这里从略。这里我再补充两点：

第一，学校工作人员之间互称“老师”，这对其他学校也许只是一种设想，但对我所在的学校来说，是现实。成都市武侯实验中学许多老师都叫我“李老师”而不是“李校长”；当然，也有少数老师习惯了叫“李校长”，那也没关系，我只是倡导而非强迫。不只是我们学校，我知道全国还有一些（当然不是所有）学校，校长也被称作“老师”的。至于有的校长的个人品质和业务素养是否配称作“老师”，那是另一个话题了。

第二，因为传统习惯的原因，也许在有些学校里，校长不愿意老师称自己为“老师”，而老师也不敢称校长为“老师”，但这不能成为我们不追求平等与民主的理由。联合国教科文组织的不朽著作《教育——财富蕴藏其中》中的序言题为《教育：必要的乌托邦》，这说明在理念的追求上，教育就是应该相对于现实有所“超前”，或者通俗地说，应该“理想化”，不然就不叫“教育”。不能因为中国现在许多民众的民主观念和民主素养还不够高，便放弃我们对更加民主的社会的追求。一百多年前，去问问绝大多数中国老百姓：“中国需不需要皇上?”可能百分之九十以上的答案都是：“那当然啦，这世道没皇上还得了?”但这种“现实”并没有妨碍孙中山们对共和体制的追求，并终于推翻了封建帝制。我这个类比并非上纲上线。我想说的是，不能因为有的校长官本位思想严重导致一线老师不敢称校长为“老师”，我们就放弃追求校园的民主生活。

又比如校长的大会讲话。校长在全校大会上讲话，也能体现出校长本人对老师的尊重——而尊重是民主的基本要义。我这里说的“讲话”，不是作为名词的“讲话内容”，而是指作为动词的“讲话行为”。

第一，校长对大会讲话的认真准备。我每次在大会上讲话都必须精心准备，PPT反复修改，尽可能完美。既然校长要求老师们认真对待每一堂课，那么校长有什么理由不认真对待每一次大会讲话呢？

第二，校长讲话的时间控制。我只是一名老师的时候，和几乎所有老师一样，特别反感校长说话啰里啰唆，没有时间观念，一讲就是一下午，完全不顾老师们的感受。因此我每次大会讲话的第一句话往往是：“我今天的发言时间是一个小时……”或“半个小时”，或“二十分钟”。我的大会讲话经常都会插入视频，或给老师们播放纪录片、故事片，但如果纯粹是我个人讲话，一般不超过一个小时，也有两个小时，但这种情况不多。我认为，控制讲话时间，就是对老师们的尊重。所以我曾经给老师们说：“我规定的讲话时间一到，如果我还在讲，老师们可以走，不是你们不尊重我，而是我首先没尊重你们!”当校长九年，我一直严格遵守讲话时间，从来不拖堂，所以老师们从来没有在我没讲完话之前离开过。

第三，站着讲话。我们已经习惯于这样的大会，主席台一侧有发言席，但那是给一般发言者提供的，主要领导则是坐在主席台中间。当领导作“重要指示”的时候，不但坐着讲，而且没有时间限制，他想讲多久就讲多久，什么时候讲完就什么时候散会。对此，我特别反感。所以在我工作的学校，每次大会我一律站着讲话，并严格遵守时间。以此表达我对每一位老师发自内心的尊重。

再比如参加各班毕业照时和孩子们一样站着。每当学年结束，校长们都要应邀参加各班的毕业照。每当这时，许多校长都已经习惯于坐在前排，校长两边依次坐着副校长、主任和老师。我当校长时，第一次被邀请参加毕业班的毕业照，来到毕业班已经站好的队列前，看到第一排的椅子很不舒服，感觉到一种“官本位”的气息。我当即请求把椅子撤了，无论校长还是班主任或科任老师一律进入学生的行列，和孩子们融为一体。我记得当时孩子们都鼓起掌来，开心得不得了。从此以后，成都市武侯实验中学的毕业班合影，前排都没有椅子，因为所有老师（我这里的“老师”当然含校长和主任）都站在孩子们的队列中。这个细节已经是我校的惯例或者用一个大的词叫“传统”。师生平等，在这一细节中成为校园的一种常态。

民主及高度民主，是人类的追求，也是我们民族和国家的追求。高度民主的社会需要具有民主素养的公民，因此培养真正的公民是学校的责任与使命。无论生活方式，还是制度建设，一个学校的民主取决于校长的民主情怀及民主践行。在这里，“践行”就体现于一些小事上，除了上面所列举的例子之外，还有很多——校长把自己的手机号向全校师生公开，随时倾听最需要关心的声音，并给老师说：“我就是你的110！”大型集会或活动，校长讲话时，第一句话不是：“尊敬的各位领导，老师们、同学们，大家好！”而是：“亲爱的孩子们、老师们，尊敬的各位领导……”校长每次要找老师谈心时，应该事先预约，和老师商量谈心时间，而不是打电话下命令：“到我办公室来一趟！”校长每次参加学生的活动，没有特殊原因不中途退场，如果非中途离去不可，应该给孩子们解释并表示歉意；每当孩子们到校长办公室时，校长对孩子说的第一句话应该是：“请坐！”并送上一杯水……校长要真正把老师和孩子放在心上，一切都是自然而然的，而不是故作姿态。

陶行知曾指出：“民主的时代已经来到。民主是一种新的生活方式，我们对于民主的生活还不习惯。但春天已来，我们必须脱去棉衣，穿上春装。我们必须在民主的新生活中学习民主。”公民的诞生，当然不仅仅是学校的事，还和国家发展和社会进步有关，但作为教育者，我们不可能直接参与国家的管理与社会的改造，我们只能做我们能够做的事。在这个意义上说，校长的民主素养至关重要。因为如果没有民主的校长，就很难有民主的教师；而没有民主的教师，就很难有民主的学生，即未来的公民。

2016年8月10日

师德师风是可以“培训”的吗？

经常被教育局或学校请去为老师们做“师德师风培训”，每次我都觉得很别扭。

第一，老师们的师德都很低劣，亟须“培训”吗？第二，我的师德比老师们“高尚”，所以有“资格”去“培训”老师吗？第三，我的所谓“报告”不过是讲我的教育故事而已，讲故事就叫“培训”吗？第四，老师们听了我的“培训报告”，他们的师德就会迅速提高吗？

实在推不掉，我便说：“换个说法吧，别说‘师德培训’，就说我是去做教育分享的。”

对方往往说：“好的好的，不做培训，就分享分享。”

日常生活中，有许多充满逻辑问题的语句被广泛使用，比如“等额选举”（既然“等额”，还“选举”什么呢），又比如“排名不分先后”（谁做得到？无论口头还是书面，一旦“排名”不都分了“先后”吗），还比如……算了，如果要继续“比如”，这篇文章会很长很长。

还是说“师德师风培训”这个说法吧！这的确是一个既有逻辑错误又有句法问题的一个短语。

所谓“逻辑错误”，前面我已经点了一下，它的前提——老师们的师德普遍是很低的——就不存在，否则中国教育难道是被几千万师德低下的老师们支撑的吗？建立在并不成立的前提之上的命题“师德培训”自然就站不住脚。

所谓“句法问题”，是指“师德师风培训”这个短语是一个病句。

何为“培训”？百度百科解释：培训是一种有组织的知识传递、技能传递、标准传递、信息传递、信念传递、管理训诫行为。目前国内培训以技能传递为主，时间则侧重上岗前。为了达到统一的科学技术规范、标准化作业，通过目标规划设定、知识和信息传递、技能熟练演练、作业达成评测、结果交流公告等现代信息化的流程，让员工通过一定的教育训练技术手段，达到预期的目标，提升战斗力、个人能力、工作能力的训练都称之为“培训”。也就是说，“培训”这个动词，后面主要支配的对象应该是技能，目的是让新上岗的员工能够具备岗位工作所需要的技能。

何为“师德”？百度百科的定义：师德是教师应该具备的职业道德和应该遵从的职业行为规范。其实，严格说起来这个定义是不严密的。因为“师德”之“德”就是指道德，是人的内在品质，怎么把外在的行为也划入道德范畴？内在的道德品质是一种自愿，外在的行为规范则是一种强制。把二者捆绑在一起统统说成是“师德”，这是说不过去的。如果将就用百度百科这个说法吧，那么，问题又来了：行为规范可以培训，道德品质如何培训？

至于“师风”，无论是指“教师的风度”还是指“教师这个行业的风尚风气”，显然都是不能被“培训”的。

因此“师德师风培训”犯了动宾搭配不当的语法错误。

说大多数教师的师德都堪称典范，我觉得可能有些夸张，但说教师普遍师德低下，我绝不承认。好，就算说少数教师师德问题严重，那么通过“培训”就可以解决问题吗？

刚才说了，培训针对的是外在的技能和行为。如果新教师不会备课，不会上课，不会批改作业，不会开班会课……我们给他们一些培训，手把手地传授一些入门的技能，这是可以的。如果他们不知道教师这个职业应该有哪些行为规范，比如不能辱骂学生，不能体罚学生，不能违规收礼，不能有偿补课……我们给他们以培训，让他们知晓这些规矩，也是可以的。

但内在的“道德”怎么培训？“风气”怎么培训？

如果一个老师按时上下班，不辱骂学生，不体罚学生，不违规收礼，也不有偿补课——外在行为符合规范了，但他内心不热爱教育，不喜欢教书，对学生没有感情，备课敷衍，教学懈怠，以教改的名义让学生批改作业，在办公室一有机会便在网上购物，回家后从不看书，更不总结自己的工作……这些问题是可以通过“培训”解决的吗？

道德当然要体现于行为，但这是基于内在觉悟和舆论约束的一种自律，道德的提升可以通过教化、感染、熏陶、自省、反思……通过这些发自内心的触动、震撼、自豪、羞愧……而提升自己的行为自律，外化于符合社会文明和职业规范的行为。这是一个类似于古人所说“吾日三省吾身”的自我教育过程，但绝对不是别人对自己的“培训”。

通过“培训”，一个人的风度就显得优雅文明了，一个行业的不良风气就变好了，这可能吗？

当然，确实有这种情况，一场情感真实的教育报告，让我们热泪盈眶、心灵震撼，进而受到感染、获得启发，进而重新审视自己的职业态度、调整自己的教育行为，逐步提升自己的师德境界。虽然这种情况不多，但的确是有的。

然而，这也不是别人“培训”的结果，而是听者将别人故事所蕴含的情感、态度和价值观自觉内化于心，最后形成自己的情感、态度和价值观的成效。

其实，据我多次在外面作报告的体验，几乎每次“培训”，都能让在场绝大多数老师热血沸腾，甚至热泪盈眶，但结束后有多少老师改变了自己的职业态度和行为呢？估计不多。“感动感动，感而不动”恐怕是常态。

说了这么多，我没有否定各教育局和学校举办类似“师德师风培训”活动的意思，毕竟大家想办法提升教师队伍素质，改善教育行业的风气是一件好事。我只是想提醒——

第一，师德师风建设是一项宏大的工程，不是靠一两场“催人泪下”的报告就能“毕其功于一役”的。

第二，把“师德提升”“师风建设”与“技能培训”适当分开，前者需要多种方式的潜移默化、润物无声，后者可以急用先学、学以致用。

第三，放弃“师德师风培训”这个有悖逻辑、有违文法的说法，改为“教育故事（经验、智慧）分享”。

2021年8月28日

“没有一个真正卓越的教师会始终陷于贫困”

标题之所以打上引号，是因为这不是我的话，而是上海新纪元双语学校校长李海林先生说的。但我非常赞同这个观点，所以想稍微展开说说。必须说明，这里的“贫困”特指物质待遇低下。“没有一个真正卓越的教师会始终陷于贫困”这个命题，肯定会得罪许多“一线教师”（注意，我这里对“一线教师”四个字又打了引号，相信你懂的）。

一

那没办法，我只说事实——华应龙老师，当年中师毕业后在一所乡村小学教书，一教就是十一年。其条件艰苦可想而知，华应龙有一百个理由抱怨，但他没有。“穷且弥坚，不坠青云之志。”他潜心教学，醉心教育研究，后来产生巨大影响的“化错教育”，成果卓著，在乡下就被评为当时全市最年轻的高级教师，二十九岁便被评为特级教师。后来又作为人才被引进，调入北京实验二小任副校长。如今，他的家离天安门城楼只有 1000 米。

王崧舟老师，中师毕业后，在一所小学教书，通过自考，先读专科，后读本科——这个求学经历就很励志。后来成为全国富有影响的著名语文特级教师，现为杭州师范大学教授、硕士生导师。

石中英老师，中师毕业后，被分配到一所农村小学工作，带四年级语文、思想品德、体育、书法、音乐、自然等课，同时兼四年级班主任和校少先队大队辅导员。后参加高考进入安徽师范大学教育系本科学习，本科毕业后考上北京师范大学教育系教育基本理论方向硕士生。后来成为教育哲学方面的著名学者，曾任北京师范大学教授、博士生导师、学部主任，现为清华大学教育研究院教授、博士生导师、院长。

檀传宝老师，本科毕业后在一所农村完全中学工作了八年。后考上北京师范大学硕士，又考上南京师范大学博士。现为北京师范大学教育学部教授、博士生导师。在道德教育、公民教育等领域处于学术领先地位，多次赴美国、英国、日本等国讲学。

顾明远先生，十九岁中学毕业后就在一所小学教书，后来考上北京师范大学，毕业后在做助教的同时，又在北京师范大学附属中学教书。后来成为中国教育学术界的泰斗，现任北京师范大学教授、博士生导师，香港教育学院首位名誉教育博士，美国哥伦比亚师范学院荣誉教授，澳门大学名誉博士，日本创价大学名誉博士，中国国际交流学会副会长，中国教育学会名誉会长……

上面所列举的名满华夏的名师专家，第一学历都不高，大多中师毕业，甚至中学毕业，最初都在条件并不好的最基层的学校教书，但后来无论因为才华还是勤奋，都实现了卓越，遂成一代大家。现在他们的物质生活会很差吗？当然不会。应该说，他们通过自己的努力过上了与自己的才华、努力和贡献相称的体面生活。这是理所当然的。

二

有人会说了：“你说的都是大咖，高山仰止，离我们太远了吧！一线老师不可能达到他们的高度的，遥不可及。”

好，那我就讲一个非常“一线”的老师吧！他是成都市新都一中的语文教师夏昆。我二十年前认识他时，他在西昌一所中学教书，后来到成都盐道街中学外语学校成为我的同事。他发自内心地爱教育、爱学生，而且他的情怀、个性与才气的确出众。他的课堂彻底征服了学生，他本人当然更是让学生着迷。

当时，夏昆给自己定下规矩：每晚八点必读《二十四史》，雷打不动。十五年后，他一举夺得《中国诗词大会》擂主，名满天下。

他至今还是一名纯粹的一线教师——没有任何行政兼职，连教研组长都没当，也没有任何级别的荣誉和头衔，更没获评特级教师，但他现在收入不菲——注意，他从不搞有偿家教（无偿的倒搞过），那么这样的收入从何而来？他著作颇丰，讲座叫好，稿费、课酬当然不菲啦！

夏昆的例子足以说明，任何一个教师，只要你有情怀、有才华、有追求，就算你没有荣誉证书，没有行政职务，一样可以免于物质贫困。

当然，可能又会有老师不服气：“如果遇到一个恶劣的校长，压制年轻人的成长，你再有才华，也会被这样的校长掐死的。”

不能说没有这种情况，但“东方不亮西方亮”“此处不留爷，自有留爷处”……这些俗语都说明，校长想一手遮天几乎不可能。更何况现在是什么年代了，人才流动已经成为常态。哪个校长真正压抑得了青年人才？——当然，前提是你得是人才。

如果一个年轻人，志大才疏、好高骛远、华而不实，班级管理一塌糊涂，班级考试成绩惨不忍睹，学生不喜欢，家长不拥戴，同行看不起，领导很头疼，只有你的自我感觉很好，说“我在搞素质教育”，谁信？反过来你还抱怨被压抑，受嫉妒，理想受挫，怀才不遇，收入又低，“这老师没法当了”，怪谁？

三

我还真遇到过这样的年轻老师。曾经有一位小伙子在网上对我说他的学校如何风气不正，校长如何打击年轻人，同事如何嫉贤妒能，而自己则多么有理想有才华，但唯有“空悲切”。听他诉说，大有“把吴钩看了，栏杆拍遍，无人会，登临意”之孤独悲凉。

我开始还耐心地开导他“拿出成绩来，证明自己”，我告诉他：“你目前唯一的选择就是壮大自己，用业绩展示自己的优秀。”但他总是抱怨，总是吐槽，好像整个世界都欠他的。最后我终于火了，郑重地告诉他：“如果你真的能证明你的优秀，我有一百个校长等着你选择！”

我说“一百个校长”决非夸张，不少校长为了办好学校求贤若渴，这是事实。经常都有我的校长朋友要我给他们推荐优秀老师，还开出很优厚的条件。所以我才说，如果你真的优秀乃至卓越，不是校长选你，而是你选校长。

我认识一位非常优秀的年轻老师，我这里隐去她的实名，姑且称她“凤老师”。凤老师原来在一个小地方教初中数学，课上得好，学生成绩当然很棒；当班主任也很出色，她很勤奋，好学习，善阅读，还写得一手漂亮的文章。渐渐地，她的文章散见于各报刊，自己的教育教学经验被媒体报道，还成了一些杂志的封面人物，经常受邀在各地讲学。应该说，学校领导对凤老师也不错，但她自己有更高远的追求，希望有更好的发展空间与平台。我把凤老师推荐给我的好几位校长朋友——都是全国的著名校长，有上海的、深圳的、北京的。校长知道了凤老师的情况，都很欢迎她。这时候，真的是凤老师在选校长，最后她选定了湖南一所她认为理想的学校。

人生总有风浪，但强者、智者和勤奋者，总能笑傲大海，穿行于甚至嬉戏于风浪之间。

无论是著名专家华应龙还是一线教师夏昆，无论是赫赫有名的顾明远还是默默无闻的凤老师，他们都一遍又一遍证明了本文的观点：没有一个真正卓越的教师会始终陷于贫困。

你和华应龙、王崧舟、石中英、檀传宝、顾明远没法比，那和夏昆、凤老师，总可以比吧？

当然，“没有一个真正卓越的教师会始终陷于贫困”的前提是，你得真正卓越。

没有人天生卓越，但你必须不断追求卓越。

四

当然，提高教师的物质待遇，除了教师本人的努力，更要靠政府加大教师收入提高的幅度。所以先后曾担任省、市两级人大代表的我，从十多年前起，每年的提案或建议就都是呼吁为教师涨工资。我们的呼吁加上政府的重视，至少最近几年在成都见到了明显的效果。

前天，武侯区一位小伙子告诉我，他是体育老师，刚工作不久，但今年也照样拿到几万元的一次性绩效工资。他很开心地说："其实，只要敬业，认真上好每一堂课，真心对待每一个学生，当老师也挺好的，就是从工资收入上说，也挺好的。"一个刚刚工作的年轻教师就已经在物质上感到"挺好的"，那再过几年，他越来越优秀乃至卓越，会有怎样更加美好的前景?

五

不过，即使是政府加大投入，不断提高教师的待遇，享受这份"红利"的也不可能包括慵懒闲散、敷衍塞责、不求上进、混吃等死、误人子弟的所谓"一线老师"。就在成都，我知道的确有个别老师因为师德低下、行为违规而没有拿到一次性绩效工资。虽然这是极个别，但的确有。

其实，和评优选先、职称晋升不同，一次性绩效工资的考核相当宽松，说得通俗而夸张一点，只要你没杀人放火，一次性工资一分都不会少你的。可是，这么宽松的考核标准，有老师都达不到，那怪谁?

教师物质待遇的提高显然不能完全归于个人的才华和努力，还应该有政府相关政策的不断完善和教师经费的不断增加。因此，我们还要继续呼吁，并通过各种合法程序与途径督促政府继续在改善教师待遇方面做出更大、更具实质性的举措，尤其是要让真正优秀乃至卓越的教师更加富有尊严，而且过上优渥的物质生活。在这方面，政府的制度建设还大有提升的空间。

六

但教师个人的职业态度、情感和价值观，以及教育的专业化程度，包括相关的智慧与技能，也将直接决定你的生活幸福指数，决定你是否能过上虽然并不一定那么光彩耀人但还算令自己满意的生活。

牢骚满腹徒增烦恼，怨天尤人无济于事。当你在抱怨的时候，优秀的同行已经把你甩了好几条街。没有一个真正卓越的教师会始终陷于贫困，也没有一个误人子弟的教师能蒙混过关。

天道酬勤，命运肯定有起伏，但从长远看，生活总归是公平的。

2021 年 8 月 29 日

父母是孩子最好的“起跑线”

大家上午好！

我非常同意刚才傅国亮先生的发问：“为什么我们的家庭教育培养不出正常的儿童？”他这个问题是由著名的“钱学森之问”引申出来的。

但我要说，“钱学森之问”依然是有问题的：“我们的教育为什么培养不出杰出的人才？”这是把“人”当成了纯粹的工具，因为“人才”是供人（国家）使用的。作为社会人，当然有“工具”的属性，培养人才也是教育的功能之一，但教育不能仅仅作为培养人才的工具，还要着眼于“人”本身。已经有人提出，我们应该问：“我们的教育为什么培养不出杰出的人？”而“培养杰出的人”首先在于良好的家庭教育。

说到家庭教育的弊端，已经有越来越多的人对一句曾经流行的话提出了质疑：“不能让孩子输在起跑线上。”但如果我们对“起跑线”赋予新的内涵，这话便是站得住脚的。我认为，孩子的“起跑线”不是他学习的第一个台阶，而是他最初的家庭教育，而家庭教育的主体则是其父母。因此我说——父母是孩子最好的“起跑线”！

学校教育和家庭教育谁更重要？这个问题今天提出来，答案已经基本上没有争议了，当然是家庭教育。我曾经对我的学生家长说过，学校教育非常重要，但无论多么重要，都只是家庭教育的重要补充。

我们不要总是认为优生都是教师教育出来的。提到傅聪，我们会想到这位钢琴大师的父亲傅雷，而不会去想：他的小学老师是谁？中学老师是谁？傅聪当然是他父母家庭教育的杰作。我们暂且不说傅聪这样的杰出名人，就说一般的孩子吧！如果一个孩子举止文雅、善良有礼、文质彬彬、富有教养，我们很自然地会想，这孩子的家庭教养真好！而不会问："这孩子是哪个老师教出来的呀?"因为以品行而言，孩子做人的高下，最重要的依然是取决于其父母的家庭教育。同样，一个孩子举止粗俗、言行不一、满口脏话、不讲卫生、懈怠懒惰……不能说和学校一点关系都没有，但关系实在不太大，而和他家庭教养太糟糕有关。

但现在家庭教育被严重地扭曲了，具体表现在：重智力，轻品格；重理工，轻人文；重知识，轻习惯；重言传，轻身教。每个孩子都是其父母的折射。甚至可以说，孩子的一切问题都是家长的问题。比如前几天早晨我从家里出来乘坐单元电梯，一进去便看到电梯里扔着一个饮料瓶。我想：这是谁这么没教养呢？出电梯的时候我把饮料瓶拿走，扔到了垃圾桶里。第二天早晨，我又在电梯里发现了一个饮料瓶，当时我很气愤，心想可能是昨天那个人扔的，也可能不是；也许是孩子扔的。但是即使是小孩子扔的，责任也在其父母，是他们的家庭教育出了问题，让孩子这么没教养！

然而，现在有的家庭教育似乎只是管孩子的"智力早期开发""兴趣培养""潜能发掘"……总之是想方设法让孩子"更聪明"，而不注重人格培养。因此，我们必须让所有父母明确——家庭教育不是"家庭教学"。

我想到了"家教"一词的演变。现在我们看到街上常常有大学生打出广告："英语家教""数学家教"等。这里的"家教"是什么意思呢？是"家庭教师"的简称，意思是他们愿意到孩子家里来做英语家庭教师、数学家庭教师，等等。在这里，"家教"是指向知识的。而在我小的时候，"没家教"是一句骂人的话，而且骂得很狠。如果谁骂谁："你缺少家教!"对方一定会跳起来更加凶狠地回一句："你才没家教!"因为那时候，"家教"是"家庭教养"的简称，其含义是指向德行的。说谁"没家教"，意思是"你爹妈没把你教好，没有教会你做人"，这就不只是骂对方了，而且连对方的爹妈都一起骂了。所以说，从几十年来"家教"一词含义的演变，我们可以看到，家庭教育发生了怎样畸形的变化！

那么，什么是真正的“教育”呢？我想和大家分享三位名人的论述。

这是雅斯贝尔斯在《什么是教育》一书中对教育的阐述：“教育是人的灵魂的教育，而非理性知识和认识的堆积……谁要是把自己单纯地局限于学习和认识之上，即便他的学习能力非常强，那他的灵魂也是匮乏和不健全的。”雅斯贝尔斯在这里明确指出，教育关系着灵魂，而不是“理性知识和认识的堆积”。但我们现在恰恰有太多人，“学习能力非常强”，其灵魂却“匮乏和不健全”，比如钱理群教授所说的“绝对的精致的利己主义者”。

2007年新学期开学之际，法国85万名教师同时接到了这样一封信，写信者并不是教育工作者，但他对教育有着自己的思考和理解，他称自己满怀信念和激情，要与教师谈谈儿童及其教育。在这封信中，他谈到了教育目的。他提出一个问题：应当使儿童成为什么样的人？在写信者看来，儿童应当成为“自由的人、渴望知晓美好事物与伟大事物的人、心地善良的人、充满爱心的人、独立思考的人、宽容他人的人，同时又是能够谋到职业并以其劳动为生的人”。

你们看，这么多因素，没有一项是关于知识的，不是说知识不在教育范围之内，而是说从根本上讲，教育是超越知识而指向人格的。特别是最后一句话让我感慨：“同时又是能够谋到职业并以其劳动为生的人。”也就是说，我们的孩子，将来应该是自食其力的劳动者。我想到了小时候老师经常给我们说而现在的老师很少说的一句话：“要热爱劳动人民！”相反，现在一些家长和老师喜欢这样训斥孩子：“你不好好学习，将来只有去扫大街、蹬三轮车！”

这封信是谁写的？是时任法国总统的萨科齐。作为一个西方的政治家，他和我们当然有许多不同，但在对教育的理解上，应该说是有共通之处的。萨科齐这封信的主题是“重建学校”。所谓“重建学校”不是把学校建筑推倒了重修，而是重申教育的使命。他这样写道：“培育对真、善、美、伟大与深刻事物的欣赏，对假、恶、丑、渺小与平庸事物的厌恶，这便是教育者为儿童所承担的工作，这便是对儿童最好的爱，这便是对儿童的尊重。”

我们现在如何培养孩子欣赏“真、善、美、伟大与深刻事物”，厌恶“假、恶、丑、渺小与平庸事物”？值得每一位教育者包括孩子的父母思考。

最后一段话是伟大的苏霍姆林斯基说的——

共产主义教育的英明和真正的人道精神就在于：要在每一个人（毫无例外地是每一个人）的身上发现他那独一无二的创造性劳动的源泉，帮助每一个人打开眼界看到自己，使他看见、理解和感觉到自己身上的人类自豪感的火花，从而成为一个精神上坚强的人，成为维护自己尊严的不可战胜的战士……人的充分的表现，这既是社会的幸福，也是个人的幸福。

这段话比较长，我就不读了，只是说说我的解读。这段话的意思就是说，教育是帮助每个孩子发现自己独一无二的优势，让他“打开眼界看到自己”，而不是简单地崇拜别人；要让孩子相信，我有着别人没有的自豪与尊严。这就是教育。教育，不是让孩子看不起自己，而是让孩子为自己骄傲；不是让孩子自卑，而是让孩子自豪。

好，有了对教育正确理解的前提，我向家长们提四条建议：第一，做孩子人格的榜样；第二，做孩子知心的朋友；第三，和孩子一起阅读好书籍；第四，和孩子一起养成好习惯。下面我一一简要阐述。

第一，做孩子人格的榜样。

我做校长时，对老师们说过一句话：“最好的管理莫过于示范，最好的教育莫过于感染。”这话同样适用于家庭教育。你想孩子成为怎样的人，你就先做那样的人！想想，我们给孩子讲的，我们信吗？我们要孩子做的，我们做吗？如果我们给孩子讲一些我们都不信的话，怎么指望孩子真诚？如果我们给孩子提出要求而自己却不愿去做，怎么指望孩子言行一致？网上有一句话很刻薄：一些家长明明自己是一摊污泥，有什么资格“恨铁不成钢”？这话难听，有些刺耳，但不无道理。

这句话是我说的：“如果以对孩子的要求来要求自己，我们就非常了不起了！”我曾给一些老师和家长讲：“你要孩子善良，你善良吗？你要孩子正直，你正直吗？你要孩子阳光，你阳光吗？你要孩子坚强，你坚强吗？你要孩子有毅力，你有毅力吗？等等。我们好好想想我们给孩子们提过哪些做人的要求，然后我们认真把这些要求做到，我们简直可以被称为‘圣人’!”所以我说，所谓教育，就是你想要孩子有的，你先得拥有。

看看这几张照片，这是我出任成都市武侯实验中学校长不久，在升旗仪式上看到的一幕：孩子们队列整齐、表情庄严，多可爱啊！那老师们怎么站的呢？是这样站的：没有队列，东站一个西站一个，有的还在学生队列后面聊天。

第二天下午有例行的教工大会。我给老师们看了这几张照片，说："老师们想想，难道参加升旗仪式可耻吗？如果不可耻，为什么我们不认真参加呢？如果可耻，我们为什么要让学生去做可耻的事呢？我们给学生进行过多少爱国主义教育啊！说过多少升旗仪式的意义啊！也告诫过学生要认真对待升旗仪式，要站端正，不要说话，要庄严肃穆，等等。可这些给学生说的话，我们为什么做不到呢？什么叫教育的良知？让学生做到的，教师也能够做得到，而且应该做得更好。"

这是一张我在成都市武侯实验中学附属小学偶然拍到的照片。除了周一，平时我们的升旗仪式都是在教室里，在国歌的音乐中，孩子们对着黑板上方的国旗举行升旗仪式。那是一个早晨，我在巡视校园，在二楼上看到远处的操场上一个迟到的孩子在奔跑，跑着跑着他突然站住了，对着国旗站得笔直，仰起了小脑袋。我仔细一听，哦，国歌响起了，升旗仪式开始了。多可爱的孩子啊！老师们想想，如果你们在现场，你们能做到吗？很多时候，我们大人其实是不如我们的孩子的！

我给老师们说："最好的管理莫过于示范，最好的教育莫过于感染。从下周升旗仪式开始，除了班主任站在所在班级队列旁边之外，全体老师单独站成一个队列，站在全校学生的最中间，让我们成为学生的示范！"

从那以后，每次升旗仪式前，老师们都自觉面对升旗台站在操场最中间，听从体育老师的口令："全体老师注意了，稍息，立正！向前看齐！"老师队列站好后，体育老师再对全校学生喊道："全体学生都有了啊，稍息，立正！两边的同学，向左向右转——向老师们看齐！"全校学生齐刷刷转过身，面向老师，对比老师队列调整队形。

"向老师们看齐！"气势磅礴而又意味深长的一语双关。这句话道出了教育的全部秘诀——从某种意义上说，所谓“教育”就是教师有底气对学生们说：“向我看齐!”

我在不同的年份都给老师们拍了升旗仪式，有春天的、有冬天的、有夏天的，但老师们都站得很端正。直到现在，成都市武侯实验中学的升旗仪式都很棒。

我这里讲的例子是学校教师的，但同样适用于父母对孩子的教育。有效的家庭教育，依然是“向我看齐”，父母能够成为孩子的榜样，否则就谈不上任何教育。

第二，做孩子知心的朋友。

我主张父母每天能够和孩子有一席话、一段路、一盏灯。所谓“一席话”就是陪孩子聊天，所谓“一段路”就是陪孩子散步，所谓“一盏灯”就是亲子灯下共读。这些都是和孩子的交往与沟通，赢得孩子的信任。当孩子给你说悄悄话的时候，你的教育就开始走向成功了。

为人父母的，要多站在孩子的角度思考问题，甚至在某种程度上把自己变成孩子。每个家长都问问自己：我和孩子有没有共同的爱好？比如和孩子有共同喜欢的读物吗？和孩子一起看足球赛吗？和孩子一起上网吗？和孩子有共同喜欢的明星吗？等等。一定要和孩子保持共同的兴趣。苏霍姆林斯基说：“我总想和孩子们待在一起……如果我跟孩子们没有共同的兴趣、喜好和追求，那么我通向孩子心灵的通道将会永远堵死。”你们看，如果和孩子没有共同的兴趣爱好，你们连有效的教育都不可能。

不但要保持和孩子的共同爱好，更要理解儿童的精神世界。什么叫“理解儿童的精神世界”？请读读陶行知先生这段话：“您不可轻视小孩子的情感！他给您一块糖吃，是有汽车大王捐助一万万元的慷慨。他做了一个纸鸢飞不上去，是有齐柏林飞船造不成功一样的踌躇。他失手打破了一个泥娃娃，是有一个寡妇死了独生子那么悲哀。他没有打着他所讨厌的人，便好像是罗斯福讨不着机会带兵去打德国一般的怄气。他受了你盛怒之下的鞭挞，连在梦里也觉得有法国革命模样的恐怖。他写字想得双圈没得着，仿佛是候选总统落了选一样的失意。他想您抱他一忽儿而您偏去抱了别的孩子，好比是一个爱人被人夺了去一般的伤心。”在成人看来“没有什么大不了的”，可在孩子看来，却比天还大。这段话让我感动万分！作为一个伟大的教育家，陶行知先生对儿童的心灵世界竟有如此细腻的感受和深刻的理解，我们只能说，陶行知先生的一颗真诚博大的爱心同时又是一颗纯洁无瑕的童心！

大家看这张来自网络的图片，一个小孩子搂着一条大鱼在亲吻。我不知道这是谁拍的，也不知道作者要表达什么。大家可能觉得这张图片很有趣，但我却读出了教育。你们看，这孩子多爱这条鱼啊！又是搂抱又是亲吻的，可他了解这条鱼吗？显然不了解，如果他了解这条鱼，就应该知道鱼需要的不是吻，而是水！在不了解鱼的情况这么深情地爱着鱼，鱼会很快死去的，因为没有水呀！这个孩子不正像我们有些家长吗？哪一个家长不是真诚地爱着自己的孩子？但为什么却常常和孩子发生冲突？极端的甚至闹出人命。明明爱着孩子，却适得其反，为什么？因为虽然你爱孩子，却不懂孩子。你不了解孩子的内心世界，不了解孩子的个性，孩子自然也不会接受你的所谓的“爱”。所以苏霍姆林斯基说：“教育——这首先是人学。不了解孩子——不了解他的智力发展，他的思维、兴趣、爱好、才能、禀赋、倾向，就谈不上教育。”

一个优秀的教育者，无论教师还是家长，一刻都不忘记自己曾经是个孩子。这个观点不是我的，是苏霍姆林斯基的。我们要做有童心的教育者，用儿童的眼睛去观察，用儿童的耳朵去倾听，用儿童的心灵去感受，用儿童的大脑去思考，用儿童的兴趣去探寻，用儿童的情感去热爱！这就是我们所说的“儿童视角”。

第三，和孩子一起阅读好书籍。

本来我想搞个调查，但因为时间关系我就不调查了。但我还是想把问题抛出来，各位家长可以想想，或者问问自己——我最近读书了吗？我最近读的一本书是什么书？如果你没有读书的习惯，你就没有任何理由要求孩子读书。

北大教授陈平原有一句话，可能会让一些父母心惊肉跳：“如果你发现自己已经好长时间没读书，而且没有任何负罪感的时候，你就必须知道，你已经堕落了。”请大家问问自己：我堕落了吗？

所谓“和孩子一起阅读好书籍”，不一定是说要和孩子读同一本书——当然这也需要，但不是我们阅读的全部，而是说我们应该和孩子同时保持阅读的兴趣和习惯。我女儿现在已经参加工作，可她至今还保留着阅读的习惯，经常买许多纸质书来认真读。其实，我很少对她说“要读书要读书”，但我本人就是爱读书的人，这对她是一种示范和影响。

上个月受“老牛基金会”赞助，我去了一趟丹麦安徒生国际幼儿师范学院，待了两个星期。回来后，一位同去丹麦的老师对我说：“李老师，这是我们去丹麦时，在莫斯科机场转机时我给你偷拍的照片，发给你。”我一看，全是我在机场候机时阅读的情景。当时我纯粹出于习惯，反正五个小时比较长，又没啥事做，我便拿出一本书来读，专心致志，完全入迷了。这本书叫《倒转“红轮”——俄国知识分子的心路回溯》，和我的专业一点关系都没有，就是纯粹的阅读，没有功利的阅读。这对我来说，是一种生活常态。每次外出，我肯定要带一本书，以备路上阅读。我们每一位家长都应该这样手不释卷。

这是我现在的书房，前几天我还在我的微信公众号“镇西茶馆”中发文说，每一个教师都应该有自己的书房，或者至少应该有书橱，也就是藏书。家长们也应该有自己的藏书。那么，父母们应该读什么书呢？我提倡读四类书——

第一类是有关家庭教育的书。孙云晓的书、朱永新的书、尹建莉的书、卢勤的书……他们关于家庭教育的著作都值得大家读。当然，我也写过家庭教育的书，也可以去找来读读。第二类是和你职业相关的书。你是会计，你经常拿着财会方面的书读；你是医生，你经常拿着医学方面的书读；你是律师，你经常拿着法律方面的书读……想想，如果孩子看到爸爸妈妈都四十多岁了，还捧着自己专业的书在学习，那是怎样一种影响？第三类是孩子喜欢读的书。通过读这些书，了解孩子的精神世界，同时也可以和他们有共同的话题。其实，还有第四类，就是人文书籍。哲学的、历史的、政治的、文学的等，这能够拓展你的胸襟、开阔你的视野、丰富你的内心、饱满你的灵魂，至少能够让你在孩子面前，有一种源于“学识渊博”的魅力。

第四，和孩子一起养成好习惯。

父母应该养成的好习惯很多，比如刚才说到的阅读，还有健身，等等，但这里我特别想重点说要养成反思的好习惯。没有反思就没有成长，孩子如此，父母一样如此。

但这里所说的“反思”不是静止的冥思苦想，而必须有一个载体，就是写作——可以每天给孩子写几句话，或鼓励，或表扬，或建议，也可以给孩子说说自己犯的错误以及认识；可以和孩子一起写日记，记下自己的点点滴滴想法，尤其是对自己教育孩子过程中的得失；可以和孩子一起写阅读笔记，包括直接在书上批注，这是一种非常好的和孩子共同阅读、分享思想的方式；可以和孩子一起写作文，不一定是孩子写的命题作文——如果愿意也可以和孩子写同题作文，但更多时候是写家庭教育案例，即蕴含着自己智慧与教训的故事。

我特别想说的是，其实重要的不在于你写什么，或写了多少，重要的是你写作的本身，就是在用行动对孩子说：孩子，爸爸妈妈很在乎你，愿意陪着你成长！

说到“和孩子一起养成好习惯”，我想到我曾经写过的一篇文章，题目叫《三个好习惯，幸福一辈子》，我在文中提出，一个人应该养成的好习惯有很多，但至少应该养成三个好习惯：健身的习惯，这让孩子有一副好筋骨；礼貌的习惯，这是让孩子与人相处时，懂得礼貌和尊重，这是一种必需的教养，或者说“修养”；阅读的习惯，这是让孩子终身学习。孩子有了这三个好习惯，无论从事什么职业，这一生肯定会是幸福的。当然，这三个好习惯，家长也应该养成。

好，大家回顾一下我提的四条建议：第一，做孩子人格的榜样；第二，做孩子知心的朋友；第三，和孩子一起阅读好书籍；第四，和孩子一起养成好习惯。关键词就是“榜样”“朋友”“阅读”“习惯”。

父母做到了并做好了这四条，就是无声而有效的家庭教育。所以父母的确是孩子最好的“起跑线”，因为——只有父母好好学习，孩子才能天天向上！

谢谢大家！

2018 年 4 月 21 日晚
追忆整理，略有补充

警惕师生的过重负担随疫情扑面而来

收到几位朋友的来信，不约而同地倾诉相同的苦闷。

有家长说，最近孩子学校安排学生在线学习，教材内容提前在网上发给家长，要求监督孩子认真学习，说“停课不停学”，结果孩子和家长比正常上学还忙，应付各种作业，还要用笔记本电脑或手机 APP，还要打印，手忙脚乱的……

有老师说，电子备课，还要去学校录课，然后直播，还发各科教学视频，一天到晚，有做不完的事，手足无措，“当了一辈子乡村教师，快退休了，因为不会做课件，我都不知道怎么教书了”“给学生上了这么多年的课，现在突然要求当主播，真的很抓狂”……

除了在线课内学习，还有各种任务，甚至连幼儿园的老师也要求家长每天上传孩子在家练习舞蹈的视频……

因为突然暴发的新冠肺炎疫情，为了师生安全而延迟开学是没办法的事。本来，利用网络手段，让孩子在家学习，是一个好的思路。这可以倒逼教师的“教”与学生的“学”由传统的大工业模式向互联网模式转变，比如喊了多少年的慕课也许正好迎来一个大培训、大学习、大普及的机会。

问题是完全不顾各地各学校的实际情况，也不顾目前教师是否拥有现代信息技术的能力和学生家庭是否具备相应的条件，这么一拥而上，严重增加了教师、学生及其家长的负担，合适吗?

何况现在根本就还没有开学啊！没到开学时间，就进行网上教学，本身就是违规的。

教育部已经发现这个问题了，前天（2 月 4 日）教育部官方网站发出提醒：在各地原计划的正式开学日之前，不要提前开始新学期课程网上教学。

教育部的提醒非常明确。

这个提醒显然是有针对性的，因为现在的确已经有学校“提前开始新学期课程网上教学”。这不是直接加重师生的负担吗？

那么，在家待着的时间，孩子可以做什么呢？

对此，教育部也有具体的建议：“可安排一些疫情防护知识、心理健康辅导、寓教于乐等方面的网上学习内容。”同时教育部提醒家长：“要把孩子的身心健康放在第一位，不过度施加压力，科学、适度安排孩子学习、生活和锻炼。”

看见没有——“要把孩子的身心健康放在第一位”“科学、适度安排孩子学习、生活和锻炼”。

但问题又来了，现在许多网上课程正铺天盖地涌向孩子们：心理健康、名著导读、趣味作文、生命教育、特级语文、名师数学、空中英语、少儿编程……这些课程，好多都是通过学校老师给孩子做宣传，希望学生“自愿选择”。虽然说是“自愿”，但根据中国特有的“国情”，有的学生及其家长很难不“自愿”。

当然，不少网络课程是免费的，但有没有潜在的“商机”呢？而且一窝蜂地报各种网上课程的班，孩子受得了吗？

这显然不能怪班主任，甚至还不能怪学校，有些苦衷是不言而喻又不能明说的，只能心照不宣。

是的，疫情期间，孩子在家的确不应该虚掷光阴。如教育部提醒所说，“学习、生活和锻炼”都应科学而适当地安排好。平时孩子学习太累，正好利用这个时间增加睡眠、增强体质、增多营养，就算是在家休养吧！

不过，所谓“休养”也不能让孩子浪费时间，沉溺网游，而是应积极地开阔视野、扩展知识、丰富大脑、提升能力……要做到这些，足不出户的孩子当然得借助网络这个工具，自然会参加各种在线学习。但是——

第一，应该根据孩子的特点选课，绝对要尊重孩子自己的意愿，真正的自愿选课；第二，千万不要统一课程、统一进度、统一作业、统一考试，而应该让孩子积极主动而富有个性地学习；第三，所选课程不宜过多，毕竟学习只占三分之一的时间，还要有健身和与家人交流的闲暇时光。

有关部门、有关机构推出丰富多彩的网络课程，哪怕是有商业动机，都无可厚非！社会就是应该给孩子提供各种选择，多多益善。何况还有许多属于纯公益的课程。

问题是不要“一刀切”，更不要“强迫”。

其实，我个人对在家学习的孩子有一个很朴素的建议：阅读。

平时课程负担重，无暇阅读教材以外的有益书籍，现在有大把大把的时间自由支配，这不正好阅读吗？而且我特别建议父母和孩子一起阅读。

当然，读什么？怎么读？这也需要引导和指导。不过，这是另一篇文章的内容了。

我印象中，至少从2000年开始，国家就提出“减轻中小学生过重课业负担”了。整整二十年一晃而过，学生的负担是减轻了，还是加重了呢？每一个老师、每一个学生及其家长都有自己的感受，我就不评价了。

何况，这次名目繁多的在线学习，还有不少形式主义的东西，教人作秀，逼人作假，让人反感。

最后我想说的是，还在继续加重扩散的疫情让大家深感压力，我们需要保持自信、镇定与乐观的心态；但我们还应该警惕过重的课业负担随疫情扑面而来，甚至打着“神圣的旗号”变本加厉，成为另一种“疫情”！

2020年2月6日

非常时期，宅在家里的老师如何为国家的抗疫做出贡献？

这场灾难是谁都没有想到的，目前我们还看不到疫情的“拐点”。我们都希望尽快结束战“疫”，作为教师，我们都愿意为抗疫做点什么，但似乎有劲使不上。比如我，虽然也为有些一线部门呼吁筹措过口罩，也力所能及捐了几次款，也参与在线活动为孩子们提供非常时期的网络教育服务，但独处于家，效力毕竟有限。

我特别不赞同号召动员老师像医务人员、公安干警一样奔赴一线，网上有许多人已经指出，教师的安全必须得到保障，否则必然影响以后开学的正常教学，而且孩子的安全也难以保证。所以在此请老师们不要走出家门去做志愿者，万一染病，有可能你的学生也会被你感染。

但是什么都不能做，我们又如何为国家的抗疫做出贡献呢？

根据自己最近的体会，我有如下建议——

第一，足不出户。

最近别出门，就是对国家抗疫最大的贡献。钟南山院士反复呼吁，每一个人都不要出门，自我隔离，保护好自己，保护好家人，就是对医务人员最大的支持！我非常同意。现在医疗资源这么紧张，保护好自己不但对自己身体有利，也是对国家的贡献。所以我们就老老实实待在家里，哪怕什么都不做，都是在为战胜疫情贡献自己的力量。我从 1 月 27 日开始，直到今天，一直在家中。

第二，阅读。

教师的专业成长，主要途径就是阅读。但平时大家都说“很忙，没时间读书”，这也不完全是借口，确实平时大家很忙。那现在突然有大把大把的时间自己支配，不正好可以把应该阅读的书好好读一读吗？

我曾经引用苏霍姆林斯基的话：“教师没有自由支配的时间，这对学校发展是真正的威胁。”老师们一片叫好。随即我又说了一句话：“教师有了自由支配的时间而不读书，这对教师发展是真正的威胁。”现在，宅在家里却依然不愿读书，作为教师真的说不过去。去年年底，我给自己规定，2020 年至少每周读一本书，每天至少读五十页，结果远远超额：1 月份就读了八本书，2 月份已经读了两本，很有收获。

第三，写作。

我说过，平庸教师与优秀教师的区别，主要不在看得见的地方——在学校，在办公室，在教室，几乎每一个老师都很忙碌，都很辛苦，你看不出谁优秀谁平庸；但是在看不见的地方——比如业余时间，比如晚上、周末和寒暑假，优秀教师就开始了自我提升，除了我上面说的阅读，还有就是写作。每天的忙碌中，有多少教育素材供我们思考、提炼、总结的啊！现在闲下来了，想想：过去的一学期、一年中，有哪些教育故事值得珍藏？有哪些课堂精彩值得追忆？有哪些教育思考值得记录？有哪些工作教训值得汲取？这一切都可以通过文字凝固下来。这将是你的一笔教育财富啊！

对我来说，写作已经是一种每天的习惯了。最近我主要在两个方面写作，一是结合抗疫情况，写了一组系列短文“细思碎想说常识”，已经发在“镇西茶馆”了；一是结合阅读，写读书笔记，过段时间我也将发在“镇西茶馆”上。

第四，整理。

我这里说的“整理”，是指整理和教育有关的资料，包括学科教学和班主任工作方面的资料。平时每天都在往前赶路，好多资料比较凌乱，现在正好利用这段时间清理清理、归归类，便于以后需要的时候查找。我工作几十年，按时间和年级，将历届学生的资料（工作笔记、课堂教案、学生信件、学生作文、班级照片及各种“史料”等）都分门别类，所以现在当我写到某一个学生过去的故事时，都能得心应手地找出这个学生当年的“文物”。我这段时间，主要是整理书房。我书橱里的书以前搬家时都归了类的，但时间一长又买了许多新书，便随便往书柜里塞，久而久之又乱了。这次我重新归类，便于以后查阅。这是一个浩大的工程，但现在有的是时间。

第五，健身。

这次新冠肺炎感染者，据说主要是免疫力相对比较弱的人群，这对我们的身体素质提出了更高的要求。老师们平时工作量很大，好多老师都是超负荷工作，甚至带病工作，想健身也难以有时间。这次在家里，一定要安排出时间锻炼身体。虽然不能去户外锻炼，但在家也有健身的方式，网上有许多好的建议：俯卧撑、仰卧起坐、健身操、太极拳、跳绳、举哑铃……都可以达到健身的效果。当然，每个人都有符合自己特点和生活习惯的健身方式，只要想锻炼，就一定能够找到途径的。

我的健身方式是在书房里快走。有人可能以为我的书房很大，其实我的书房只有七八平方米，除去书橱、写字台所占面积，估计供我快走的空间也就五六平方米吧！但这不妨碍我走出一身毛毛汗。我一边走一边听视频新闻或有声读物，一分钟的时间都不浪费。

当然，我相信许多老师本身就有健身习惯，我不说他们也会在家里因地制宜地锻炼。只是对一些平时没有健身习惯的老师来说，如果这次宅在家里养成了健身的习惯，那就是抗疫给你带来的意外收获。

第六，酝酿教育。

我现在退休了，当然就不存在“开学”了，如果我是在职教师，就会提前思考开学后的教育和教学。以前我当班主任或当校长时，都会在新学期开学前反复酝酿“第一课”“第一周”“第一月”的教育。

所以我建议，最近老师们可以从容细致地构思一下，面对我们国家史无前例的“抗疫战争”，如何搞好我们的开学教育？生活即教育，教育即生活。如此丰富的抗疫经历和素材，没有理由被排斥在我们的教育之外。这段时间，我不止一次情不自禁地想：如果我现在是班主任，开学后我将对学生进行哪些教育？我想了想，主要有这么几个主题，应该通过班会和语文教学的课堂对学生进行教育：

关于生命的教育——如何珍爱生命？如何认识自己？如何保护家人？如何尊重他人的生命？

关于环保的教育——如何认识自然？如何尊重自然？如何保护动物？如何与自然和谐相处？

关于防疫的教育——如何认识病毒？如何保护自己？如何养成良好的卫生习惯？如何尊重公共空间？

关于爱国的教育——如何科学全面地看待我们国家的优势和困难？如何正确地表达我们对祖国的爱？如何识破“阴谋论”？如何既从中国看世界，也从世界看中国？

关于英雄的教育——如何看待英雄？如何敬仰科学家？如何向广大的一线医护人员以及公安干警表达崇敬？如何认识我们这个伟大的国家和民族？

关于公民的教育——如何认识“公民”这个概念？如何理解公民的权利与义务？如何理解个人与国家的关系？如何在大灾大难面前体现出公民的责任与担当？

关于正义的教育——如何理解善良与正直？如何看待“正能量”？如何保持说真话的品质？如何坚守做人的良知？

……

这些教育，当然不是靠教师一个人的说教，而是通过活动的方式，让每一个学生参与互动，使教育自然而然，同时又生动活泼。

以上几条建议，都应该以计划的方式排进每一天的作息时间，这样才能保证好的想法变成行动，并产生效果。

给大家汇报一下我这段时间每天的作息安排：早晨七点半左右起床，洗漱、吃早点后便在书房里快走六公里，大概一个半小时。健身结束时一般是十点钟；然后我便开始写作，一般是写在“镇西茶馆”推出的文章。中午吃完饭，又在室内散步二十来分钟（同时戴上耳机听音频），然后午休。一般是睡一个小时。起来后，便开始整理书房，大概花两个小时。四点钟开始读书，读一个小时，或更多一点时间。吃了晚饭，又读书，或写作，主要是写读书笔记，一般是写到晚上十点或十一点，再上网看看信息，十二点左右睡觉。每天如此。

还要补充的是，做这些“规定动作”的时候，我还见缝插针地看电视剧，比如晚上烫脚的时候，等等，把这些边角余料的时间都利用起来。最近在看电视剧《四十九日·祭》。因为是见缝插针，因此时间不会太多，每天也就看二十分钟左右，所以看得很慢，不过我不急，又不会参加关于这部电视剧内容的考试，急什么？

以上就是我的建议，我也顺带介绍了我的时间安排。我知道人与人不一样，每一个人面临的家庭情况都有不同，比如有的老师孩子还小需要照顾，有的老师家里还有老人需要照顾，有的老师还有自己的爱好，比如书法、画画、弹琴、下棋，等等。所以我以上所说，仅供参考。

只要我们严格地保护好自己不染病，就是对国家的贡献！

只要我们利用这段时间提升自己，就是对教育的贡献！

2020年2月8日

开学后，建议给孩子们讲这六位“英勇救疫”的中国人

——代老师们写的开学第一课讲稿

同学们好!

这个寒假好长好长，大家都盼着开学了吧？我也是。今天，见到了同学们，我感到非常亲切，非常开心!

中国抗击新冠肺炎疫情的人民战争已经持续了一个多月了。在这场与病毒抢夺生命的大搏斗中，同学们大多是待在家里，防止感染。每一个同学保护好自己的生命就是对这场战争的支持，就是为赢得抗疫最后的胜利做贡献。

但是当我们待在家里的时候，还有许多人冲在第一线，他们每一分钟都在以自己的生命和瘟疫进行着殊死的抗争——不幸感染病毒的去世者，以自己的生命延续了别人的生命；更多安然健在的战斗者，用自己的生命挽回更多人的生命。

他们值得我们永远记住——记住他们疲惫的面容，记住他们逆行的背影，记住他们不朽的精神!

今天，我就给大家讲讲在这次全民抗疫中，我们应该记住的几位“英勇救疫”的英雄。对了，这里特别说明一下，“英勇救疫”是我临时杜撰的一个词，我特别打了引号。“救疫”的“救”不是“抢救”的意思，疫情怎么能去“抢救”呢？而是“战胜”“扑灭”的意思，就像“救火”的“救”一样。所以“英勇救疫”的意思，是“英勇地战胜疫情”。

我希望大家记住的第一个英雄是谁呢？我先不说他的名字，但我相信只要

我一说他的事迹，同学们立刻就会恍然大悟。十七年前，在抗击“非典”的严峻时刻，作为中国工程院院士、我国呼吸病学的顶尖级专家，他说了一句掷地有声的话：“把重症病人都送到我这里来!”那年他已经六十七岁了，可是一直奋战在前线，为中国最后取得抗击“非典”的胜利立下了卓著功勋！他因此被评为2003年度“感动中国十大人物”之一。

当时给他的颁奖辞是这样写的：“面对突如其来的SARS疫情，他冷静、无畏，他以医者的妙手仁心挽救生命，以科学家实事求是的科学态度应对灾难。他说‘在我们这个岗位上，做好防治疾病的工作，就是最大的政治’。这掷地有声的话语，表现出他的人生准则和职业操守。他以令人景仰的学术勇气、高尚的医德和深入的科学探索给予了人们战胜疫情的力量。”

对了，同学们可能已经猜出他是谁了，他就是赫赫有名的钟南山院士。

最近大家可能听说了正流传的这么一句话：“火神山、雷神山、钟南山，三‘山’齐聚克难关!”足见钟南山在老百姓心中的威望。

今年，当新冠肺炎疫情出现时，许多人还没意识到病毒的凶险程度，他便以自己精深的专业素养第一个告诉大家真相：“新冠病毒有人传人的危险，请大家没有特殊情况千万别去武汉!”但是，已经八十四岁高龄的他，却毅然奔赴武汉，来到疫情最严重也最危险的第一线。在火车上他一边吃着盒饭，一边研究疫情，后来实在太累了，靠在椅子上就睡着了。这幅照片感动了无数人，大家称赞钟南山院士是“逆行者”!

可能有同学还不知道，钟南山年轻时是一名运动健将。1958年8月，在首届全运会的比赛测验中，钟南山以54.2秒的成绩，打破了当时54.6秒的四百米栏的全国纪录。我想说的是，如今，八十四岁的钟南山依然是一名青春依旧的运动健将，他以自己的专业，更以自己饱满的生命力，引领全国人民和新冠病毒赛跑，冲在抗疫斗争的最前面!

在他冲锋陷阵的背影上，写满了一种伟大的精神，这种精神叫“科学”“专业”“无畏”和“担当”。

当然，冲锋陷阵的不止是钟南山一个人。除了赫赫有名的钟南山，还有许许多多默默无闻的医护人员，他们同样令我们感动，同样应该被我们记住。

我想给大家讲的第二个人，如果不是这次抗疫，我想许多人和我一样都不会知道她的名字：柳帆。

2020 年 2 月 14 日，五十九岁的她因感染新冠肺炎医治无效去世。消息传开后，无数人为之流泪。其实她既不是著名专家，也不是一线的医生，她是社区卫生服务中心注射室从事护理工作的一名护士。

她之所以让大家感动，是因为明明已经到了退休的年龄，她却主动要求延迟退休。哪怕只是注射室的护士，她也一丝不苟地对待每一位病人。有人说："她只是一个打针的护士。"可是打针的护士是直接接触患者的，与患者是零距离接触，比分诊台的护士风险还高。关键是，人的生命是等值的，生命的天平上，她和钟南山一样尊贵！

让人痛惜不已的是，柳帆去世前，她的父母、弟弟也先后因感染新冠肺炎去世。她是怀着怎样的悲痛坚持屹立在抗疫前线的？亲人去世几天后，柳帆也在防疫战场阵亡，她代表了千千万万奋战在前线的英勇护士，她是当之无愧的抗疫英雄！

同事们这样评价她："柳帆性格随和、爱说爱笑、工作认真，执行医嘱从未出过差错、事故，而且护理技术过硬。"

她并没有什么惊天动地的壮举，但社会主义核心价值观中的"爱国""敬业""友善"在她的身上得到充分的体现。柳帆的名字同样值得我们永远铭记！

说到这次抗疫中的护士，我又想到最近网上不断被刷屏的几首诗，写的就是一线护士的情怀。其中有一首的题目是《请不要打扰》。这里我给大家朗读其中几句——

请容我脱下防护服和面罩
把我的肉身从铠甲抽离
让我靠一靠身体
让我平静呼吸

唉……

口号是你们的

赞美是你们的

宣传、标兵，都是你们的

我只是在执行岗位职责

做一个医者良心的拯救

常常，不得已赤膊上阵

生和死来不及选择……

寥寥数语，平静、朴素而又不乏悲壮地描述了护士的心境，她们没有想过要当英雄，“只是在执行岗位职责，做一个医者良心的拯救”，但她们因此而成为我心目中的英雄。

同样是这位作者，还写了一首题为《元宵夜》的诗，我给大家全文读一读——

武汉金来亚酒店八楼窗外

灯火已点亮城市

大厦轮廓的辉煌

照清了夜的本来面目

寂静。凄清。寒凉。

我知道穿透灯火

更远更深的背后

更多的窗户是黑的

黑如洞穴，如蝙蝠，如吞噬

如藏匿的戴着花冠的毒

我在黑暗里遥望

遥望长江，汉江

遥望黄鹤楼
遥望方舱医院
遥望甘肃河西走廊
遥望上海黄浦江
遥望天堂正在用长勺给彼此喂食的景象
黑暗依然在扩散
但我坚信，一切的美
当元宵节的月亮升起
都将圆满，都将被点亮

这首诗，悲愤中有力量，绝望中有希望。这里的力量，是真实的力量，是正直的力量；这里的希望，是坚韧不拔的希望，是驱逐黑暗的希望！

诗的作者叫“弱水吟”，这是笔名。这位作者并不是职业诗人，而是甘肃省山丹县人民医院心理科护士长。自疫情发生以来，今年已经四十九岁的她和同事们一起，放弃节假休息，舍弃合家团圆，一直奋战在本县疫情防控第一线。

但武汉疫情发生后，作为党支部书记的她主动请战要求奔赴武汉。她在请战书上这样写道：“我作为一名有多年党龄的共产党员、心理卫生工作者，现主动请缨支援武汉抗击新冠肺炎临床一线工作，特此请愿。”最后她如愿作为志愿者加入驰援武汉抗击疫情工作队。

临行前，为了到武汉工作方便，她剪去了留了多年的长发。考虑到父母年事已高，儿子刚刚参加工作，直到临走一刻她也没有告诉他们。

作为一名护士长，“弱水吟”有着资深经验和优秀技术；作为一名共产党员，她有着“不忘初心”的信念；她同时还是甘肃省作协的会员，其作品多次获奖，所以作为一名作家，她在艰苦抗疫的同时，不忘拿起笔抒写战士的情怀，讴歌光明，抨击黑暗。

在武汉告急的时候，她告别亲人，毅然奔赴千里之外的火线；当一些人说假话，甚至写下粉饰与伪善的恶心文字的时候，她用诗句告诉我们真实的中国。

这位“诗人护士”，或者说“护士诗人”，以自己的专业技能和朴素的诗句，展示和抒写了大爱、勇敢、正直的生命。“弱水吟”是她的笔名，让我们记住她的真名：龙巧玲。

接下来我要给大家讲的是一位“90后”医生的故事。

2015年，从湖北科技学院临床医学专业毕业的他，来到武汉市江夏区第一人民医院工作。在这里，他收获了自己的爱情，爱上了同院的一位女护士。三年后，在一个特别的日子里，他的女朋友成了他的妻子，这个特别的日子就是他妻子的生日。他说：“爱人的出生是天赐的礼物，得好好纪念这个日子。”因此他把妻子的生日作为结婚的纪念日。

妻子被丈夫的爱深深打动。结婚一年后，妻子在朋友圈感慨：“能遇见一个互相‘嫌弃’对方却不离不弃的人，一直到老，会在记忆里搁浅一辈子吧。”

这么恩爱的一对小夫妻却因为工作繁忙，一直都来不及举办婚礼。其实，如果仅仅是举行一个仪式，也不是挤不出时间，但他不想匆匆忙忙地举办一个草率的婚礼，而是希望等有时间、有精力时，把婚礼准备得完美一些，给心爱的妻子一个大大的惊喜。

终于他们决定把婚礼定在今年正月初八，因为只有春节，才有相对比较充裕的时间，亲朋好友才容易聚集。然而突如其来的新冠肺炎疫情把一切计划中的安排都打断了。疫情就是命令，作为医生的他只好推迟婚礼，并和妻子约定：“疫情不散，婚礼不办。”

他告别了妻子来到了医院。从首例患者确诊到组建隔离病区、参与医疗救治，他在隔离病区守了近一个月，白班加夜班轮班倒，忙的时候，两天接诊三百多位门诊病人！大年三十，同事们提出让他回家休息，陪陪妻子。他也只是简短通了电话，又穿上了隔离衣，回到防控一线。后来陆续有医生加入，压力缓解了，但他还是选择守在医院。

就这样，不间断接诊患者，过度劳累导致抵抗力下降，最后他不幸感染了新冠病毒，终于倒下了。尽管竭力抢救，可他还是在 2 月 20 日那天，永远地离开了他的妻子和他妻子腹中还没出生的孩子。

他还没来得及使用的结婚纪念照被投射在幕布上，成了告别仪式上的遗照。追思本上，同事们含泪写道："以身为盾，筑起防线!""吃了你的喜糖，却没能参加你的婚礼。"他的办公桌抽屉里，还有他没来得及发出去的请柬……

若是在平时，他就是一个普普通通的医生，但此刻，我实在是无法用语言来描述他的伟大。是的，他就是"伟大"！因为"舍身救疫"，他的生命永远定格在二十九岁。让我们记住他的名字吧——彭银华。

当然，在这场抗疫的人民战争中，牺牲和奉献的不仅仅是医护人员。最近，有一位特别有名的歌星再次被人崇拜，我说"再次被人崇拜"，是因为她曾经是红透中国的大歌星。大家知道她是谁吗？她就是著名的韩红。但这次韩红被人们崇拜，不是因为她的演唱会，而是因为她的慈善行为。

作为一个很有影响力的著名歌唱家，如果韩红开商业演唱会，她绝对可以成为超级富翁，但自从 2012 年 5 月 9 日创建了韩红爱心慈善基金会后，她便放弃了许多商演的机会，而把精力用在了慈善事业上，将辛辛苦苦募集来的资金助力中国的每一次地震、洪水、疫情等国难。

就在这次抗疫中，她再次伸出了大爱之手，亲自去武汉献爱心。2 月 14 日，情人节那天，韩红爱心慈善基金会捐赠的六十台救护车车队风驰电掣地直接开进了雷神山。许多人都不得不感叹韩红爱心救援会的"雷霆救急"。

一直奔波在前线，已经年近半百的韩红，因为亲自驾驶物资运送车的时间长达十三个小时，她终于因劳累过度而倒在了病床上。当她虚弱地躺在病床上的那一刻，歌星韩红黯然褪色，而英雄韩红却光芒四射，她的精神生命更加熠熠生辉。

还必须说明的是，在韩红一心做慈善的时候，有人质疑她，并向有关部门举报。质疑和举报当然是每一个公民的权利，但北京市民政局经过调查后公布了结果：肯定了韩红基金会，还了韩红一个清白。

抗疫中心怀大爱，而且把这份爱及时送到绝望中的人身边，我们应该重新定义韩红：她不仅仅是歌星，还是爱心的象征与责任的标志。

最后我要讲的这个人就太普通太普通了，连名字都很普通，他叫汪勇，是武汉一位快递小哥。

2月13日凌晨五点，他在武汉二环外快递仓库的一个高低床上醒来，测了下体温准备出门。他下意识看了看手机日历，才意识到，自己已经二十二天没回家了。

作为一名普通的“80后”快递小哥，从早到晚，送快递、打包、发快递、搬货，日复一日的拼搏，够得上一家三口开销。这二十二天他做了些什么呢？

大年三十的傍晚，快递公司放假了。他关好仓库返回家中与亲人吃团圆饭。晚上十点，打算哄女儿休息时，突然刷到一名来自武汉金银潭医院的护士的朋友圈，对方写道：“求助，我们这里限行了，没有公交车和地铁，回不了家，走回去要四个小时。”需求是六点钟发布的，一直没人接单。去还是不去？他经过思想斗争，决定去帮助这位除夕之夜不能回家的护士。当他接到护士时，小护士愣了，说：“我没想到有人会接这个单。”她感动得哭了，坐在车上，一直默默流泪。

汪勇从这位护士的口中，才知道坚守一线的医护人员们的艰难远远超出他的想象。那段时间，金银潭医护人员都是连夜奋战，能睡到床的人最多有10%，其他人只能在靠椅上勉强打个盹儿；但即使打个盹儿，也会随时被病人的呻吟和对讲机二十四小时的呼叫声吵醒，如此氛围，别提好好休息了，就连精神上稍微放松一会儿都不可能。所以，她们宁肯艰难地在路上走四个小时，也希望能够得到短暂的休息。可是严重的疫情，让各种交通都几乎瘫痪了，每天那么多不能回家的医护人员，只能在医院强撑着疲倦的身躯望家兴叹。

本来只是送快递的汪勇，一下感到自己新的责任。第二天，他接送了接近三十个医护人员往返金银潭医院，要知道他这样做，是冒着被感染的风险啊！而且一天下来，累得双腿哆嗦个不停。后来他在网上招募了一个团队，有二十多个人跟他一起接送医护人员，中间跑坏了三台车。然后他又联系上了摩拜单车，在医院、酒店所有的点位都投放单车，投放单车的工作一天到位，解决了两公里左右的出行需求；随着支援武汉的医疗队越来越多，他紧接着又对接滴滴……

在这期间，他没有回家，想念妻子和女儿，就只能对着手机视频看一看，说几句话。他后来说："我不能停下脚步，驰援武汉的医疗队是我们的救命恩人，政府给他们安排得有饭吃、有地儿住，但细枝末节不一定照顾得到，我们可以查漏补缺，尽我们所能不亏待他们。"

于是，他又募集到了2.2万元，为倒夜班的医护人员提供泡面和水。后来有一个护士说，好想吃大米饭，汪勇下决心第二天一定让她们吃上白米饭，于是赶紧去联系对接餐馆老板。后来他经过多方努力，解决了医院所有医务人员的午餐。

他的本行是送快递，可医护人员需要一批防护鞋套，整个武汉市都断货，怎么办？后来他在淘宝线上发现一个商家有货，但商家在距离武汉市区五十五公里的鄂州葛店，因为商家也是一名新冠肺炎确诊患者，发不了快递。于是，汪勇连夜开车去取，带回来了两千双。

他说："我每天不停地做事，不停地解决问题，我不知道自己什么时候停下，但只要医护人员呼唤我，我随时都在。"

截至目前，汪勇和他的伙伴们一共对接了一千名医护人员，接下来还要为三千名驰援武汉的医护人员提供服务。

汪勇有一段话朴实又感人："人这一辈子碰不到这么大的事情，不管做什么，尽全力做，不后悔。其实想想，我开始做这件事的初衷很简单，一天接送一个医护人员可以节省四个小时，接送一百个就是四百个小时，四百个小时，医护人员能救多少人，怎么算我都是赚的。"

汪勇只是一个快递小哥，但他同样在一线为抗击疫情英勇战斗。他以自己的行为告诉我们：只要力所能及地为别人、为社会、为国家做出奉献，一个普通劳动者也可以在平凡岗位成为顶天立地的英雄！

是的，无论是赫赫有名，还是默默无闻，无论是国家栋梁，还是民间百姓，无论是岁月静好，还是人生坎坷，其生命都可以成为一轮照耀世界的太阳；只要有爱心，有担当，任何人都可以用自己的方式成为民族的脊梁！

其实，所谓“英雄”，所谓“脊梁”，只是我们对他们的评价，而他们可能觉得自己做的一切都很平常，“本来就应该这样做嘛”“不必给我们贴这么多高尚的标签”。但正因为如此，平凡的他们在我们心目中才显得伟大。

美国前国务卿基辛格曾说：“中国总是被他们最勇敢的人保护得很好。”同学们，这六位就是保护我们的“最勇敢的人”。

让我们永远记住危难时刻“英勇救疫”的他们：钟南山、柳帆、龙巧玲、彭银华、韩红、汪勇……

也许有同学会说：“抗疫英雄那么多，哪才这六位值得我们记住呢？”完全正确，这次战“疫”中，让我们敬佩的人太多太多：传染病学专家李兰娟，倒在防控疫情一线的村支书黄汉明，舍小家为大家的人民警察陈俊帆，等等。这个名单可以列得很长很长，但一节课的时间有限，我只能先讲这么多。我建议，每一个同学课后都去搜集一下这次战“疫”中的英雄人物的事迹，下次班会课，请同学们上来讲他们的故事。

同学们，病毒终将败退，疫情终将过去，春天必将到来，你们也会逐步长大，生命将日渐丰满。若干年后，回想起有一年寒假待在家里，每天从电视上看惊心动魄、揪心疼痛又可歌可泣的抗疫场面，不知不觉中，有些人，有些事，有些精神，已经融入你们的生命，成为你们永远的记忆。

我甚至这样遐想，将来你们也可能会给你们的孩子讲述这些英雄的故事，因为这些故事所蕴含的精神已经成为你们人生的支柱，成为你们生命的一部分，让你们在祖国危难的时候，也不由自主地挺身而出，自然而然成为中华民族一个堂堂正正的大写的人。

2020 年 2 月 22 日夜

我非英雄，只是公民

——疫情期间的公民教育

有人说，中国目前的全民抗疫，就是一堂最生动的大课。

我同意这个说法。太多的话题，太多的素材，太多的故事，太多的人物……都可从中提取出“教育”。

其中公民教育尤为重要。

从理论上说，这是一个比较宏大的话题，我不打算细说，但必须厘清一些概念。

什么是“公民”？简单地说，公民就是拥有一国国籍，根据该国宪法和法律，享有权利并承担义务的人。

什么是“公民教育”？也简单地说，所谓“公民教育”就是关于公民精神或者说公民意识的教育。（注：“公民精神”和“公民意识”这两个概念有着细微的差别，但在我今天这个语境中，二者可以不那么严密地看作是一回事）

那么，什么又是“公民精神”或“公民意识”呢？它范围很广，学术上说法也不统一，但大体无非包括：公民的道德，比如尊重他人，尊重公共规则，包括讲卫生、懂礼貌等；还有公民人格，比如平等、自由、民主与独立的意识；还有公益情怀，以及由此产生的投身公益事业的热情与行动；还有关心国事的意识，并以自己可能的方式参与国事，或者独立地发表看法；另外，要有国际胸襟，增强国际理解，认同人类共有的公理价值，比如人道、博爱、环保等情怀。

有人也许会感到疑惑：一个人一出生不就自然是出生国的公民了吗？或者说，一个人取得了某一国家的国籍，就已经是这个国家的公民了，为什么还要“培养公民”呢？这个问题很好解释。

做个类比，每个学生一出生不就是人了吗？为什么我们还经常说，要教育学生“学会做人”呢？因为“自然人”不等于“社会人”，教育就是促进人的社会化，赋予其人类真善美等精神品质，使其成为真正意义上的“人”。

同样的道理，刚一出生的公民，只是国籍意义、法律概念上的公民，还不具有公民精神，不具备公民的自觉意识，因此需要通过教育使学生成为具有公民精神的自觉的公民。这项教育，就是公民教育。

关于“公民”，我觉得还有两点必须强调——

第一，公民，一定是权利与义务的统一体。只履行义务而不行使权利，或者相反，都不是完整的公民。

第二，公民的“公”，是“天下为公”的“公”，即公民的心中要装着天下——社区、国家和人类，要把自己置身于国家政治生活、社会生活乃至全球进步的背景下确认自己的主人意识，把对国家的责任感、使命感以及权利和义务融为一体。公民之“公”，意味着要具备参与公共事务的意识和能力，心中一定要装着社会、国家和人民，要站在社会、国家的高度来审视自己的行为，或者说把自己的命运与社会、国家乃至人类命运共同体联系在一起——这就是我们常说的“社会责任”“家国情怀”与“世界胸襟”。只有这样，一个真正的公民，才是一个真正理性的爱国者。

还要特别强调的是，在我们的语境里，这里说的“公民教育”，当然指的是社会主义公民教育。党的十八大提出，倡导富强、民主、文明、和谐，倡导自由、平等、公正、法治，倡导爱国、敬业、诚信、友善，积极培育和践行社会主义核心价值观。我认为，这二十四字所概括的社会主义核心价值观，都应该融入中华人民共和国每一个公民的灵魂，因此也理所当然地应该是社会主义公民教育的内容。

好，明白了公民和公民教育的这些基本常识，我们再来探讨，这一切如何在当下的非常时期得以实施？或者说，公民教育如何在抗疫期间呈现？

教育的最高境界是不声不响，不知不觉，天衣无缝，了无痕迹。最好的教育就是在生活中自然而然地教育。所谓“生活即教育”，即生活的一切都可以是教育内容，同时也是教育契机。

比如今天我们讨论的主题——疫情期间的公民教育。我们说要重视疫情背景下的公民教育，并不是说，我们要在这么个特殊时期，在家里或者在网上给孩子进行关于公民教育的系列讲座。完全不是的！孩子每一天、每一刻都可以体验、感受或接受公民教育。当然，孩子是浑然不觉的，但我们作为教育者则应该有意识地引导。

基于这样的考虑，我尝试着为老师们写了一篇稿子，希望对大家有参考价值。

今日的学生，就是将来的公民

亲爱的同学们：

疫情期间待家里，大家都有什么收获呢？这次这么长的假期对同学们也是一次自我学习能力的检验。所谓“自我学习”，就是在没有老师和父母的监督下，自觉而自主地学习，在生活中自然而然地学习。这是一种终身受益的好习惯。

说到“学习”，可能不少同学都会想到“课本”“知识”“作业”……其实，学科知识只是我们学习的一部分内容，读书和作业也只是我们学习的一种方式，我们的成长远不只是需要课本知识，也远不只是通过课本学习。在生活中，包括在家里的每时每刻，我们都可以学习。

比如，今天我要给大家聊的“学做好公民”的话题。

我们的国家是中华人民共和国，共和国需要的是现代公民。这样说，可能同学们觉得有些抽象，那我就通俗地说吧，所谓“公民”，就是把自己和国家连在一起——我是属于国家的，国家是属于我的；我应该享受国家的服务和保护，也应该为国家履行义务和责任；我是这个国家的主人，同时国家也是我的家园。

生活中处处有教育，时时可学习。那么疫情期间在家里，同学们如何学做一个好公民呢？

我给同学们提出以下五条建议——

第一，遵守公德伦理。

公德意识不是公民意识的全部，却是公民必须具备的素养。因为既然是公民，你就不是孤立的一个人，而是生活在与其他人的关系中，自己的一言一行必然会影响着他人。公德因此显得很重要。

比如，疫情期间很简单的一件事，就体现了公德意识：戴口罩。在这个非常时期，戴口罩绝不只是一种个人行为，而是一种社会行为，它彰显着公德。同样，在家待着不出门，保护好自己不受感染，在这个非常时期，已经不单单是个人健康的问题了，而是使更多的人不受感染的保障，也是公德。最近，媒体宣传“八连降”“十连降”，有人在家待不住了，急着出门，急于聚会……如果在平时，我们最多认为这些人性格冲动、好凑热闹，但现在这些行为就叫作“不道德”。因为你这个行为，很可能让更多人一个多月待在家里的坚守前功尽弃，特别是让日夜坚守在抗疫一线的医务人员白白辛苦，甚至让那些不幸感染病毒而离开人世的白衣战士白白牺牲！

所以疫情期间，一个人保护好自己，不只事关个人健康，也事关社会和国家的安危。这是一个公民应该遵守的公德，也是一个公民应该履行的义务。

第二，关心公共事务。

刚才我说了，公民之“公”，意味着个人与社会、国家不可分割，那么关心公共事务自然是一个公民应有的意识和行为，甚至也是一种责任。

关心公共事务最常见的体现，就是关注社会新闻。同学们要对窗外发生的一切都充满浓厚的兴趣，而且应该养成在观察中思考的习惯，也就是说，不但要“看”，更要“想”，站在国家进步的角度来琢磨我们看到的一切。

对各种真假信息的筛选，对“阴谋论”的辨析，对什么是“正能量”的思考……这些筛选、辨析与思考，都是在培养我们自己关心社会、独立思考的公民意识。同学们应该拥有并保持独立思考的能力。有同学可能会说，那么多的传闻，我们怎么知道是真是假呢？其实识破一些骗局与谬论，有时候并不需要多么高深的理论和知识，仅仅需要起码的常识和基本的逻辑。面对眼花缭乱的信息，我们要相信常识（科学）的力量、逻辑（理性）的力量。这是一个学习的过程，同时也是一个公民成长的过程。

除了观察与思考，同学们也不妨记录。记录就是将观察与思考凝固于文字，就是以个人的方式书写国家的历史。这并非夸大其词。

同学们读过《安妮日记》吗？这是德国法西斯统治荷兰时，德籍犹太人安妮·弗兰克藏于密室时的生活和情感的记载。从十三岁到十五岁，安妮写了二十五个月的日记，直到最后被关进集中营。这些对于藏匿且充满恐怖的二十五个月的密室生活的记录，也使这本《安妮日记》成为德军占领下的人民苦难生活的目击报道。2009 年，《安妮日记》被联合国教科文组织列为《世界记忆名录》。

疫情笼罩下的中国，当然不是纳粹统治下的荷兰，但我们对生活的观察、对社会的思考、对时代的记录，同样是一个公民精神的体现。虽然当年的安妮并不一定意识到这一点，但今天中国的少年应该有这份自觉。

怀着一颗自由的心，真实地写下自己的所见、所感、所思，这就是一种公民精神的体验。在一个非常时期，用自己的笔记录下一个国家所经历的特殊日子，这就是公民可以做也应该做的事。因为一个人的经历，就是一个民族历史大厦的一砖一瓦，而无数微观的个人生活记录，就汇集成一个民族的宏伟史册。

第三，参与公益慈善。

参与慈善，就是同学们常常说的“做好人好事”，把这往大处说，就是一个公民的权利和义务。说是“权利”，是因为这是一个公民不可剥夺的意愿和行为；说是“义务”，是因为这是一个公民应该履行的职责与使命。

爱因斯坦有两段话，说得非常好：“我每天上百次提醒自己，我的精神生活和物质生活都依靠着别人（包括生者和死者）的劳动，我必须尽量以同样的分量来报偿我所领受了的和至今还在领受着的东西。”“现在，大家都为了电冰箱、汽车、房子而奔波，追逐，竞争。这是我们这个时代的特征。但是也还有不少人，他们不追求这些物质的东西，他们追求理想和真理，得到了内心的自由和安宁。”

他的意思是，他的生存和生活所依赖的一切，是包括素不相识的无数人所提供的，他必须偿还；当其他人都在追逐个人的物质享受时，他愿意追求理想和真理。

这就是一个公民的精神世界，也是一个公民为什么应该参与公益慈善的原因。

如果同学们在这次抗疫期间积极参与公益慈善活动，你们就是好公民。

当然，同学们也许不可能像韩红一样做出感天动地的公益壮举，但每一个孩子都可以以自己哪怕是微不足道的方式参与各种公益活动。

我在网上看到这么一条暖人的新闻：2 月 17 日下午，上海市松江区方西居民区辖区松汇东路 130 弄部队家属院的志愿者正在自己的岗位上开展日常值守，突然来了一个小男孩，把消毒水、牛奶、面包等防疫物资送到志愿者手上说：“叔叔、阿姨，你们辛苦啦，这些是给你们的。”志愿者们很感动。经了解，小男孩名叫顾语韬，就读于中山小学三年级（4）班，爸爸是警察，自从疫情出现以来，一直在外执勤，妈妈近期有点感冒在家休息，虽然想为防疫工作出力，但是心有余而力不足，所以顾语韬小朋友主动用自己的零花钱购买了一些物资，感谢守护小区的志愿者们。

表面上看，顾语韬小朋友不过是给小区志愿者送了点消毒水、牛奶和面包，但这一行为所蕴含的正是公民精神。而类似的行为，同学们不都可以做吗？当然，前提是保证自己的健康和安全。

第四，崇敬公众英雄。

同学们，我这里说“公众英雄”，是想强调，这次疫情中涌现出的许多英雄，并非孙悟空或蜘蛛侠等“超人”，其实他们都是活生生的人，绝大多数在平时都是普通人。因为抗疫，他们成了我们心中的英雄。

前段时间，有一篇文章在网上流传很广：《开学后，建议给孩子们讲这六位“英勇救疫”的中国人》，文中写到六位让人特别感动的中国人：钟南山、柳帆、龙巧玲、彭银华、韩红、汪勇。他们就是真正的公民，有担当，有责任，在国家需要的时候，挺身而出，成为基辛格所说的保护中国人中那些“最勇敢的人”。同学们应该关注他们，了解他们，思考他们。

在这里，我再次强调了“思考”。也就是说，对英雄的崇敬，不仅仅是感性的热泪盈眶，还应该有理性的若有所思。

同学们不妨这样想一想，这些来自公众的平凡人物，能够在关键时刻，成为保护其他中国人的“最勇敢的人”，如果我到了能够尽责的年龄，又具备应有的能力，当人民需要我的时候，当国家召唤我的时候，我也能够挺身而出吗？如果你是真正的公民，我相信你会的，因为这是一位公民的责任与担当。这样的思考，就由英雄想到了自己，这也是一种公民的思考。

但思考不应就此停止，还可以接着想一想：如果说钟南山、柳帆、龙巧玲、彭银华等医务人员的行为是他们的职责所在的话，那么韩红和汪勇的举动，则完全是他们的“不务正业”。尤其是汪勇，他本来是跑快递的，完全没有责任去接送医务人员回家，以及负责联系她们的午餐，但汪勇却把这一切当作自己的责任，他觉得自己也是一名武汉人，应该这样做。这就是公民意识。

同学们可以顺着这个思路再往前琢磨琢磨：不只是汪勇本来可以不成为“英雄”的，这疫情中的许多英雄本来都是可以不成为“英雄”的。钟南山本来不必这么辛劳，柳帆本来不应该有机会感染新冠病毒，彭银华本来可以如期举行他的婚礼，许多医生本来是可以不付出生命代价的，许多新冠肺炎患者本来是可以不被感染的，那么多的家庭惨剧本来是可以避免的……

就在前天，又一位二十九岁的“90后”医生在一线因感染新冠病毒而去世，她的名字叫夏思思。当时，我心情极为难受：那么多和她一样牺牲的医护人员，本来是可以不成为“烈士”的啊！

一个又一个“抗疫英雄”的诞生，毫无疑问是我们的骄傲，但从某种意义上说，也是我们的悲哀。

由此，同学们可以再进一步往深处思考：如何防止类似的灾难在今后重演？如果你将来成了一名国家公务员，将怎样以敬畏之心为人民服务？如果将来你手中掌握了一定的权力，如何诚实而谦卑地面对人民？

这就是一个公民的思考。只有这样的思考，才是对英雄真正的崇敬。

第五，认同公理价值。

同学们，在互联网时代，当今世界早已成为“地球村”。尽管还存在着强权主义，存在着国际霸凌，存在着颠覆与反颠覆的斗争，我们应该保持警惕，时刻捍卫国家安全，这也是公民的义务，但同为地球人，毫无疑问，不同国家、不同民族之间也有着共同的精神追求和现实愿景。这个世界离不开任何国家，任何国家也离不开世界。这就是我们之所以致力于建设“人类命运共同体”的逻辑。因此认同公理价值就显得格外重要，这也是公民意识之一。

世界已经是一个整体，人道主义是人类共同的文明价值，何况现在已经是地球村时代，任何一个国家的灾难，都是人类共同的灾难，需要我们携手共同应对，这次我们看到了包括世界卫生组织在内的各国专家抗疫的国际合作。虽然那些同样遭受新冠病毒侵袭的国家离我们很遥远，我们可能做不了什么，但对远方处于危难中的人保持悲悯与同情，对世界保持一颗仁爱之心，也是一个公民应有的情怀。

最近，谁该向谁道歉，成了网上热议的话题。其实，我最想说的是：“病毒应对人类说声对不起，人类应对大自然说声对不起！”前一句是轻松的调侃，但后一句却是严肃的反思。环保意识，或者说，人与自然和谐相处的意识，也是公民意识。动物可以没有人类，人类却不能没有动物；自然可以没有人类，人类却不能没有自然；地球可以没有人类，人类却不能没有地球。

须知，我们既是人类的子孙，也是地球的成员；我们是中国人，也是人类的一员——我们是植根于中国大地上的世界公民。

同学们，八十多年前，在风雨如磐的时刻，一位名叫方志敏的共产党员在狱中写下一篇《可爱的中国》，他这样憧憬着他心目中未来“可爱的中国”——

朋友，我相信，到那时，到处都是活跃的创造，到处都是日新月异的进步，欢歌将代替了悲叹，笑脸将代替了哭脸，富裕将代替了贫穷，康健将代替了疾病，智慧将代替了愚昧，友爱将代替了仇恨，生之快乐将代替了死之悲哀，明媚的花园将代替了暗淡的荒地！这时，我们民族就可以无愧色地立在人类的面前，而生育我们的母亲，也会最美丽地装饰起来，与世界上各位母亲平等地携手了。

这么光荣的一天，决不在遥远的将来，而在很近的将来，我们可以这样相信的，朋友！

和方志敏同一时代，有一位伟大的教育家，叫陶行知，他也这样展望——今日的学生，就是将来的公民。将来所需要的公民，即今天所应当养成的学生。

同学们，再过十年或二十年，我们亲爱的祖国，将会交到你们的手中。未来的中国将是怎样的共和国，取决于今天的中国有着怎样的公民。

亲爱的同学们，“时刻准备着！”未来的公民们，共和国期待着你们！

2020 年 2 月 26 日

战“疫”，是最鲜活的课程资源

——开学后，建议给学生上这九堂班会课

人类前所未有的新冠肺炎疫情改变了世界。

对孩子的学习来说，他们感受到的“改变”，就是过完寒假到了开学的时候，却不能去学校了。现在，漫长的假期终于结束了。面对返校的孩子们，我们显然不能像以前开学一样，按部就班地上课。无论教师还是学生，都和国家一起有了一段共同的特殊经历。这段经历是可利用的教育资源，也是可开发的成长课程。

而如何“利用”和“开发”，体现着教育者的敏锐与智慧。

如果我是班主任，开学之后，我会给孩子们上这九堂班会课——

第一课　关于祖国

平时，祖国这个词很抽象，往往只出现于文章或歌词中。但突如其来的新冠肺炎疫情，让我们每一个人都感受到了祖国的存在。

一声令下，九百六十万平方公里的土地上，为阻断疫情而封城封省，这强大的行政力量，来自祖国；

一声令下，短短几天，雷神山、火神山医院拔地而起，方舱医院快速落成，成为生命的“诺亚方舟”，这霹雳雷电般的迅疾，来自祖国……

无须令下，四面八方的医护人员，浩浩荡荡，日夜兼程，驰援湖北，这穿

着厚厚防护服连眼睛都看不见的白衣天使，就是祖国；

无须令下，从街头到小区，从城市到村庄，人民警察、社区干部、快递小哥、出租司机以及无数志愿者来到你的身边，就是祖国……

半年前的国庆期间，《我和我的祖国》不仅仅是一部催人泪下的电影，还是一首回荡街巷的旋律，而现在这句话不是电影和歌曲，而是我们的生活，是我们的经历。

屠格涅夫曾说："没有祖国，就没有幸福。每个人必须植根于祖国的土壤里。"

我们要告诉孩子，"祖国的土壤"就在我们脚下。

我们要引导孩子们以自己漫长假期的所见所闻所感来证明，非常时期，平时隐藏于无形的抽象概念一下子显露了出来，清晰可见，触手可及，而且是我们可以依靠的坚实保障。

比如祖国。

第二课　关于英雄

古代的英雄，往往是指那些勇武过人的猛士，比如关羽、武松，而现在只要具有英勇品质的人，都可叫英雄。但一说到"英勇"，我们往往又会想到一些惊天地泣鬼神的壮举，因为"英勇"后面往往跟着"无畏""就义""献身"之类的词。

这次全民战"疫"，丰富了也刷新了我们对英雄的理解。

固然，这次抗疫中，我们有气势如虹的钟南山，有默默牺牲的夏思思，但更多的英雄，只是在别人需要自己的时候挺身而出并全力以赴的人。

这样的人，可能是西安市高新区丈八街道枫林绿洲社区的党支部书记兼社区主任赵雪，可能是齐齐哈尔市公安局铁锋分局北局宅派出所的普通民警金浩然，可能是从山东日照孤身一人前往武汉想去做男护士兼心理咨询师的志愿者毛平，可能是独自驱车去武汉做志愿者护士的云南"90后"小姑娘谢俊禹……

这样的名单我还可以列得很长很长。

平时的他们，不过是芸芸众生中默默的一员。但突然降临的国难，唤醒了他们内心沉睡的勇敢与责任。于是他们义无反顾，将自己融入一场伟大的战争。

罗曼·罗兰说："我称为英雄的，并非以思想或强力称雄的人，而只是靠心灵而伟大的人。"

只要心灵伟大，任何人都可以成为英雄。包括同学们。

第三课　关于责任

在这次抗疫过程中，第一个响彻中国大地也震撼我心灵的名字，是李文亮。

他最早以专业眼光意识到疫情的危害，于是在微信群里提醒他人"注意防范"。这个行为谈不上"英勇"，但充分体现出他李文亮的职业责任。但当疫情更凶猛地袭来时，他不计个人委屈而奋战在抗疫第一线，这也是责任。最后，他不幸感染新冠病毒献出年轻的生命。李文亮牺牲后，武汉市民吹响哨声为他送行。2020 年 3 月 6 日，国家卫生健康委员会、人力资源和社会保障部、国家中医药管理局追授李文亮"全国卫生健康系统新冠肺炎疫情防控工作先进个人"称号；4 月 2 日，他被评定为烈士；4 月 20 日，他被追授第 24 届"中国青年五四奖章"抗疫个人。

所谓责任，并不抽象也不神秘，对同学们来说更不遥远。通俗地说，责任就是做自己应该做的事。而这"应该做的事"有时候其实很寻常。在抗疫期间，所有自觉宅在家里自我隔离的中国人，都是有责任感的公民。

但同样在疫情期间，我们却看到了不少毫无责任感的人——明明发烧咳嗽，却隐瞒症状，拒绝隔离，结果造成更多的人感染；有的官员缺乏担当，甚至推卸责任，给人民的生命财产造成了更惨烈的损失，在天灾之上又增加了"人祸"。对这样的官员，必须追责，否则就对不起李文亮和许多死难者。

苏霍姆林斯基说："有良知的人有责任心和事业心。"

可见，责任源于良知，又联结着事业。

一个自觉担责的人才是一个高尚的人，一个勇于担当的国家才是一个伟大的国家。

第四课　关于学习

新冠肺炎疫情，延长了我们的假期，却不应该中断我们的学习。

如果说在学校班级听课的学习主要是靠纪律来维持，那么在家的个人学习则靠自律来保证。有序的作息安排、合理的学习计划、科学的张弛调节……都取决于自己内心深处的“我”。

在线学习突破了时空界限，扩展了课程资源，也更新了学习方式，但这需要具有良好的心理品质和行为习惯，这对我们的意志力、专注力、自控能力等都提出了挑战。

除了系统的学科知识学习，疫情期间在家的特殊学习，也丰富了我们的学习内容：名著阅读、时事关注、健身锻炼、弹琴绘画、科技制作、亲情陪伴……都是我们成长的必修课。素质教育从家庭开始，从自我教育开始，这已经渐渐成为现实。

从“被动学习”到“自觉学习”是一次飞跃，而从“自觉学习”到“自主学习”则是一次革命。

我相信，许多同学经过这个漫长的假期，已经养成或初步养成自主学习的习惯，开学后应该保持这种良好的习惯，永远成为自己学习的主人。

列夫·托尔斯泰说：“正确的道路是这样：吸取你的前辈所做的一切，然后再往前走。”

“你的前辈所做的一切”，这是一个多么浩瀚的海洋！同学们应该用一生的努力抵达彼岸。

第五课　关于真话

说真话的重要性不言而喻，毋庸赘述。

在这次全民抗疫中，说真话与否，再次显出了积极意义和消极后果。

1 月 20 日，因为钟南山如实告知新冠肺炎疫情的实情，全民采取了包括封城、封省、居家隔离等防范措施，最大限度地阻断了疫情的扩散。而在此之前，因为有关部门给民众传递了错误的不实信息，延误了对疫情的防控，造成了不可挽回的生命损失。

这次除了钟南山，还有一位专家也被全民追捧，他就是张文宏。

作为感染科主任、主任医师、博士生导师，他精深的专业素养和精湛的医疗技术毋庸置疑，所以他被称作“硬核医生”。除此之外，老百姓还特别喜欢他说的大实话：“把所有的人都换下来，共产党员上。”“凡事打着爱的名义，更要警惕。”“不管是嘲笑别国疫情蔓延，还是猛夸自己国家棒，其实都是对灾难和逝者的亵渎。”“一切按规矩办事，就好了。”“媒体不乱帮忙，就是在帮最大的忙。”……

在张文宏所有的真话中，我最喜欢的是这一句：“不美化灾难，也不好大喜功。”

这样的真话，当然刺耳，但源于良知，来自正义，利国利民。

五十年前，索尔仁尼琴说：“一句真话能比整个世界的分量还重。”

愿我们每一位同学，都为这个世界增加真话的重量。

第六课　关于科学

1 月 31 日晚上，全国各大药店突然出现了抢购双黄连口服液的高潮，人们希望通过服用双黄连口服液预防新冠肺炎。起因是当天有关研究机构向媒体发布消息称，“双黄连口服液可抑制新型冠状病毒”。但很快就有专家质疑：所谓“抑制”，是指感染病毒后，通过药物来控制病毒复制的各个环节，来达到控制病情的效果。那么根本就没感染病毒的人，“抑制”什么呢？

如此大肆渲染“疗效”，显然是误导民众，违背科学精神的。

这次抗疫，有常识的人更信服钟南山、李兰娟、张文宏、曾光等专家，而不是盲目追捧某些似是而非的“神医”，这正是对科学精神的信任和信仰。

习近平多次强调“科学防治”。在抗疫战场上，从快速分离出新型冠状病毒、部分药物初步显示出临床疗效、部分疫苗品种进入动物试验阶段，到早发现早治疗、集中力量救治、中西医结合显成效，再到科技战线大数据、无人机、人工智能等新技术大显身手……无论是后方科研，还是一线救治，或是前沿创新，科学成为战胜疫情的有力武器。

布鲁诺说：“科学是使人精神变得勇敢的最好途径。”

越是在大灾大难面前，我们越要相信科学、坚守常识。唯有科学，能够赋予我们勇气；唯有常识，能够擦亮我们眼睛。

第七课　关于生命

新冠肺炎夺走了无数同胞鲜活的生命。我们在追思和叹息的同时，情不自禁地重新审视自己生命的“长”“宽”“高”。

从这次新冠肺炎疫情看来，痊愈了的患者平时自身免疫力和身体素质都较强，这就对人的体质提出了强健的要求。健身锻炼，合理饮食，讲卫生习惯，让这次抗疫期间养成的良好生活方式，成为习惯陪伴终生。这将有助于尽可能延续我们的生命。

人的生命总是在与其他生命的交叉重叠中显示出活力的。这意味着我们的社会视野越开阔，我们自身的生命就越丰富。疫情期间，虽身居陋室却关注他人、社区、中国和世界，疫情过后我们依然保持开阔的视野，胸怀天下，这就是在拓展我们的生命之宽。

从某种意义上说，新冠肺炎疫情是一面镜子，照彻不同人的心灵：或崇高，或平庸，或卑劣。这由生命的高度所致。抗疫期间的所有英雄，都应该是我们的精神标杆：善良、诚实、正直、仁爱、担当、奉献……这些品质应该点点滴滴融入我们的血液，以铸成我们的生命之高。

古罗马哲学家小塞涅卡说："内容充实的生命就是长久的生命。我们要以行为而不是以时间来衡量生命。"

所以，"有的人活着，他已经死了；有的人死了，他还活着。"

珍惜生命、丰富生命、提升生命，这应该是我们从这次"疫情大课堂"中所获得的启示。

第八课　关于自然

新冠病毒的来源至今还没找到，联想到十七年前的SARS病毒，据相关研究结果显示，SARS病毒可能先存于自然界，通过其他动物转移到了人体。这不得不让我们重新审视人类和自然（包括动物）的关系。

很长一段时间，人类盲目自大，以"征服大自然"的豪迈掠夺大自然，打破了人和自然之间内在秩序的平衡。从这个意义上说，这次我们同病毒的搏斗，其实是与大自然的较量。

要知道，动物可以没有人类，人类却不能没有动物；自然可以没有人类，人类却不能没有自然；地球可以没有人类，人类却不能没有地球。

当然，病毒的准确来源，我们还在等候科学家最后的研究结论。但敬畏大自然、尊重大自然、爱护大自然，应该是人类的生存法则之一。这是没错的。

雨果说："大自然是善良的慈母，同时也是冷酷的屠夫。"

敬畏这位"善良的慈母"吧，别逼她变成"冷酷的屠夫"。从呵护身边的一草一木做起，从善待身边的小猫小狗做起，从反对穿戴皮草服饰开始……

让人类真如冰心所说："我们都是自然的婴儿，卧在宇宙的摇篮里。"

第九课 关于世界

也许对同学们来说，“人类命运共同体”曾经还是一个遥远而抽象的概念，而这次新冠病毒的全球肆虐，让大家都感觉到了“人类命运”的确是“共同”的。

毕竟世界早已是一个整体，人道主义是人类共同的文明价值。不同国度彼此相连、不同民族生死与共。面对人类共同的灾难，需要我们携手共同应对。任何自我封闭和拒绝合作的做法，都是自绝于人类和世界。

我们看到，疫情在全球暴发后，尽管有些国家的政客恶意甩锅中国，但中国以自己打“上半场”的经验和教训为财富，力所能及地援助世界各国抗疫，这种大国担当的精神与行为，赢得了许多国家的尊重。这也是任何一个国家都应该具备的世界胸襟和应该承担的人类责任。

我们也看到，不同的国家，因为历史、传统、文化、习俗等国情不同，在抗疫方式上也各不相同，我们同样应该尊重。既不要嘲笑别人的灾难，也不要傲慢地叫别人来“抄作业”。这不会增加我们的荣耀，只会败坏中国的尊严。

鲁迅说：“无穷的远方，无数的人们，都和我有关。”

对远方依然处于疫情危难中的人，无论他在亚洲还是非洲，在美洲还是欧洲，我们都应该保持悲悯与同情，应该给予激励与信心。

对世界保持一颗仁爱之心，也是一个中国公民应有的人类情怀。

以上是我设计的九堂班会课。很遗憾，我已经退休，没再带班。但可以把我的设想提供给各位老师参考。

我不希望这九堂班会课都上成由班主任老师一个人慷慨激昂的演说——那样很容易成为“说教”。建议老师可以多让学生参与，采用话题讨论、观点辩论、模拟情景、文艺表演等形式举行。

要说明的是，以上所写，只是班会课的主题和内容提要，而不是操作步骤，不是授课教案。具体怎么实施，还得各位班主任根据你们班的实际情况和你本人的风格特点，予以富有个性的创造性呈现。上这九堂课的先后顺序，也完全可以由老师们自己确定。

2020 年 4 月 28 日

请别用“摸底考试”的棍子把复学的孩子们打得措手不及

著名学者张文质发视频说：“千万不要对复学的孩子马上就来摸底考试!”

一下子说到我心里了，特撰此小文以示“臣附议”。

因疫情不得不封闭在家，这让 2020 年的寒假之漫长，不说“绝后”至少也是空前的。在经过长达三四个月的先紧张后轻松、再无聊的宅家生活之后，许多孩子对上学充满期待甚至憧憬。都说“失去了才知道珍贵”，包括暂时中断了的校园学习生活。以往不那么喜欢或者有些厌倦的校园，现在却越来越亲切。那种希望早点见到亲爱的小伙伴、见到亲爱的老师的心情，估计也是空前迫切——都有些迫不及待了。

然而迎接孩子们的是什么呢？我不希望是突如其来的“摸底考试”，而且是各科“排炮齐发”。

站在老师的角度看，也许“摸底考试”是理所应当的。孩子们在假期里玩儿得连自己姓什么都不知道了吧！虽说有网课什么的，但都认真学了吗？效果怎么样？这么长时间在家的无拘无束甚至肆无忌惮，可能把上学期学的知识都忘光了吧！第一堂课，这些熊孩子肯定兴奋得不得了，叽叽喳喳说个不停，课堂纪律是没法保证的，讲课也不会专心听的，心都散啦……

想必这是不少老师的担心，而且这样的老师往往都有着高度的责任心。

怎么办？最立竿见影的撒手锏，自然就是“摸底考试”啦！

仅仅从教学的角度看，这样做一点错都没有。教学的前提是要了解学生，为了有效地开展新学期的教学，通过“考试”而“摸”清学生当前学习状况和知识储备之“底”，以便研究学情，更有针对性地教学，这不正符合“教学规律”吗?

但真正的“教学规律”必须符合孩子的“学习规律”，而“学习规律”又必须吻合孩子的心理特征。当然，这是一个很大的学术性话题，这篇短文不便展开多说，但至少有一个常识教育者应该是明白的：没有孩子积极、主动、愉悦的心理基础，任何被动的学习不但无效，而且痛苦!

想想吧，一到学校，就是接二连三的考试，这种突然袭击，肯定会把孩子们打蒙。隔了近半年，许多知识的印象已经淡漠，考试成绩多半不会好，然后又是排名，又是家长签字，孩子沮丧的心情可想而知。随之而来的恶果，是孩子学习信心遭到重创，最后严重厌学——这才是最可怕的!

20世纪60年代，毛泽东主席曾尖锐批评道：“现在的考试，用对付敌人的办法，搞突然袭击，出一些怪题、偏题，整学生。”暂且抛开毛泽东说这话特定的历史背景和他后来极端化的所谓“教育革命”不论，这话本身用来批评我们现在的一些考试，我认为也是合适的。

估计我这么一说，不少老师会觉得冤枉：“你站着说话不腰疼! 我愿意这样吗? 分数、名次、考核……哪次开教师会校长不用这些来压我们啊?”

是的，不能仅仅把板子打在老师身上，因为从某种意义上说，一线老师也是受害者。他们不用考试去对付学生，校长就会用分数对付老师。但校长似乎也是无辜的：“我愿意这样吗? 哪次开校长会局长不用这些来压我们啊?”

所以现在大家喜欢用一个时髦而深刻的说法：“这是一个体制问题。”

但是难道我们每一个基层校长、每一位一线老师真的就毫无一点自主而自由的空间了吗?

我一直坚定不移地主张，教育改革必须从上到下整体配套推进；同样，我也一贯旗帜鲜明地反对，把教育的所有弊端包括一些具体的违反人性的教育行为，都一股脑儿地推给体制。

事实上，尽管中国的教育者往往都带着“应试教育”的镣铐跳舞，但对于志在改革、志在创新的教育者来说，这个“舞”同样可以“跳”得相对优雅一些。我们有的学校、有的校长、有的班级、有的老师，面对应试教育的滚滚乌云，同样或多或少地让孩子感受到了充满人性的教育，享受了符合个性的教学，体验了成长的快乐。这方面的例子不胜枚举。

当然，这需要教育者有足够的思想、智慧和勇气。

所有不合理的教育现象，如果追根寻源似乎都可以追溯到“体制的弊端”，但所谓“体制的弊端”，并不一定一一对应着每一个具体的教育行为。二十年前我在写博士论文时，写过一句话：“教育体制再不合理，它也没有规定教师必须用不干胶把上课说闲话的孩子的嘴封上，没有规定教师必须唆使其他学生将一名没完成作业的女中学生的裤子当众扒掉!”

我写的这些令人发指的现象，都是当时轰动一时的新闻。这些例子当然很极端，并不具有普遍性，和“摸底考试”更不在一个层面。但是把一切都归咎于“体制”而把自己的责任推得干干净净，二者在逻辑上却是一致的。

孩子好不容易盼来了复学，高高兴兴走进校园，我们应该珍视来自童心的纯真热情。开学第一周完全可以淡化那种一本正经的课堂教学，完全可以搞一些符合儿童心理的课程或活动，来实现漫长假期与正规学习之间的过渡。

比如让孩子们做小演讲，讲讲自己在疫情期间的种种“第一次”：第一次感动是为什么？第一次流泪是为什么？第一次自豪是为什么？第一次震惊是为什么？第一次愤怒是为什么？……还可以搞一些讨论甚至辩论：关于中国的抗疫与国外抗疫的比较，关于对钟南山、李文亮、张文宏等人的评价，关于“祖国”“责任”“公民”“自然”等话题的思辨，关于抗疫对“我”的改变……还可以举办一些展示：“我”的长假生活，“我”的宅家成果，“我”的抗疫日记……实际上，已经有许多学校的老师在这方面有不少富有创意的做法。

这些不比所谓“摸底考试”更重要也更有教育价值吗？

百年甚至千载难遇的疫情肆虐，虽然给我们国家带来了灾难，但对教育者来说，客观上也是一份极为丰富的课程资源。干吗不好好挖掘利用呢？干吗那么急着“上课”呢？

有眼光、有格局的教育局也不在少数。最近，有一些地方教育行政部门已经发文，要求所属学校不要搞“摸底考试”。我为这样的局长点赞！

就在我写这篇短文之前，有个别学生跳楼的新闻传来，虽然是个别，虽然不是因为“摸底考试”，但没有跳楼却因“摸底考试”而郁闷的学生绝对不是个别。

我可以这么“极端”地说：不靠“摸底考试”来“制服”学生的教育，才是好教育。

我们的教育，为什么不能够更符合人性一些呢？

2020 年 5 月 9 日